8.80

Taschenbücher aus dem

Gesamtwerk von Rudolf Steiner

ZU DIESER AUSGABE

Der pädagogische Impuls Rudolf Steiners (1861–1925), den er 1907 mit seiner Schrift «Die Erziehung des Kindes vom Gesichtspunkte der Geisteswissenschaft» erstmals vor die Öffentlichkeit brachte, führte nach dem Ersten Weltkrieg im Jahre 1919 zur Begründung der «Freien Waldorfschule» in Stuttgart, die er bis zu seinem Tode leitete, und nach deren Modell inzwischen zahlreiche weitere Waldorf- oder Rudolf Steiner-Schulen in europäischen und überseeischen Ländern entstanden.

Über das, was menschenkundlich, pädagogisch und didaktisch diesen Schulen und ihrer Arbeit zugrunde liegt, sprach Rudolf Steiner an vielen Orten. So auch 1922 in Oxford, wo er auf Einladung bei einem Kongreß über «Spiritual Values in Education and Social Life» vor Teilnehmern aus zwanzig Nationen, darunter zahlreichen Studenten, den in diesem Band enthaltenen Vortragskurs hielt.

Die Vorträge wurden frei gesprochen. Eine vorgesehene Durchsicht der Vortragsnachschriften für den Druck konnte Rudolf Steiner aus zeitlichen Gründen nicht durchführen. Obwohl die Texte als weitgehend wörtlich angesehen werden dürfen, sind Hör- und Übertragungsfehler nicht vollständig auszuschließen.

Rudolf Steiner

Die geistig-seelischen Grundkräfte der Erziehungskunst

Rudolf Steiner Verlag
Dornach / Schweiz

Nach vom Autor nicht durchgesehenen Vortragsnachschriften
herausgegeben von der Rudolf Steiner-Nachlaßverwaltung

Ungekürzte Teilausgabe nach dem gleichnamigen Band
der Rudolf Steiner Gesamtausgabe
(Bibliographie-Nr. 305, ISBN 3-7274-3050-8)
2. Auflage Dornach 1978

Taschenbuchausgabe
1.–10. Tsd. Dornach 1972
11.–20. Tsd. Dornach 1978

Bestell-Nr. tb 604

Printed in Switzerland by Zbinden Druck und Verlag AG, Basel
ISBN 3-7274-6040-7

INHALT

Die spirituelle Grundlage der Erziehung

ERSTER VORTRAG

Meine ersten Worte sollen die Bitte um Entschuldigung sein, daß ich in der Sprache dieses Landes nicht werde diese Vorträge halten können. Allein da es mir an Übung fehlt, so muß ich eben in derjenigen Sprache die Dinge formulieren, in der ich das vermag. Die folgende Übersetzung wird ja hoffentlich das wieder gutmachen können, was in dieser Beziehung mangelt.

Als zweites gestatten Sie mir zu sagen, daß ich außerordentlich dankbar sein muß dem verehrten Komitee, das mir gestattet, diese Vorträge zu halten innerhalb dieser Oxforder Versammlung. Ich rechne es mir zur ganz besonderen Ehre an, in der altehrwürdigen Stadt hier diese Vorträge halten zu dürfen. Es ist ja die Stadt, in welcher ich selber, als ich vor 20 Jahren sie besuchen durfte, fühlte, welche Gewalt altehrwürdige Überlieferung ausströmt aus all dem, was man hier wahrnehmen kann.

Und nun, wenn ich mir gestatten werde, über eine Erziehungsmethode zu sprechen, welche in einem gewissen Sinne neu genannt werden darf, so möchte ich auf der anderen Seite sagen, daß das Neue ja in unserer Zeit von so vielen Menschen einfach als Neues angestrebt wird. Allein, wer Neues auf irgendeinem Gebiete der menschlichen Zivilisation anstreben will, muß sich eigentlich dazu erst Recht und Berechtigung holen dadurch, daß er das Alte in entsprechendem Sinne zu würdigen und zu verehren weiß.

Hier in Oxford fühle ich alles inspirierend durch die Gewalt desjenigen, was heute noch lebendig ist aus diesen alten Traditionen. Und nur derjenige, der solches fühlen kann, hat vielleicht die Berechtigung, auch über Neues zu sprechen. Denn nur dasjenige Neue kann in der Welt bestehen, das seine Wurzeln in dem Altehrwürdigen pflegt. Es ist ja vielleicht gerade die Tragik und das tiefe Elend unserer Zeit, daß fortwährend davon gesprochen wird: man will dieses, man will jenes Neue, und daß so wenige Menschen geneigt sind, dieses Neue aus dem Alten heraus würdig zu gestalten.

Deshalb fühle ich einen so innigen Dank vor allen Dingen gegenüber Mrs. *Mackenzie,* der Hauptveranstalterin dieser Versammlung, und gegenüber dem ganzen Komitee, welche sich der

Aufgabe, die Vorträge hier einzurichten, hingeben; ich fühle so innigen Dank, weil eben dadurch möglich wird, etwas, was ja in gewissem Sinne als Neues gemeint ist, in dem Milieu des Altehrwürdigen, durch das es erst sanktioniert werden kann, auszusprechen.

Ebenso dankbar bin ich für die sehr liebenswürdigen einleitenden Worte, welche gestern Prinzipal *Jacks* hier gesprochen hat.

Damit habe ich vielleicht zunächst etwas angedeutet aus der Gesinnung heraus, aus der diese Vorträge gehalten werden sollen: Dasjenige, was hier über Erziehungswesen und über Unterrichtswesen zunächst von mir gesagt werden soll, ruht ja auf der Grundlage derjenigen spirituellen wissenschaftlichen Erkenntnis, welche auszubilden ich mir zur Aufgabe meines Lebens gemacht habe.

Diese spirituelle Erkenntnis, sie wurde zunächst um ihrer selbst willen gepflegt, und in den letzten Jahren haben sich Freunde dieser Weltanschauung gefunden, um sie auch einzuführen in die einzelnen Gebiete des praktischen Lebens. Und so war es in Stuttgart *Emil Molt,* welcher aus der Anschauung desjenigen, was durch das Goetheanum, die Freie Hochschule für spirituelle Wissenschaft in Dornach in der Schweiz, gewollt wird, das angewendet sehen wollte auf eine Erziehungs- und Unterrichtsanstalt für die Kinder im volksschulpflichtigen Alter. Und so kam es zu der Einrichtung der Waldorfschule in Stuttgart.

Der Pädagogik und Didaktik dieser Waldorfschule in Stuttgart wurde nun jenes spirituelle Leben zugrunde gelegt, von dem ich meine, daß es aus dem Geiste unserer Zeit heraus zu einer Fortführung des Erziehungswesens führen muß, gerade so, wie es der Geist für unsere Zeit, wie es die Aufgaben und wie es die Stufe der Menschheitsentwickelung innerhalb unserer Zeitepoche fordern.

Das Erziehungs- und Unterrichtswesen, welches hier gemeint ist, ist durchaus gebaut auf Menschenerkenntnis, auf einer Menschenerkenntnis, die über den ganzen Menschen sich ausdehnt von seiner Geburt bis zu seinem Tode, die aber auch erfassen will alles dasjenige, was an übersinnlichem Wesen innerhalb dieses Lebens zwischen Geburt und Tod sich auslebt als Zeuge davon, daß der Mensch einer übersinnlichen Welt angehört.

Wir haben in unserer Zeit allerdings auch spirituelles Leben; spirituelles Leben vor allen Dingen aber, wie es uns überkommen ist aus alten Zeiten, spirituelles Leben, das wir traditionell fortpflanzen. Wir haben neben diesem spirituellen Leben, immer mehr und mehr, in einer geringen organischen Verbindung damit, jenes Leben, das uns aus der großartigen naturwissenschaftlichen Einsicht unserer neueren Zeit erquillt. Wir dürfen in dem Zeitalter, in dem gelebt haben die großen Naturforscher der Gegenwart, die tonangebenden Geister der Naturerkenntnis, wir dürfen heute auch, wenn wir von dem spirituellen Leben sprechen, nicht außer acht lassen dasjenige, was eindringlich zeigt für die Menschenerkenntnis die Naturwissenschaft selber.

Diese Naturwissenschaft, sie kann uns Aufschluß geben über das Körperliche des Menschen, sie kann uns Aufschluß geben über den Verlauf der körperlichen, der physiologischen Funktionen während des physischen Lebens des Menschen. Aber diese naturwissenschaftliche Erkenntnis, so wie wir sie treiben, indem wir mit äußeren Werkzeugen experimentieren, indem wir mit äußeren Sinnen beobachten, sie hat gerade in der Zeit, in der sie so groß geworden ist, nicht vermocht, in das eigentliche spirituelle Leben des Menschen tiefer hineinzudringen. Das ist kein Tadel, den ich damit aussprechen will; das war die große Aufgabe der Naturwissenschaft, wie wir sie zum Beispiel, ich möchte sagen, in einer großen Systematik zusammengestellt finden bei einer Persönlichkeit wie *Huxley*. Das ist die große Leistung, daß sie einmal die Natur angesehen hat, ganz unbekümmert um alles dasjenige, was etwa in der Welt an Geistigem lebt.

Dafür haben wir auch eine Menschenerkenntnis, die nicht übergehen kann zu der unmittelbar praktischen Handhabung des Geistigen. Wir haben ein spirituelles Leben in unserer gegenwärtigen Zivilisation, und die verschiedenen Religionsbekenntnisse pflanzen dieses spirituelle Leben fort. Wir haben aber kein solches spirituelles Leben, das dem Menschen etwas zu sagen vermag, wenn er die bange Frage richtet nach dem Ewigen, nach dem Unvergänglichen, nach dem Übersinnlichen, dem er angehört; wir haben kein spirituelles Leben, das uns, mit anderen Worten, zu geben vermag Überzeugungen, Überzeugungen, wenn wir einsam dastehen in der Welt mit unserem physischen

Leben, mit unserer physischen Lebensauffassung und nun fragen: Was liegt zugrunde an Ewigem, an Übersinnlichem dieser ganzen Sinneswelt?

Wir können uns dann Überzeugungen bilden darüber, was wir waren vor der Geburt im Schoße der göttlichen, übersinnlichen Welt. Wir können Überzeugungen bilden von demjenigen, was unsere Seele wird durchzumachen haben, wenn sie durch die Pforte des Todes gegangen ist. Wir können dasjenige, was wir so als Überzeugungen fassen, in Formeln bringen. Es kann, ich möchte sagen, warm in unser Herz, in unser Gemüt hereinströmen. Wir können sagen: Der Mensch ist mehr im ganzen Weltenall, als er ist in diesem physischen Leben zwischen Geburt und Tod.

Allein dasjenige, was wir auf diese Weise gewinnen, es bleibt Überzeugung, es bleibt etwas, was wir denken und fühlen können. Es wird immer schwieriger und schwieriger, die großartigen Überzeugungen, die uns zu diesem Spirituellen hinzu die Naturwissenschaft gibt, in die Handhabung, in die Praxis des Lebens hineinzuführen. Wir wissen vom Geiste; wir verstehen es nicht mehr, mit dem Geiste zu tun, mit dem Geiste zu handeln, unsere Lebenspraxis, das alltägliche Leben mit dem Geiste zu durchdringen.

Welches Gebiet des Lebens ist es am meisten, das uns auffordert, mit dem Geiste zu tun? Es ist das Erziehungs-, es ist das Unterrichtswesen. In der Erziehung müssen wir den ganzen Menschen ergreifen, und der ganze Mensch ist Körper, Seele und Geist. Wir müssen mit dem Geiste tun können, wenn wir erziehen, wenn wir unterrichten wollen.

Hat zu allen Zeiten der Menschheitsentwickelung diese Forderung über der Menschheit gestanden, so dürfen wir sagen: Jetzt gerade, weil wir auf dem Gebiete der äußerlichen Naturerkenntnis so weit gekommen sind, jetzt gerade am allermeisten steht die Forderung vor uns, mit dem Geiste tun zu können. Darum ist die soziale Frage heute in erster Linie eine Erziehungsfrage. Denn wir wollen mit Recht heute fragen: Was soll geschehen, damit soziale Ordnungen, soziale Institutionen unter uns entstehen, die minder tragisch sind als die heutigen, die minder bedrohlich sind als die heutigen? – Wir können uns keine andere Antwort geben als die: Wir müssen zunächst Menschen in das praktische Leben, in die soziale Gemeinschaft hineinstellen, die aus dem Geiste heraus, aus dem Tun im Geiste erzogen sind.

Eine solche Erkenntnis, die zu gleicher Zeit fortwährendes Tun im Leben ist, strebt diejenige Spiritualität im Leben an, welche zur Basis gemacht werden soll – nach der Meinung, die hier vertreten wird – für die Erziehung der verschiedenen Lebensalter des Menschen. Denn in der Kindheit, da steht der Geist näher dem Leibe des Menschen als beim Erwachsenen. In der Kindheit, da sehen wir, wie die physische Natur plastisch ausgebildet wird vom Geiste. Was ist gerade nach unserer heutigen Naturerkenntnis das Gehirn des Kindes, wenn es geboren wird? Es ist fast wie der Bildestoff, den der Bildhauer übernimmt, wenn er ein Bildhauerwerk bereitet.

Und schauen wir uns das Gehirn eines siebenjährigen Kindes an, das wir für die Volksschulerziehung übernehmen: es ist ein wunderbares Kunstwerk geworden, aber ein Kunstwerk, an dem weitergearbeitet werden muß, weitergearbeitet werden muß bis zum Ende der Volksschule. Geheimnisvolle spirituelle Kräfte arbeiten zunächst an der Plastik des menschlichen Leibes, und wir als Erzieher werden mitberufen, zu arbeiten, werden mitberufen, nicht bloß das Leibliche anzuschauen, sondern, obzwar wir niemals das Leibliche vernachlässigen dürfen, dieses Leibliche auch so anzuschauen, wie der Geist daran arbeitet, mit dem unbewußten Geiste bewußt mitzuarbeiten, uns einzufügen nicht nur in die natürliche, sondern in die göttliche Weltenordnung.

Indem wir ernsthaft der Erziehung gegenüberstehen, werden wir aufgefordert, nicht nur Gott zu erkennen für die Befriedigung unserer Seele, sondern mit Gott zu wollen, aus den göttlichen Absichten heraus zu handeln. Dazu aber brauchen wir eine spirituelle Basis für die Erziehung. Von dieser spirituellen Basis der Erziehung möchte ich Ihnen in den nächsten Tagen sprechen.

Man muß fühlen an der Beobachtung des kindlichen Lebens, wie spirituelle Einsicht, wie spirituelle Anschauung notwendig ist, um sachgemäß zu verfolgen, was mit dem Kinde, mit der Seele, mit dem Geiste des Kindes von Tag zu Tag geschieht. Wir müssen denken, wie ganz andersartig das kindliche Leben ist in den allerersten Lebenstagen und Lebenswochen als dasjenige des späteren Kindes, und namentlich dasjenige des Erwachsenen. Wir müssen uns erinnern, welches Ausmaß von Schlaf das Kind zunächst in seiner ersten Lebenszeit braucht. Wir müssen die Frage aufwerfen: Was geschieht in dem Wechselspiel zwischen Geist und Körper, wenn das Kind fast 22 Stunden in seiner ersten Lebenszeit des Schlafes bedürftig ist? Für solche Dinge spricht sich die heutige Philosophie, auch die heutige Lebenspraxis so aus, daß sie sagt: Nun, man kann eben in die Seele des Kindes nicht voll hineinschauen, wie man in die Seele eines Tieres, wie man in das innere Leben der Pflanze auch nicht hineinschauen kann. Da sind eben Grenzen des menschlichen Erkennens.

Diejenige spirituelle Anschauung, die hier gemeint ist, sie sagt nicht: Hier sind Grenzen der menschlichen Erkenntnis, sie sagt: Es müssen so viele Erkenntniskräfte aus den Tiefen der Menschennatur hervorgeholt werden, daß wir auch die Möglichkeit gewinnen, so wie wir die Einrichtung eines menschlichen Auges, eines menschlichen Ohres physiologisch betrachten, so auch den ganzen Menschen nach Körper, Seele und Geist in seinem Sein, in seiner Entwickelung zu beobachten.

Haben wir im gewöhnlichen Leben gerade durch unsere naturwissenschaftliche Erziehung in der Gegenwart diese Erkenntnis nicht, so müssen wir sie eben ausbilden. Daher werde ich zu sprechen haben zu Ihnen über die Ausbildung jener Erkenntnisse, die eine eigentliche Einsicht in das innere Gewebe des kindlichen Lebens gewähren können. Und zu dieser Einsicht zwingt auch schon eine Beobachtung, die nur unbefangen sich dem Leben hingibt.

Wir sehen das Kind. Wenn wir es so äußerlich anschauen, so finden wir eigentlich keine einschneidenden Entwickelungspunkte in dem Leben des Kindes von der Geburt bis etwa zum 20. Jahre. Wir fassen alles so auf wie eine kontinuierliche Entwickelung.

So ist es nicht für denjenigen, der ausgerüstet mit der Erkenntnis, von der ich in den nächsten Tagen hier sprechen werde, an die Beobachtung des kindlichen Lebens herantritt. Da ist das Kind innerlich im Grunde ein ganz anderes Wesen bis etwa zu seinem 7., 8. Jahre, wo der Zahnwechsel beginnt, als es ist im späteren Leben von dem Zahnwechsel bis etwa zum 14., 15. Jahre mit der Geschlechtsreife. Und unendlich bedeutungsvolle Rätsel gehen uns auf, wenn wir versuchen, ganz tief uns in das

Leben des Kindes hineinzuversenken und uns zu fragen: Wie arbeitet das Geistig-Seelische an dem Kinde bis zum Zahnwechsel hin? Wie arbeitet das Geistig-Seelische an dem Kinde, wenn wir es gerade in der Volksschule, in der Elementarschule zu erziehen, zu unterrichten haben? Wie haben wir da selbst mit dem Geistig-Seelischen mitzuarbeiten?

Wir sehen zum Beispiel, wie in dem ersten Lebensalter des Kindes bis zum Zahnwechsel hin instinktiv – instinktiv für das Kind, instinktiv auch für die Umgebung des Kindes – die Sprache ausgebildet wird. Wir denken heute vielfach darüber nach, ich will heute nicht sprechen von dem Historischen in der Entstehung der Sprache, sondern nur von dem Sprechenlernen des Kindes, wie eigentlich das Kind sprechen lernt, ob es gewissermaßen einen Instinkt hat, sich in den Klang, den es von der Umgebung hört, hineinzufinden, oder ob aus irgendwelchem anderen Zusammenhang mit der Umgebung der Trieb, Sprache zu entwickeln, besteht. Sieht man aber genauer in das Leben des Kindes hinein, so merkt man, daß alle Sprache, alles Sprechenlernen auf der Nachahmung beruht desjenigen, was das Kind durch seine Sinne in der Umgebung beobachtet, unbewußt beobachtet. Das ganze Leben des Kindes bis zum 7. Jahre ist ein fortwährendes Imitieren desjenigen, was in der Umgebung vor sich geht. Und in dem Augenblick, wo das Kind irgend etwas wahrnimmt, sei es eine Bewegung, sei es einen Klang, entsteht in ihm der Drang nach innerlicher Gebärde, nach Nacherleben desjenigen, was wahrgenommen wird aus seiner ganzen Innerlichkeit heraus.

Wir verstehen das Kind nur, wenn wir es so betrachten, wie wir beim späteren Menschen das Auge oder das Ohr betrachten. Das Kind ist ganz Sinnesorgan. Sein Blut wird noch in einer viel lebendigeren Weise durch seinen ganzen Körper getrieben, als es später der Fall ist. Und wir merken gerade durch eine feine Physiologie, worauf die Ausbildung unserer Sinnesorgane, zum Beispiel des Auges beruht.

Das Auge entwickelt sich dadurch, daß in ihm zuerst das Blut präponderiert, die Blutzirkulation, in den allerersten Lebensjahren des Menschen. Dann überwiegt später immer mehr und mehr das Nervenleben in den Sinnen, und eine Entwickelung von Blutzirkulation zum Nervenleben hin ist die Entwickelung des Sinneslebens im Menschen. Man kann sich eine feine

Beobachtungsgabe aneignen dafür, wie allmählich im Menschen übergeht das Blutleben ins Nervenleben.

So aber, wie es beim einzelnen Sinn ist, so beim ganzen Menschen. Das Kind muß so viel schlafen, weil es ganz Sinnesorgan ist, weil es die Außenwelt noch nicht mit ihrem Blenden, mit ihren Lauten vertragen würde. Wie das Auge sich schließen muß, wenn das blendende Sonnenlicht herandringt, so muß sich dieses Sinnesorgan Kind – denn das Kind ist ganz Sinnesorgan – abschließen gegenüber der Welt, muß viel schlafen; denn dann, wenn es der Welt gegenübergestellt ist, muß es beobachten, innerlich reden. Jeder Laut der Sprache entsteht aus der innerlichen Gebärde.

Das, was ich hier sage aus einer spirituellen Erkenntnis heraus, das ist, ich möchte sagen, naturwissenschaftlich heute schon voll zu belegen. Es gibt eine naturwissenschaftliche Entdeckung – gestatten Sie mir, weil diese Entdeckung mich ja während meines ganzen Lebens verfolgt hat, die persönliche Bemerkung, daß diese naturwissenschaftliche Entdeckung so alt ist wie ich selber; sie ist in dem Jahre gemacht worden, wo ich geboren bin –, diese naturwissenschaftliche Entdeckung besteht darin, daß des Menschen Sprache beruht auf der Ausbildung der linken Schläfenwindung im Gehirn. Die wird plastisch im Gehirn ausgebildet. Aber diese Ausbildung geschieht durchaus während des kindlichen Alters selber aus jener Plastik heraus, von der ich Ihnen gesprochen habe. Und wenn wir den ganzen Zusammenhang betrachten, der besteht zwischen der Gebärde des rechten Armes und der rechten Hand, die präponderieren bei denjenigen Kindern, die das normal bilden – über Linkshänder werde ich noch zu sprechen haben, inwiefern sie sich zu den Allgemeinen verhalten; sie machen eine Ausnahme; aber gerade sie sind Beweise, wie das, was Sprechenlernen bedeutet, zusammenhängt mit jeder Gebärde, bis ins einzelnste hinein mit dem rechten Arm und der rechten Hand –, so werden wir sehen, wie durch einen inneren geheimnisvollen Zusammenhang von Blut, Nerven und der Windung des Gehirns aus der Gebärde heraus durch Imitation der Umgebung, die Sprache sich bildet.

Wenn wir schon eine feinere Physiologie hätten, als wir sie heute haben, so würden wir für jedes Alter nicht nur das Passive, sondern auch das Aktive entdecken. Aber dieses Aktive ist besonders regsam in diesem großen Sinnesorgan, das das

Kind ist. Daher lebt das Kind so in seiner Umgebung, wie im späteren Leben unser Auge in der Umgebung lebt. Unser Auge ist besonders herausgestaltet aus der allgemeinen Kopforganisation, liegt, ich möchte sagen, in einer besonderen Höhlung, damit es das Leben der Außenwelt mitmachen kann. Das Kind macht so das Leben der Außenwelt mit, lebt ganz in der Außenwelt drinnen, ist noch nicht in sich, fühlt noch nicht sich, lebt ganz mit der Außenwelt.

Wir entwickeln heute mit Recht innerhalb unserer Zivilisation eine Erkenntnis, die eine sogenannte intellektualistische Erkenntnis ist, die ganz in uns lebt. Wir glauben die Außenwelt zu erfassen. Aber alle Gedanken, vor denen wir, und vor deren Logik wir allein gelten lassen die Erkenntnis, sie leben ja ganz in uns. Und das Kind lebt ganz außerhalb seiner selbst. Dürfen wir glauben, daß wir mit unserer intellektualistischen Erkenntnis jemals herankommen an dasjenige, was das Kind, das ganz Sinnesorgan ist, mit der Außenwelt erlebt? Das dürfen wir niemals. Das dürfen wir nur hoffen von der Erkenntnis, die selber ganz aus sich herausgehen kann, ganz untertaucht in das Wesen desjenigen, was lebt und west. Eine solche Erkenntnis ist nur die intuitive Erkenntnis, nicht die intellektuelle, mit der wir in uns bleiben, wo wir uns bei jeder Idee fragen: Ist sie auch logisch? – es ist eine Erkenntnis, mit der der Geist hinunterdringt in die Tiefen des Lebens selber, eine intuitive Erkenntnis. Wir müssen uns bewußt aneignen eine intuitive Erkenntnis, dann werden wir erst selbst so praktisch, damit wir mit dem Geiste tun können dasjenige, was mit dem Kinde zu geschehen hat zunächst in den ersten Lebensjahren.

Dann aber, wenn das Kind seinen Zahnwechsel nach und nach überwindet, wenn an die Stelle derjenigen Zähne, die noch vererbt sind, diejenigen treten, die schon aus der ersten Lebensepoche heraus mit ihre Formung erhalten haben, dann tritt für das ganze Leben des Kindes das ein, daß es nicht mehr bloß Sinnesorgan ist, sondern hingegeben ist an etwas Seelischeres als an jeden äußeren Sinneseindruck. Dann tritt gerade für das Volksschulalter der Elementarschule das für das Kind ein, daß es beginnt, nun aus der Umgebung nicht mehr nur dasjenige aufzunehmen, was es beobachtet, sondern das, was in dem Beobachten lebt. Für das Kind tritt dasjenige Alter ein, das vorzugsweise gebaut sein muß auf jene Autorität, in der das Kind gegenüber seiner erziehenden und unterrichtenden Umgebung lebt.

Geben wir uns keiner Täuschung darüber hin, daß das Kind, wenn wir es ansprechen zwischen dem 7. und 14. Jahre, von uns nicht vernimmt das Urteil, das sich in einem Satze ausspricht. Wenn wir das Kind zwingen, das Urteil zu erlauschen, das sich in einem Satze ausspricht, so bringen wir ihm etwas bei, was erst einem späteren Lebensalter angehört. Dasjenige, was das Kind durch seine Wesenheit von uns verlangt, das ist, daß es an uns glauben kann, daß es das instinktive Gefühl haben kann: Da steht einer neben mir, der sagt mir etwas. Er kann es sagen, er steht mit der ganzen Welt so in Verbindung, daß er es sagen kann. Der ist für mich der Vermittler zwischen mir und dem ganzen Kosmos. So steht das Kind, natürlich nicht ausgesprochen, aber instinktiv dem anderen Menschen, namentlich dem lehrenden und erziehenden Menschen gegenüber. Er ist ihm der Vermittler zwischen der göttlichen Welt und zwischen ihm selber in seiner Ohnmacht. Und nur, wenn sich der Erzieher bewußt wird, daß er selbstverständliche Autorität sein muß, daß er dasjenige sein muß, zu dem das Kind hinaufsehen kann in einer ganz selbstverständlichen Weise, dann wird er Erzieher sein.

Daher haben wir gefunden während unseres Waldorfschul-Unterrichtes und unserer Waldorfschul-Erziehung, daß die Erziehungsfrage in der Hauptsache eine Lehrerfrage ist: Wie hat der Lehrer zu sein, um sein zu können eine selbstverständliche Autorität, der Vermittler zwischen der göttlichen Weltordnung und dem Kinde?

Nun, was ist da das Kind geworden? Zwischen dem 7. Jahre ungefähr und dem 14., 15. Jahre ist das Kind aus dem Sinnesorgan ganz Seele geworden, noch nicht Geist, noch nicht so, daß es den Hauptwert auf den logischen Zusammenhang, auf das Intellektualistische legt; da würde es innerlich in der Seele verknöchern. Für das Kind zwischen dem 7. und 14. Jahre hat es eine viel größere Bedeutung, wenn wir vermögen in liebevoller Weise ihm irgend etwas beizubringen, als es ihm zu beweisen. Es hat viel größeren Wert, wenn wir Gemüt durch irgendeine Lehre gehen lassen können, als Logik; denn das Kind braucht noch nicht die Logik, das Kind braucht uns, braucht unsere Menschlichkeit.

Deshalb legen wir in der Waldorfschule gerade im Volksschulalter zwischen dem 6., 7. und 14. Jahre alles darauf an, daß der Lehrer mit einer künstlerischen Liebe und liebevollen Kunst dasjenige an das Kind heranzubringen vermag, was in dieses Lebensalter des Menschen hineingehört. Denn darauf beruht jene Erziehungskunst, die hier gemeint ist, daß man den Menschen kennt, kennt, was jedes Lebensalter von uns fordert in bezug auf Erziehung und Unterricht: Was fordern die ersten Jahre? Was ist gefordert bis zum 7. Jahre? Was kann das Volksschulalter verlangen? – Ganz anders müssen wir das Kind erziehen bis zum 10. Jahre, ganz anders wiederum vom 10. bis 14. Jahre, seine Menschenerkenntnis sich erwerben lassen. Daß wir das Wesen des Kindes in jedem einzelnen Jahre, ja jeder einzelnen Woche in unserer eigenen Seele lebendig machen, das ist dasjenige, was spirituelle Basis für die Erziehung bilden muß.

Und so können wir sagen: wie das Kind in den ersten Jahren ein Imitator, ein Nachahmer ist, so wird es in den späteren Jahren ein Folger, einer, welcher sich nach dem, was er seelisch zu erleben vermag, auch seelisch entwickelt. Jetzt sind die Sinnesorgane selbständig geworden, und die Seele ist wesenhaft im Kinde eigentlich erst aufgetaucht. Unendlich zart müssen wir diese Seele nun behandeln, fort und fort, als Lehrer und Erzieher in einen innigen Kontakt kommen mit demjenigen, was jeden Tag in der Seele des Kindes vor sich geht.

Ich möchte heute in dieser einleitenden Rede nur auf das eine hinweisen: es gibt zum Beispiel für jedes Kind während des schulpflichtigen Alters, so zwischen dem 9. und 11. Jahre, einen kritischen Punkt, einen Punkt, der nicht übersehen werden darf von dem Erzieher. In diesem Alter zwischen dem 9. und 11. Jahre kommt für jedes Kind, wenn es nicht unternormal ist, der Punkt, wo vor seiner Seele die Frage auftaucht: Wie finde ich mich in die Welt hinein? – Man darf nicht denken, daß diese Frage so gestellt wird, wie ich es eben jetzt besprochen habe. Die Frage tritt auf in unbestimmtem Fühlen, in unbefriedigtem Fühlen; die Frage tritt so auf, daß das Kind ein größeres Anlehnungsbedürfnis an einen Erwachsenen fühlt, die Frage tritt auf vielleicht so, daß sie sogar in einem starken Liebeshange zu einem Erwachsenen sich hervortut. Aber wir müssen in der richtigen Weise zu beobachten verstehen, was in diesem kritischen Punkt in dem Kinde vorgeht. Es fühlt sich plötzlich vereinsamt. Es sucht plötzlich Anschluß. Bisher hat es die Autorität als selbstverständlich hingenommen. Jetzt beginnt es zu fragen: Was ist es denn mit dieser Autorität? – Ob man in diesem Augenblicke das rechte Wort findet oder nicht findet, davon hängt ungeheuer viel ab für das ganze spätere Leben des Menschen.

So wie es ungeheuer wichtig ist, daß der Arzt, wenn er eine Kinderkrankheit beobachtet, weiß, was da vorgeht im Organismus, das sind Entwickelungsprozesse, die nicht nur für das Kind Bedeutung haben – gehen sie im Kinde nicht in der richtigen Weise vor sich, so spürt das der Mensch noch als Greis –, so müssen wir uns bewußt werden: was wir in dem Kinde anregen an Vorstellungen, an Empfindungen, an Willensimpulsen, das darf nicht in steife Begriffe gefaßt sein, die das Kind sich nur merken soll, nur lernen soll; diejenigen Vorstellungen, diejenigen Empfindungsimpulse, die wir dem Kinde vermitteln, sie sollen leben so, wie unsere Glieder leben. Die Hand des Kindes ist klein. Sie muß sich selbständig entwickeln: wir dürfen sie nicht einzwängen. Die Vorstellungen, die seelische Entwickelung des Kindes, sie sind klein und zart. Wir dürfen sie nicht in scharfe Konturen fassen, von denen wir etwa voraussetzen, daß das Kind als Erwachsener nach 30 Jahren noch diese Vorstellungen hat, wie das Kind sie hatte. Wir müssen die Vorstellungen, die wir dem Kinde beibringen, so gestalten, daß sie wachsen können. Die Waldorfschule soll keine Schule sein, sondern eine Vorschule sein, weil jede Schule eine Vorschule sein soll zu der großen Schule, die das Leben selber für den Menschen ist. Wir müssen eigentlich in der Schule nicht lernen, damit wir es können, sondern wir müssen in der Schule lernen, damit wir vom Leben immer lernen können. Das ist dasjenige, was einer, ich möchte sagen, spirituell-physiologischen Pädagogik und Didaktik zugrunde liegen muß. Man muß Sinn und Gefühl haben für dasjenige, was man an das Kind heranbringt als ein Lebendiges, als etwas, was in das spätere Alter hineinreichen kann. Denn dasjenige, was im Kind ausgebildet wird, verhält sich manchmal auf dem Seelenuntergrund des Kindes so, daß man es nicht bemerkt. Im späteren Lebensalter kommt es heraus. Man kann ein Bild gebrauchen; es soll nur ein Bild sein, das aber auf Wahrheit beruht: es gibt Menschen, die in einem bestimmten Lebensalter wohltätig wirken auf ihre Mitmenschen.

Sie können – wenn ich es so aussprechen darf – segnen. Solche Menschen gibt es. Sie brauchen gar nicht zu sprechen, sie brauchen nur da zu sein mit ihrer segnenden Persönlichkeit. Man beobachtet gewöhnlich den Menschen nicht in seinem ganzen Leben, sonst würde man folgendes bemerken: Wie sind solche Menschen, die später segnen können, in ihrer Kindheit erzogen worden, vielleicht bewußt von dem oder jenem, vielleicht hat es sich instinktiv auch für den Erzieher und Unterrichter gegeben. Sie waren so erzogen, daß sie als Kinder verehren gelernt haben, daß sie als Kinder beten gelernt haben im umfassenden Sinne des Wortes, hinaufzuschauen zu etwas – dann können sie hinunterwollen zu etwas. Hat man erst gelernt, hinaufschauen, verehren, in Autorität ganz gehüllt sein, dann hat man die Möglichkeit, zu segnen, hinunterzuwirken, selber Autorität zu werden, selbstverständliche Autorität zu werden.

Das sind die Dinge, die nun nicht als Grundsätze bloß leben, die durchaus in den Lehrer übergehen sollen, in sein ganzes Wesen, indem sie aus dem Kopf fortwährend in die Arme gehen, und er aus dem Geiste tun, und nicht aus dem Geiste bloß denken soll, die in dem Lehrer Leben gewinnen müssen.

Wie das im einzelnen vom 7. bis 14. Jahre durch alle Schuljahre der Fall sein kann, das will ich dann in den nächsten Tagen darstellen. Aber vor allen Dingen das wollte ich heute aussprechen, wie eine gewisse Art und Weise nicht einer Lebensanschauung bloß, sondern eines innerlichen Lebens selber die spirituelle Basis der Erziehung sein muß. Dann erst, wenn der Mensch diese Autorität überwunden hat, wenn der Mensch geschlechtsreif geworden ist und auf diese Weise physiologisch ein ganz anderes Verhältnis zur Außenwelt gewinnt als früher, gewinnt er auch in seinem seelischen und leiblichen, in seinem körperlichen Leben im umfassendsten Sinne ein ganz anderes Verhältnis zur Außenwelt als früher. Jetzt erst erwacht der Geist im Menschen. Jetzt erst sucht der Mensch in allem Sprachlichen das Urteilhafte, das Logische. Jetzt erst können wir hoffen, daß wir den Menschen so erziehen und unterrichten können, daß wir an seinen Intellekt appellieren. Das ist ungeheuer wichtig, daß wir nicht, wie es heute so sehr beliebt ist, auf den Intellekt bewußt oder unbewußt zu früh reflektieren.

Und wiederum, wenn wir uns nun fragen: Was wirkt in dem Kinde, wenn wir sehen, wie es nun auf Autorität hin dasjenige aufnimmt, was seine Seele lenken und leiten soll? – Nun, das Kind hört nicht zu, um logisch zu prüfen, was wir sagen. Das Kind nimmt unbewußt dasjenige, was in seine Seele hineinwirkt, was von der Seele aus auch am Leibe bildet und kraftet, es nimmt es auf wie eine Inspiration. Und nur, wenn wir die unbewußte, die wunderbare Inspiration, die im ganzen Leben des Kindes vom 7. bis 14. Jahre waltet, verstehen, wenn wir hineinwirken können in dieses fortwährend Inspiriertsein, dann können wir erziehen. Dazu müssen wir uns wiederum eine spirituelle Erkenntnis erwerben, und der Intuition hinzufügen die Inspiration.

Und haben wir das Kind so weit, daß es das 14. Jahr erreicht hat, dann machen wir eine eigentümliche Entdeckung. Wenn wir dem Kinde dasjenige, was es nun logisch auffassen soll, auch unmittelbar logisch beibringen, so wird es ihm langweilig; es hört zunächst zu, wenn wir in dieser Weise alles logisch gestalten; wenn der junge Mann und das junge Mädchen uns unsere Logik nur nachdenken sollen, so werden sie nach und nach müde. Wir brauchen selbst noch in dieser Lebensepoche als Lehrer etwas anderes als bloße Logik. Wir können das im großen beobachten.

Nehmen Sie einen solchen Forscher, der ganz in der äußeren Natur lebt, wie *Ernst Haeckel*. Er selber interessiert sich ungeheuer für alles dasjenige, was er mikroskopiert, was er ausbildet. Wird es übertragen auf die Schüler, so lernen sie es, aber sie können nicht mehr dasselbe Interesse entwickeln. Wir müssen als Lehrer etwas anderes auch in uns haben, als das Kind in sich hat. Dringt das Kind mit der Geschlechtsreife zur Logik vor, so müssen wir das Bildhafte, die Imagination in uns tragen. Wenn wir selber dasjenige, was wir dem jungen Menschen beibringen sollen, vermögen in das Bild zu gießen, so daß er Bilder, die wir wie in einer höheren Kunst ausbreiten, Bilder von der Welt und ihrem Wert und Sinn gewinnt, wenn wir diese Bilder ausbreiten und den Zuhörenden, den zu Erziehenden und zu Unterrichtenden die Logik entwickeln lassen, dann ergreift ihn dasjenige, was wir zu sagen haben.

So daß wir gewiesen werden in dieser dritten Lebensepoche auf die Imagination, ebenso wie zuerst auf die Intuition und auf die Inspiration. Und wir müssen nun suchen nach jener spirituellen Basis, welche uns nun auch, wenn wir Lehrer sein sollen, in die Lage versetzt, aus Imagination, Inspiration und Intuition heraus zu arbeiten, Geist zu tun, nicht bloß Geist zu denken.

Das ist dasjenige, was ich als eine Einleitung vorbringen wollte.

ZWEITER VORTRAG

Es ist mir gestern mitgeteilt worden, daß einiges schwieriger zu verstehen war in den Betrachtungen, die ich gestern angestellt habe, und zwar weil Schwierigkeiten entstanden sind gegenüber dem Gebrauche des Wortes «spirituell» und «spirituelle Erkenntnis». Das veranlaßt mich, heute das Thema etwas zu ändern, das ich mir gestellt habe, und gerade über den Gebrauch der Worte «Geist» und «spirituelles Leben» heute zunächst einige Auseinandersetzungen zu machen, welche etwas hinwegführen werden von dem Thema über Unterricht und Erziehung. Allein aus den Mitteilungen, die mir gestern gemacht worden sind, kann ich entnehmen, daß wir uns dann in den nächsten Tagen besser verstehen können, wenn ich diese Auseinandersetzungen über Geist, Seele, Leib heute mache. Es wird mir schon Gelegenheit gegeben sein, dasjenige, was ich eigentlich heute sagen wollte, in den nächsten Tagen vorzubringen.

Zugleich aber veranlaßt eine solche Erörterung, wie sie nun die heutige sein muß, daß man etwas theoretischer wird und in Ideen und Begriffen spricht. Das bitte ich für heute hinzunehmen; es wird in den nächsten Tagen schon wieder besser werden. Ich werde da nicht so grausam sein, Sie mit Ideen und Begriffen zu quälen, sondern Ihnen vielleicht mit Tatsachen gefällig sein können.

Das Wort «Geist» innerhalb derjenigen Weltanschauung und Lebenserfassung, von deren Gesichtspunkten aus hier gesprochen wird, und auch das Wort «spirituell», wird gewöhnlich nicht tief genug genommen. Man sucht, wenn ausgesprochen wird das Wort «Geist», etwas, was ähnlich ist «Intellektualität», oder man sucht etwas, was ähnlich ist demjenigen, wofür man etwa das englische Wort «mind» gebraucht. Allein dasjenige, was ich hier mit «spirituell» und mit «Geist» meine, ist denn doch etwas ganz anderes. Es ist durchaus nicht zu verwechseln mit all denjenigen Dingen, die etwa von mystischen, schwärmerischen oder abergläubischen, sektiererischen Bewegungen als «Geist» und «spirituell» genommen werden; aber es ist etwas gegenüber dem Intellekt und gegenüber demjenigen, was man mit «mind» bezeichnet, ganz anderes.

Wenn wir uns eine wirkliche Einsicht, eine unmittelbare, tatsächliche Erkenntnis von demjenigen verschaffen können, was in dem ganz kleinen Kinde bis zum Zahnwechsel hin innerlich wirkt so, daß es aber nicht direkt wahrgenommen werden kann, sondern nur angeschaut werden kann in den Wesensäußerungen des Kindes, mögen uns diese noch so primitiv vorkommen, das ist «Geist», und das ist «Seele».

Wir haben sonst, wenn wir die Natur und das Menschenleben anschauen, niemals in dem Sinne Geist und Seele vor uns, als nur, wenn wir dasjenige, was Lebensäußerungen des ganz kleinen Kindes sind, beschauen. Da arbeiten, wie ich gestern sagte, in der Plastik des Gehirnes, in der Ausbildung des ganzen Organismus, die geistigen Kräfte darinnen, da arbeiten die seelischen Essenzen darinnen. Dasjenige, was wir sehen, sind die Lebensäußerungen des Kindes; sie nehmen wir durch die Sinne wahr. Aber dasjenige, was durch den Schleier des sinnlich Wahrnehmbaren hindurch wirkt, ist Geist, ist Seele; so, wie wir sie niemals sonst im Leben ohne eine innere seelische Entwickelung wahrnehmen können. So daß wir sagen müssen: Geist ist zunächst etwas für die gewöhnliche Wahrnehmung ganz Unbekanntes. Seele offenbart sich höchstens in den gewöhnlichen Wahrnehmungen. Aber wir müssen sie durch die Wahrnehmungen hindurch fühlen, empfinden.

Wenn ich ein Bild gebrauchen darf, nur zur Verdeutlichung, nicht zur Erklärung, so möchte ich sagen: Wenn wir sprechen, sprechen wir so, daß wir die Worte, die Laute haben durch Konsonanten und Vokale. Beachten Sie den großen Unterschied zwischen den Konsonanten und Vokalen in der Sprache. Die Konsonanten, sie runden den Laut, sie machen ihn spitz, sie machen ihn zu einem Blaselaut, zu einem Wellenlaut, je nachdem wir mit dem einen oder anderen Organ, mit den Lippen, mit den Zähnen, den Laut formen.

Die Vokale entstehen ganz anders. Die Vokale entstehen so, daß wir den Luftstrom durch die Sprachorgane in einer gewissen Weise leiten. Wir runden nicht; wir bilden die Substanz des Lautes durch die Vokale. Wollen wir einen Vergleich, so können wir sagen: Die Vokale geben uns die Substanz, den Stoff. Die Konsonanten plastizieren dasjenige, was die Vokale als Substanz geben.

Wenn wir nun in dem Sinne, wie es hier gemeint sein soll, von Geist und Seele reden, so müssen wir sagen: Geist ist in den

Konsonanten der Sprache, Seele ist in den Vokalen der Sprache. Wenn das Kind beginnt A zu sagen, hat es etwas in sich wie Verwunderung, einen Seeleninhalt. Unmittelbar lebt es vor uns diesen Seeleninhalt. Es strömt in dem A.

Wenn das Kind den E-Laut ausstößt, es hat etwas wie eine leise Antipathie der Seele in sich. Es rückt ab, zuckt zurück vor demjenigen, was einen Eindruck macht. Es ist etwas von Antipathie im Seelischen, was in dem E zum Ausdrucke kommt. Verwunderung: A – Antipathie: E – seelisch der Vokalismus.

Bilde ich irgendeinen Konsonanten, dann runde ich, ich gestalte das Vokalische. Wenn das Kind Ma-Ma sagt, das A zweimal, so lebt es dasjenige dar, was etwa durch diese Gebärde des Suchens eines Hilfreichen von seiten der Mutter zum Ausdrucke kommt. A wäre dasjenige, was das Kind fühlt und empfindet gegenüber der Mutter, M ist dasjenige, was es möchte, daß die Mutter tue. Und so liegt in dem Ma-Ma das ganze Verhältnis des Kindes zur Mutter nach Seele und Geist. So hören wir die Sprache, wir hören das Sinnliche an ihr, aber wir werden nicht darauf aufmerksam, wie Seele und Geist verborgen in der Sprache liegen. In der Sprache wird man manchmal noch darauf aufmerksam. In dem ganzen Menschen beachtet man das nicht mehr. Man sieht die äußere Gestalt des Menschen. Da ist ebenso das Seelische darinnen und das Geistige, wie in der Sprache. Aber man beachtet es nicht mehr.

Aber man beachtete es einstmals in der Urzeit der Menschheit, als man nicht sagte: Im Anfange, im Urbeginne, war der Geist – das wäre einem zu abstrakt vorgekommen –, sondern man sagte: Im Urbeginne war das Wort –, weil man noch eine lebendige Empfindung davon hatte, daß der Geist auf den Wellen der Sprache sich fortbewegt. Dieser Geist, das ist dasjenige, was seiner Eigenschaft nach hier als das Spirituelle bezeichnet wird, als dasjenige, was nicht in unserem Intellekt zum Vorschein kommt, auch nicht in dem, was man «mind» nennt. «Mind» und «spirit» sind verschieden voneinander, so verschieden voneinander, wie verschieden ist meine Persönlichkeit, wenn ich hier stehe, einen Spiegel habe, und ich mich in dem Spiegel sehe; darinnen ist mein Spiegelbild. Dieses Spiegelbild, es macht dieselben Bewegungen, die ich mache, es sieht mir ähnlich, aber es ist nicht ich; es unterscheidet sich von mir dadurch, daß es Bild ist, ich die Realität. Geist waltet im Verborgenen. Intellekt hat den Geist nur im Spiegelbild. «Mind» ist das Spiegelbild des Geistes. «Mind» kann zeigen, was der Geist tut, «mind» kann die Bewegungen des Geistes machen, aber «mind» ist passiv. «Mind» kann abbilden, wenn mir jemand einen Schlag gibt, «mind» kann nicht selbst den Schlag geben. Der Geist ist Aktivität. Der Geist ist immer Tätigkeit. Der Geist ist schöpferisch. Der Geist ist das absolut Produktive. «Mind», Intellekt, ist das Abbild, das absolut Passive, dasjenige, was wir im späteren Leben in uns tragen, um die Welt zu verstehen. Würde der Intellekt, würde «mind» tätig sein, würden wir die Welt nicht verstehen können, denn «mind» muß passiv sein, damit die Welt durch ihn verstanden werden kann. Er würde fortwährend die Welt verändern, betasten, wenn er tätig wäre. Er ist das passive Bild des Geistes.

Und so müssen wir uns sagen: Wie wir vom Spiegelbild auf den Menschen hinschauen müssen, wenn wir zur Realität kommen wollen, so müssen wir versuchen, wenn wir Geist und Seele der Wirklichkeit nach suchen wollen, von dem unproduktiven Passiven zu dem produktiven Aktiven zu kommen.

Das haben die Menschen gesucht, seit es eine Menschheitsentwickelung gibt. Und ich möchte heute von einigen Wegen dieses Suchens zu Ihnen sprechen, damit wir uns verständigen über dasjenige, was eigentlich Geist und Seele bedeutet, wenn ich hier von ihnen spreche.

Den Geist nehmen wir als erwachsene Menschen von uns zunächst nur wahr in seinem Spiegelbild als Intellekt, als «mind», als Verstand, als Vernunft. Die Seele nehmen wir nur in ihren Äußerungen wahr, in ihren Offenbarungen. Wir stehen der Seele näher als dem Geiste, aber wir nehmen sie auch nicht in ihrer vollen inneren Aktivität wahr. Wir nehmen sie wahr in ihren Offenbarungen; den Geist nur im Bilde – Bild enthält nichts mehr von der Realität –, die Seele in ihren Offenbarungen. Was wir erleben als Empfindung, als Antipathie, als Sympathie, was wir erleben als Wunsch, als Leidenschaft, das ruht im Seelischen; aber wir nehmen nicht dasjenige wahr, was Seele in uns ist.

Was ist Seele in uns? Nun, ich kann vielleicht hindeuten auf dasjenige, was Seele in uns ist, wenn ich unterscheide zwischen demjenigen, was wir selbst erleben, und demjenigen, was in uns gemacht wird, damit wir etwas erleben.

Wenn wir über einen weichen Erdboden gehen, bleiben die

Spuren unserer Füße darinnen. Es kommt jemand, sieht die Spuren unserer Füße – wird der sagen: Da drunten unter der Erde, da sind gewisse Kräfte, die haben den Erdboden so geformt, daß er solche konkaven Erscheinungen annimmt? Niemand wird das sagen. Jedermann wird sagen: Da ist jemand darüber gegangen.

Die materialistische Seelenanschauung sagt: Ich finde Furchen im Gehirne, das Gehirn hat Eindrücke. – Der Erdboden hat auch Eindrücke, wenn ich darüber gegangen bin! – Nun kommt die materialistische Anschauung und sagt: Da drinnen im Gehirn sind Kräfte, die machen die Furchen. – Unrichtig! Die Seele macht die Furchen, wie ich sie mache auf dem Erdboden, und dadurch, daß Furchen drinnen sind, nehme ich erst das Seelische wahr. Ich nehme in der Seele ein Gefühl wahr. Die Seele ist zunächst im Verborgenen. Sie hat die Furchen in meinem Leibe gemacht. Wenn ich eine sehr grobe Furche mache, so tut es mir weh, es schmerzt. Ich nehme nicht dasjenige wahr, was ich da gemacht habe zunächst; das kann ich auch hinterher machen. Aber wenn ich auch nicht sehe, was ich mache, ich nehme den Schmerz wahr. So ritzt gewissermaßen die Seele einen Eindruck auf meinen Leib, verborgen. Die Wirkung nehme ich wahr in Leidenschaften, in Sympathie und so weiter, die Wirkung in der Offenbarung, was die Seele tut. Beim Geiste das Bild; bei der Seele die Offenbarung.

Wir stehen der Seele näher. Aber wir müssen daran festhalten, daß Geist oder Seele tiefer gesucht werden müssen als «mind» oder Intellekt oder Verstand oder Vernunft.

Das wird vielleicht etwas beitragen können zu dem Verständnis von Geist und Seele.

Um den Begriff des Geistes und der Seele klarer noch zu machen, darf ich jetzt auf einiges Geschichtliche eingehen – ich werde in dieser Beziehung sehr häufig mißverstanden, und ich bitte, mich heute nicht mißzuverstehen –, um zu erläutern, nicht etwa um zu behaupten, daß wir es, um zu Geist, um zu Seele zu kommen, heute noch ebenso machen müssen, wie es in älteren Zeiten gemacht worden ist. Aber die heutige Methode, zu Geist und Seele zu kommen, wird leichter verstanden, wenn wir auf Geschichtliches eingehen.

Wir können es im 20. Jahrhundert gar nicht mehr so machen,

wie es etwa vor Jahrhunderten oder gar Jahrtausenden im alten Indien gemacht worden ist, um zum Geiste zu kommen. Wir können es auch nicht so machen, wie es vor der Tatsache des Mysteriums von Golgatha gemacht worden ist. Wir leben in der Entwickelung des Christentums. Aber wir können uns verständigen über Geist und Seele, wenn wir auf diese ältere Art zurückschauen, wenn wir namentlich wahrnehmen, wie ganz anders der Weg zu Geist und Seele für den spirituellen Menschen ist als für den bloß intellektuellen Menschen.

Wenn wir heute aus dem allgemeinen Zeitbewußtsein heraus über uns selber zur Klarheit kommen wollen, was tun wir dann? Wir denken nach, wir betätigen unseren Intellekt. Auch wenn wir über die Natur zur Klarheit kommen wollen, was tun wir? Wir machen Experimente und betätigen an den Experimenten unseren Intellekt. Überall intellektuelle Tätigkeit. In alten Zeiten versuchte man ganz anders zu Geist und Seele zu kommen. Man versuchte – ich will zwei Beispiele aus vielem, was ich anführen könnte, herausheben – zu Geist und Seele zu kommen in uralten Zeiten, im Oriente, durch die sogenannte Jogamethode. Joga – es verursacht, wenn man den Namen ausspricht, heute bei sehr vielen Menschen ein leises Entsetzen, denn man kennt historisch eigentlich nur die späteren Jogamethoden, die zum großen Teil auf dem Egoismus der Menschen beruhen, die irgend etwas Machtvolles in der äußeren Welt haben wollen. Die älteren Jogamethoden, die eigentlich heute nur mehr gefunden werden können durch spirituelle Wissenschaft, nicht durch äußere Wissenschaft, waren Wege, die der Mensch einschlug zum Geiste. Worauf beruhten sie? Sie beruhten darauf, daß der Mensch aus einem gewissen Instinkte heraus sich sagte: Durch das bloße Nachdenken können wir nicht zum Geiste kommen. Wir müssen etwas tun, was uns viel mehr eine Tätigkeit, eine Aktivität in uns selbst zeigt, als das bloße Nachdenken. Wir können irgendwo abseits von der Welt stehen, den Zuschauer spielen, das Denken geht in uns vor. Wir vollbringen gar keine Veränderung in uns selber, die uns wahrnehmbar ist.

Der Jogi, der suchte einen viel realeren Vorgang, Prozeß, in sich, als wir heute suchen, wenn wir Geist kennenlernen wollen. Wenn wir mit unseren heutigen physiologischen Erkenntnissen uns fragen: Was geschieht dann, wenn wir intellektualisieren? –

Nun, es geschieht etwas in unserem Nervensystem, in unserem Gehirn und demjenigen, was durch die Nerven zum Gehirn gehört im übrigen Organismus. Aber dasjenige, was da in den Nerven geschieht, es könnte niemals geschehen, wenn nicht eine viel wahrnehmbarere Tätigkeit sich mit den Vorgängen unseres Gehirnes vermischen würde. Unaufhörlich von der Geburt bis zum Tode atmen wir ein, halten den Atem, atmen wir aus. Wenn wir einatmen, geht die Atemluft in unseren ganzen Organismus über. Der Atemstoß wird durch den Rückenmarkskanal in das Gehirn getrieben. Wir atmen nicht nur mit der Lunge, wir atmen auch mit dem Gehirne. Fortwährend ist unser Gehirn in Bewegung. Der Atem, das Einatmen, Atemhalten, Ausatmen durchwellt und lebt in unserem Gehirn. Das geht – uns heute ganz unbewußt – vor sich. Der Jogi sagte: Da geht etwas vor im Menschen, dessen will ich bewußt werden. So atmete er nicht in der gewöhnlichen Weise unbewußt, sondern er atmete abnorm, abnormal; er atmete anders ein, hielt den Atem anders, atmete anders aus. Dadurch wurde er sich des Atemprozesses bewußt. Und was uns ganz unbewußt bleibt, das verlief durchaus in seinem Bewußtsein, indem er es erkannte, empfand. Und so empfand er allmählich, wie im Gehirne sich verband das Atmen mit demjenigen, was als die materielle Tätigkeit des Denkens, des Intellektualisierens zugrunde liegt. Er suchte diese Verbindung zwischen Denken und Atmen, und er empfand schließlich, wie der Gedanke, der für uns etwas Abstraktes ist, sich auf den Wellen des Atems durch den ganzen Leib bewegt. Da war der Gedanke nicht nur im Gehirn, nicht nur in der Lunge, nicht nur im Herzen, da war der Gedanke in jeder Fingerspitze. Da erlebte man, indem man den Atem real durch sich durchpulsen fühlte, wie der Geist schöpferisch ist durch den Atem im Menschen: «Und Gott blies dem Menschen den lebendigen Odem ein, und er ward eine Seele.» Nicht nur am Anfange blies er den Atem ein, sondern er bläst fortwährend im Atmen ein. Und im Atmungsprozesse, nicht im Denken, nicht im intellektuellen Prozeß, werden wir Seele. Wir fühlen unser Wesen, indem wir den Gedanken auf den Wellen des Atems durch unseren ganzen Leib pulsieren fühlen. Sehen Sie, da hatte man jetzt den Gedanken, den Geist, nicht mehr als etwas Intellektualistisches, als etwas Abstraktes abgesondert; da spürte man ihn, fühlte man ihn im ganzen Leibe; da fühlte man seinen

Menschen als Geschöpf des Geistes. Sie sehen, man hatte den tätigen Geist.

Wir haben den passiven, nicht den aktiven Geist in der Intellektualität. Wir können heute, weil wir anders organisiert sind, diesen Jogaprozeß nicht mehr nachmachen, sollen es auch nicht tun. Denn, was bezweckte der Jogi? Er bezweckte, daß er fühlte, wie sich sein Denkvorgang mit dem Atmungsvorgang verknüpfte, und er seinen Menschen empfand in dem Atmungsvorgang, was er dann als Erkenntnis hatte. Er verband den Gedanken inniger mit dem Menschen, als wir das heute tun. Aber unser menschlicher Fortschritt beruht darauf, daß wir den Gedanken selber viel mehr losgelöst haben, viel intellektualistischer gemacht haben, als es damals der Fall war, als die Jogamethode blühte. Niemals hätte man mit einem solchen Denksystem, wie es die alten Inder ausgebildet hatten, als sie Jogi waren, die Entdeckungen des Kopernikus, Galilei, des Faraday, des Darwin und so weiter machen können. Dazu brauchte man den Gedanken als bloßes Bild, als Intellektualität. Und unsere ganze Zivilisation beruht darauf, daß wir nicht mehr so sind wie diejenigen, die die Jogaphilosophie ausgebildet haben. Das mißversteht man gewöhnlich, wenn ich die Dinge auseinandersetze. Man glaubt, ich will die Menschen wieder zurückführen zur Jogaphilosophie. Keine Rede davon! Sondern ich will durchaus die Dinge so nehmen, wie sie in dem Zeitalter des Kopernikus, Galilei, Faraday, genommen werden müssen. Wir müssen rechnen damit, daß unsere abendländische Zivilisation groß geworden ist durch die Intellektualität. Aber zugleich müssen wir anders empfinden als diejenigen, die im alten Indien empfunden haben, müssen auch anders empfinden als diejenigen, die heute Joga treiben wollen. Wir müssen heute ganz anders vorgehen, sogar geistiger, als man im alten Indien vorgegangen ist. Und weil es geistiger sein soll, und weil man heute den Geist nicht sehr liebt, so liebt man gerade die neuere Methode nicht. Es ist bequem heute, scheint wenigstens bequem, Jogaatmungen zu machen, um in die geistige Welt hinein den Weg zu finden. Das aber ist nicht der Weg, wodurch der moderne Mensch ins Geistige hineinkommen soll. Nein, da muß der moderne Mensch erst einmal erlebt haben alles dasjenige, was im bloßen Intellektualismus unreal, als Bild wahrgenommen werden kann, da muß der Mensch einmal das ganze Leid durchgemacht haben, das darinnen besteht, daß man sich sagt: Indem ich denke, indem ich bloß intellektualistisch tätig bin an dem Experiment oder an den sonstigen Beobachtungen, lebe ich im Leeren, im bloßen Bilde. Ich habe mich vom Realen entfernt.

Dasjenige, was ich hier ausspreche, es erscheint gering; es ist groß in bezug auf das innere Erleben. Erlebt man einmal, daß alles Denken, das im Intellektuellen verläuft, irreal ist, bloßes Bild ist, dann erlebt man dasselbe, was man physisch erlebt als Ohnmacht, in der Seele. Ohnmacht gegenüber der Realität. Erkenntnis in Wirklichkeit geht nicht aus davon, daß man sich vornimmt: Ich kann denken, und kann daher über alle Dinge nachdenken; Erkenntnis geht aus davon, daß man sich sagt: Und wenn ich über alle Dinge nachdächte mit den Bildgedanken, die ich habe, so wäre ich nichts anderes als ein ohnmächtiges Wesen. Der Jogi suchte seinen Menschen im Atem. Wir modernen Menschen müssen unseren Menschen verlieren in einer Ohnmacht, die wir empfinden gegenüber dem Gedanken-Bild, dem Intellektualistischen. Dann müssen wir uns sagen können: Jetzt gehen wir nicht nach dem Inneren, wie der Jogi gegangen ist, nach dem Atemprozesse, jetzt gehen wir nach dem Äußeren, schauen uns jede Pflanze an, schauen uns jedes Tier an, schauen uns jeden Menschen an und leben mit das Äußere.

In meinem Buche «Wie erlangt man Erkenntnisse der höheren Welten?» habe ich beschrieben, wie man das macht, wie man die Pflanze nicht bloß von außen anschaut, sondern jeden ihrer Vorgänge mitverfolgt, so daß das Denken ganz aus der bloßen Bild-Natur heraus kommt, und das reale Leben der Außenwelt mitmacht. Man versenkt sich in die Pflanze, so daß man fühlt, wie die Schwerkraft hinunter in der Wurzel nach der Erde geht, wie sich die Blütenkraft nach oben entfaltet. Man erlebt mit das Blühen, das Fruchten. Man taucht ganz unter in die äußere Welt. Da, da wird man hingenommen von der äußeren Welt. Man wacht wieder auf wie aus einer Ohnmacht. Aber man bekommt jetzt nicht mehr abstrakte Gedanken, man bekommt Imaginationen. Man bekommt Bilder. Und in diesen Bildern, die man bekommt, sieht man vom Standpunkte des Materialismus aus keine Erkenntnis mehr. Man sagt: Erkenntnis muß in abstrakten, logischen Begriffen vor sich gehen. Ja, wenn aber die Welt nicht so ist, daß sie sich den abstrakten Begriffen der Logik ergibt! – Wenn die Welt ein Kunstwerk wäre, zum

Beispiel, dann müßten wir sie künstlerisch auffassen, nicht logisch, dann wäre die Logik bloß da, damit wir uns disziplinierten. Aber von der Welt würden wir mit der Logik nichts verstehen.

So müssen wir untertauchen in die Dinge. Wo der Jogi in sich hineingegangen ist, gehen wir heraus, versuchen uns mit allen Dingen so zu verbinden, und erlangen dann dasselbe in der Tat, nur auf seelischere, geistigere Art. Indem wir uns unsere Begriffe, Ideen, dasjenige, was bloße Intellektualität darstellt, mit Realität durchdrungen haben, spüren wir wiederum, wie der Geist in uns schöpferisch ist.

Dann können wir nachfühlen, was in dem Kinde real wirkt. Nicht das wirkt, was wir als «mind» in uns ausführten. Das würde nicht schöpferisch sein in dem ganz kleinen Kinde. Das würde nur dazu führen, uns zu verlieren. Aber dasjenige, wozu wir kommen auf die eben beschriebene schöpferische Art, ist das, was in dem Kinde wirkt, was die zweiten Zähne nachbildet den ersten Zähnen, und was mit dem 7. Jahre aufhört plastisch zu wirken.

Sehen Sie, Sie können nun sagen: Ja, aber der Lehrer kann doch nicht gleich ein hellsichtiger Mensch werden. Er kann doch nicht all diese Methoden so ausbilden! Wie kommen wir mit der Schule und dem Unterrichtswesen zurecht, wenn wir einen so komplizierten Weg voraussetzen, um in den Geist hineinzukommen?

Man braucht das nicht. Es können einige Menschen in der Welt sein, die in dieser Weise die höhere Erkenntnis ausbilden. Die anderen brauchen nur einen gesunden Verstand und eine gesunde Anschauung. Sie werden dasjenige, was der einzelne entdeckt, finden durch den gesunden Verstand und durch die gesunde Anschauung. So wie nicht jeder die Venusdurchgänge beobachten kann, sie sind ja auch viel zu selten sichtbar, die Astronomen können das gerade in den Zeiten, wo sie sichtbar sind, aber wäre es deshalb unsinnig, von den Venusdurchgängen zu sprechen, weil sie nicht jeder beobachtet hat? Dasjenige, was beobachtet wird, wie beobachtet wird, kann eingesehen werden. So ist es auch bei der spirituellen Welt. Es ist nur ein wenig der heutige Egoismus, der immer gleich alles selber will.

Aber es gibt einen anderen Weg, um fruchtbar, um nützlich zu machen dasjenige, was spirituell ist. Ich möchte das wiederum durch ein Beispiel veranschaulichen. Nehmen wir an, beispielsweise, ich unterrichte ein Kind vielleicht vom 9., 10. Lebensjahre. Ich will dem Kinde die Unsterblichkeit beibringen, die Unsterblichkeit der menschlichen Seele. Wenn ich noch so schöne philosophische Auseinandersetzungen mache, das Kind wird nichts begreifen zunächst. Es bleibt ganz uneingenommen von demjenigen, was ich ihm darbiete. Wenn ich aber jetzt zu ihm sage: Liebes Kind, schau dir an, wie der Schmetterling aus der Puppe herauskommt, wie er ausfliegt aus der Puppe, dann hast du ein Bild, das du anwenden kannst auf den Menschen. Schau dir den menschlichen Leib an, der ist wie die Schmetterlingspuppe. Und wie aus der Schmetterlingspuppe der Schmetterling ausfliegt, so fliegt die Seele, wenn der Tod kommt, aus dem Körper aus. Nur ist der Schmetterling sichtbar, die Seele ist unsichtbar.

Nun, ich will dieses Bild nur andeuten. Aber dieses Bild werde ich im weiteren ausführen vor dem Kinde. Ich kann zweierlei Erfahrungen machen, wenn ich das anwende. Ich kann einen Lehrer, eine Lehrerin finden, die setzen dem Kind dieses Bild auseinander, und das Kind hat gar nichts davon. Das Kind hat vielleicht ein sehr schönes Bild, aber für seine Seele, für dasjenige, was erreicht werden soll, hat es gar nichts. Ein anderer Lehrer oder eine andere Lehrerin setzen auch dieses Bild auseinander, vielleicht mit denselben Worten, nehmen wir an, und das Kind hat ungeheuer viel davon. Das Kind geht in seiner Seele ganz auf.

Wo ist denn der Unterschied? Der Unterschied ist der, daß der erste Lehrer oder die erste Lehrerin furchtbar gescheit sind, unendlich gescheit. Deshalb sagen sie sich: Ja, ein gescheiter Mensch, der glaubt doch nicht daran, daß die Puppe und der Schmetterling ein Bild sind; das mache ich nur, weil das Kind dumm ist. Das Kind ist dumm, ich bin gescheit. Ich mache für das Kind ein Bild. Der gescheite Lehrer, der das dumme Kind neben sich hat und für das dumme Kind ein gescheites Bild gemacht hat, wird nicht verstanden von dem Kinde. Sie können sich verlassen darauf, er wird nicht verstanden! Da ist ein anderer Lehrer oder eine andere Lehrerin, die glauben selber an ihr Bild. Sie sagen sich: Die göttliche Weltordnung hat, damit wir verstehen können die Unsterblichkeit, dieses Bild selber in die Natur hineingesetzt. Das ist nicht etwa da, damit wir es erst erfinden können, sondern wir entdecken dieses Bild. Die schöpferische Geistigkeit in der Natur schafft uns dieses Bild, damit wir in dem Bilde die Unsterblichkeit sehen können. Gott hat selber hingemalt vor uns dieses Bild. Wir glauben an dieses Bild, wie das Kind auch glauben soll. Und das Kind hat alles, was es braucht, bloß dadurch, daß wir selbst nicht sagen: Wir sind gescheit und das Kind ist dumm –, sondern daß wir sagen: Das Kind hat seinen gescheiten Geist durch die Geburt in die Welt gebracht. Das Kind ist gescheit. Der Geist ist nur noch nicht erweckt. Wenn wir ihn nicht erwecken können, sind wir die Dummen, nicht das Kind.

Wenn wir nur einmal den Gedanken haben können, daß das Kind eigentlich verborgen gescheit und wir offenbar dumm sind, und nun gerade die Aufgabe haben dem Kind gegenüber, von dem Kinde lernend, erst gescheit zu werden, dann werden wir Eindruck machen mit unserem Unterricht auf das Kind.

Und dann, wenn das der Fall ist, dann haben wir im ersten Beispiel durch den Lehrer, durch die Lehrerin, die sich gescheit fanden, das Wirken des Intellektes gesehen, und bei dem zweiten Beispiel das Wirken des Geistes, des Spirituellen, desjenigen, was innerlich lebendig ist, was sich mit den Dingen verbindet, und was auch wirken kann, wenn man keine hellseherische Anschauung von dem Geiste hat. Da ist der Geist der Tätige. Da tut man im Geiste, wenn man selber an sein Bild glaubt. Wenn man nicht daran glaubt, sondern aus lauter Gescheitheit und aus lauter Intellektualität das Bild formt, steht man mit Intellektualität und «mind» außerhalb der Wirklichkeit, hat man bloß ein Spiegelbild. Spiegelbilder wirken nicht, Spiegelbilder sind inaktiv. Spiegelbilder sind bloß passiv. Der Geist ist produktiv, der Geist ist schöpferisch. Und wir müssen uns vor allen Dingen, um im Geiste zu tun, in das Schöpferische hineinfinden.

Und so kommen wir auf dem Wege des seelischen Arbeitens, indem wir uns in die Imagination selbst hineinarbeiten, dem Geist nah, kommen wir allmählich in den Geist hinein, in dasjenige was das Spirituelle ist. Wir müssen nur erst die Ohnmacht des Intellektuellen empfinden, dann kommen wir in das Spirituelle hinein.

Die Zeit ist so vorgeschritten, daß dies heute wohl der Abschluß sein muß. Ich werde mir dann erlauben, morgen noch einen anderen Weg in den Geist hinein zu charakterisieren und dann in unseren Betrachtungen fortschreiten. Es war durch die gestrige Aufforderung schon Veranlassung, diese Begriffe genauer zu erörtern. Ich bitte das aufzunehmen aus der Notwendigkeit heraus, damit wir uns verstehen können. Es wird nun sehr bald, wenn ich noch den anderen Weg, den der Askese gegenüber der Jogamethode erklärt habe, ein Ende sein des grausamen Spieles, und wir werden in der Tat in die Wege des Erziehungslebens dann untertauchen.

DRITTER VORTRAG

Ich habe zu dem, was gestern über ältere Wege zur spirituellen Erkenntnis zu sagen war, heute noch hinzuzufügen als ein weiteres Beispiel den Weg, der genommen worden ist durch die Askese im weitesten Sinne des Wortes. Ich komme dabei zu der Schilderung eines Weges, den wir in unserer heutigen Zeit noch weniger gehen können als den Weg, den ich gestern geschildert habe. In unserer Zeit, in unserer Zivilisation sind auch andere Gesinnungen, andere Gewohnheiten unter den Menschen herrschend, als in denjenigen Zeiten, in denen man einmal eine höhere spirituelle Erkenntnis gesucht hat durch Askese. Und daher werden wir eben so, wie wir den Jogaweg heute durch etwas Geistigeres, Seelischeres ersetzen müssen, auch den Weg der Askese als moderne Menschen durch einen anderen zu ersetzen haben. Aber wir können uns leichter darüber verständigen, was mit dem modernen Wege in spirituelles Leben hinein gemeint ist, wenn wir unsere Begriffe heranbilden an demjenigen, was eigentlich gewollt worden ist durch eine Methode, wie die der Askese war.

Askese besteht im wesentlichen in gewissen Übungen. Diese Übungen können sich allerdings auch auf Seelisches und Geistiges erstrecken. Ich will aber jetzt vor allen Dingen Rücksicht darauf nehmen, wie solche Übungen gemacht worden sind, um den Körper in einer gewissen Weise auszuschalten für gewisse Zeiten aus dem ganzen menschlichen Erleben. Und gerade durch Ausschaltung des Körpers ist ein Erleben in der spirituellen Welt hervorzurufen. Solche Übungen bestanden darinnen, daß der Körper in einer gewissen Weise trainiert wurde, daß er fähig gemacht wurde durch Leiden, durch Schmerzen, durch Abtötung, die er durchmachte, ertragen zu lernen Schmerzen, ohne gewissermaßen in der Seele allzu erregt zu werden, daß er ertragen lernte das physische Leiden, ohne mit der ganzen Seele auch unterzutauchen in dieses physische Leiden. Durch diese Abtötung, durch dieses Anstreben einer gewissen Ertragsamkeit des menschlichen Körpers wurde darauf gerechnet, daß, wenn der Körper immer mehr und mehr gewissermaßen abgelähmt wurde, das Geistige in ihm aufstieg, sich frei machte und zu einer gewissen unmittelbaren Wahrnehmung, zu einem unmittelbaren Erleben es bringen konnte. Es ist nun einmal, trotzdem diese Methoden für heute nicht empfohlen werden, durchaus eine Erfahrung, daß in demselben Maße, in dem der menschliche Organismus als physischer abgelähmt wird, er in demselben Maße dem Menschen gestattet, das geistig-seelische Wesen in sich selber aufzunehmen. Das Geistige wird – das ist einfach eine Tatsache – wahrnehmbar, wenn das Physische in seiner Tätigkeit unterdrückt wird.

Ich möchte durch einen Vergleich mich klarmachen über dasjenige, was ich eigentlich sagen will. Betrachten wir einmal das menschliche Auge. Dieses menschliche Auge ist da, um für den Menschen ein Vermittler zu sein für die Lichtwahrnehmung. Wodurch allein kann das menschliche Auge das Licht dem Menschen wahrnehmbar machen? Dadurch – ich will mich jetzt etwas bildlich ausdrücken –, daß es selbst für sich nichts will. In dem Augenblicke, wo das Auge innerlich selber für sich etwas will, sagen wir, in dem Augenblicke, in dem die organische Tätigkeit, die Lebenstätigkeit im Auge selbst zu lebhaft wird, wenn also zum Beispiel ein Undurchsichtigwerden, eine Verhärtung der Linse oder des Glaskörpers eintritt, wenn das Auge also, aus seiner Selbstlosigkeit in die Selbstsucht hineinkommt, dann ist das Auge nicht mehr ein Diener der menschlichen Wesenheit. Das Auge muß keinen Anspruch darauf machen, für sich selbst etwas zu sein. Es ist das natürlich relativ gemeint, aber es muß ja alles, was ausgedrückt werden soll, in einer etwas absoluten Weise ausgedrückt werden. Das Leben macht es schon selbst zum Relativen. So können wir sagen: Das Auge verdankt seine Durchsichtigkeit für das Licht dem Umstande, daß es selber sich heraussondert aus der menschlichen Wesenheit, daß es selbstlos ist.

Wenn wir in die geistige Welt, in die spirituelle Welt hineinschauen wollen – dieses Schauen ist natürlich seelisch-geistig gemeint –, dann müssen wir gewissermaßen unseren ganzen Organismus zum Auge machen. Wir müssen jetzt nicht physisch, wie es beim Auge ist, aber seelisch-geistig unseren ganzen Organismus durchsichtig machen, seelisch-geistig durchsichtig machen. Er darf nicht mehr ein Hindernis sein für unseren Verkehr mit der Welt.

Nun werde ich ganz gewiß nicht sagen, daß unser physischer Organismus, so wie wir im Leben dastehen, etwa krank wäre, wie das Auge krank wäre, wenn es für sich selbst ein Leben beanspruchte. So wie wir im gewöhnlichen Leben drinnenstehen, so ist unser ganzer Organismus schon recht, so ist es schon ganz normal. Er muß undurchsichtig sein. Wir werden noch sehen in den weiteren Vorträgen, wie unser Organismus im gewöhnlichen Leben kein Auge sein kann, wie er undurchsichtig sein muß. Wir ruhen mit unserem gewöhnlichen Seelenleben in unserem Organismus dadurch, daß er undurchsichtig ist, daß wir nicht immer, wenn wir herumschauen, die ganze geistige Welt des Kosmos vor uns haben. Also für das gewöhnliche Leben ist es schon richtig, ist es schon normal, daß unser Organismus undurchsichtig ist. Aber die geistige Welt kann man damit nicht erkennen, so wie man durch ein starkrankes Auge das Licht nicht erkennen kann. Und dadurch, daß unser Organismus abgetötet wird durch Leiden, durch Schmerzen, durch Überwindungen, über die er hinauskommt, wird er durchsichtig. Und dadurch eröffnet sich in der Tat die Möglichkeit, so wie für das Auge, wenn es in sich ganz durchhellt, sich die Möglichkeit eröffnet, die Lichtwelt um sich wahrzunehmen, so für den ganzen Organismus die Möglichkeit, die Geistwelt um sich herum wahrzunehmen, wenn wir den Organismus auf diese Weise durchsichtig machen.

Was ich eben geschildert habe, das ist dasjenige, was in älteren Zeiten, aus denen ja die wichtigsten religiösen Anschauungen stammen, die durch Traditionen in unsere Zeit gekommen sind, nicht durch eigenes Finden der gegenwärtigen Menschheit, zu jener körperlichen Askese geführt hat, die ich eben auch versuchte anschaulich zu machen.

Wir können heute diese Askese nicht nachmachen. In älteren Zeiten war es eine allgemeine Gesinnung der Menschen, wenn man nach Erkenntnis strebte, wenn man hören wollte, wie es in übersinnlichen, in spirituellen Welten zuging, daß man sich wandte an einsame Menschen, an solche, die sich absonderten im Leben. Das war allgemeiner Glaube, daß man nichts erfahren kann von den Menschen, die im Leben drinnenstehen, daß dasjenige, was gewußt werden soll von den geistigen Welten, nur in der Einsamkeit erworben werden kann, daß der Mensch ein anderer werden muß als der gewöhnliche Mensch, der Wissen, der Erkenntnis haben soll.

Wir würden heute nach unserer Lebensanschauung nicht mehr so denken können. Wir streben an, nur an denjenigen Menschen zu glauben, der im Leben auf seinen zwei Beinen stehen kann, seine Arme rühren kann für die anderen Menschen, der im Leben etwas wert ist, der arbeiten, der handeln kann, der weiß, wie es im Leben zugeht. Jene Einsamkeit, die in älteren Zeiten als die Vorbedingung des höheren Wissens angesehen wurde, die gilt uns heute nicht mehr als Anschauung. Wir brauchen heute, wenn wir an den Menschen glauben wollen, den tätigen Menschen vor uns, den Menschen, der sich nicht aus dem Leben heraus begibt, sondern der sich gerade in das Leben hinein begibt. Daher können wir auch unmöglich dieselbe Gesinnung entwickeln gegenüber der Erkenntnis, die einstmals zu dem Asketen gegangen ist, um von ihm zu erfahren wie es in der göttlich-geistigen Welt zugeht.

Nun, aus diesen Gründen heraus müssen wir heute, ohne unseren Körper äußerlich durch Askese untauglich zu machen zur Tatkraft, aus dem Seelisch-Geistigen selbst heraus die Durchsichtigkeit anstreben. Das können wir. Wir können es dadurch, daß wir scharfe Begriffe, scharfe Ideen bekommen haben durch unsere jahrhundertealte naturwissenschaftliche Entwickelung. Wir können unser Denken heranschulen an dieser naturwissenschaftlichen Entwickelung. Dasjenige, was ich hier ausspreche, ist nicht gegen das Intellektuelle gerichtet. Das Intellektuelle soll überall die Basis sein, das scharfe Denken soll die Grundlage sein. Aber aufgebaut werden soll auf dieser Intellektualität, auf diesem scharfen Denken, dasjenige, was dann in die spirituelle Welt hineinführt.

Es ist heute außerordentlich leicht, zu verlangen, daß der Mensch klares Denken haben soll. Ich wende nichts ein gegen das klare Denken. Klares Denken ist in dem Zeitalter, das Jahrhunderte hinter sich hat seit der Tat des Kopernikus, des Galilei, klares Denken ist, ich möchte sagen, heute eine Selbstverständlichkeit. Schade nur, daß es nicht auch eine Selbstverständlichkeit für die weitesten Kreise schon geworden ist. Aber es ist im Grunde genommen leicht, klares Denken zu haben, wenn das Denken dies erreicht auf Kosten der Erfülltheit, des Inhaltsvollen des Denkens. Leere Gedanken können leicht klar sein. Aber es müssen unserer ganzen Entwickelung zugrunde gelegt werden, erfüllte klare Gedanken, inhaltsvolle klare Gedanken.

Nun, wir erreichen dasselbe zunächst, was der alte Asket durch Abtötung, Ablähmung des physischen Organismus erreicht hat, dadurch, daß wir unsere eigene seelische Entwickelung gewissermaßen in die Hand nehmen, daß wir zum Beispiel in einem bestimmten Zeitpunkte unseres Lebens uns fragen: Welche Gewohnheiten hast du? Welches sind deine besonderen Eigentümlichkeiten? Was hast du für Unarten? Was hast du für Sympathien, Antipathien? – Und nachdem man sich dies alles vollständig klar vor die Seele geschrieben hat, versucht man, zunächst in einem einfachen, vielleicht in einem sehr einfachen Punkte sich vorzustellen, wie man wäre, wenn man eine andere Art von Antipathie, eine andere Art von Sympathie, ein anderes Ingredienz des seelischen Lebens entwickeln würde.

Man darf solche Dinge nicht leicht nehmen, denn es gehören manchmal viele Jahre dazu, um so von innen heraus dasjenige zu tun, was sonst das Leben tut. Betrachten wir uns einmal ganz ehrlich. Wir werden uns sagen: So wie wir heute sind, waren wir vor 10 Jahren noch nicht. Der innere Gehalt der Seele, auch die innere Formation der Seele, sie sind ganz anders geworden. Aber was hat gemacht, daß es so ist? Das Leben. Ganz unbewußt haben wir uns dem Leben hingegeben. Wir haben uns hineingeworfen in den Strom des Lebens. Können wir nun einmal dasjenige, was sonst das Leben tut, selber machen, können wir hinschauen, möchte ich sagen, auf dasjenige, was wir in 10 Jahren werden sollen, und das vornehmen, vorsetzen, und dann mit eisernem Willen daran arbeiten, es wirklich dahin zu bringen. Fassen wir also das ganze Leben, das sonst groß ist, das an uns arbeitet, in die Kleinheit des eigenen Ichs zusammen, verstärken wir die Kraft so, die sonst ausgebreitet ist wie in einem Lebensmeere, in dem Willen des eigenen Ich, bringen wir uns selber weiter, machen wir selber etwas aus uns, dann wird dasjenige von innen geleistet, was der alte Asket von außen leistete. Er machte den Körper schwach, damit der Wille und die Erkenntnis stark aus dem schwachen Körper aufsteigen und der schwache Körper durchsichtig wurde für die geistige Welt. Wir müssen den Willen stark machen, stark machen die Denkkraft, damit sie stärker werden als der Körper, der seine Dinge weitermacht; dann zwingen wir den Körper, daß er für die Welt des Geistes durchsichtig wird. Wir machen gerade das Entgegengesetzte von demjenigen, was der alte Asket machte.

Sehen Sie, diese Dinge habe ich in meinem Buch «Wie erlangt man Erkenntnisse der höheren Welten?» dargestellt. Man hat vielfach dasjenige, was etwas ganz anderes war, angesehen als alte Askese, so angesehen, als ob es eine alte Askese in einer neuen Form wäre. Wer genau liest, wird finden: Alles ist etwas ganz anderes, als diese alte Askese war. Aber man kann diese neue Askese, durch die man sich nicht aus dem Leben herauszieht und in die Einsiedelei versetzt, sondern durch die man gerade im vollen Leben stehenbleibt, nicht ausführen, ohne daß man über den Augenblick hinaus in die Zeit hineinschaut.

Bedenken Sie doch nur, man muß sich denken, wie man vielleicht sein will in 10 Jahren. Man muß also den ganzen Menschen in Betracht ziehen zwischen Geburt und Tod. Der Mensch lebt leicht nur im Augenblicke. Dasjenige, um was es sich handelt, ist: Leben lernen in der Zeit, in dem ganzen Lebenslauf. Dann wird die Welt des Geistes für uns durchsichtig, und wir sehen in der Tat, wenn unser Leib in dieser Weise durchsichtig wird, eine geistige Welt um uns herum.

Alles dasjenige, was zum Beispiel in meiner «Geheimwissenschaft im Umriß» steht, ist nur auf Grund solcher Erkenntnis geschildert, innerhalb welcher der menschliche Leib so durchsichtig ist, wie sonst das Auge durchsichtig ist für das Licht.

Nun werden Sie wieder sagen: Ja, aber man kann doch nicht jedem Lehrer zumuten, daß er nun zu solcher spirituellen Erkenntnis erst kommt, bevor er Erzieher, bevor er Unterrichter wird. Wiederum muß ich wie gestern in bezug auf die Joga sagen: Das ist gar nicht nötig. Das ist ja gerade all das, was uns das Kind im Physischen entgegenbringt als eine Botschaft aus der geistigen Welt heraus, was wir für die höhere Erkenntnis erst suchen müssen. So daß der Lehrer, wenn er die richtigen Instinkte hat, hineinwächst in eine spirituelle Behandlung des Kindes. Aber unser intellektuelles Zeitalter ist vielfach abgekommen von einer solchen spirituellen Behandlung, und behandelt alles intellektuell. Und so sind wir heute dazu gekommen, in der Erziehung uns zu sagen: Du sollst so erziehen, daß das Kind auf seiner Stufe alles gleich versteht. – Ja, da kommen wir sehr leicht zur Trivialität, die im Augenblicke der Erziehung außerordentlich bequem sein kann. Wir erreichen im Augenblicke sehr viel, wenn wir dem Kinde möglichst alles trivial beibringen, so daß es für sein Verständnis zugerichtet ist. Aber derjenige, der so denkt aus der Intellektualität heraus, der rechnet nicht mit dem ganzen Lebenslauf des Menschen, der rechnet nicht damit, was aus einer Empfindung wird, zu der ich das Kind anrege, wenn das Kind ein älterer Mann, eine ältere Frau oder ein Greis geworden ist. Der rechnet nicht mit dem Leben, der rechnet zum Beispiel mit folgendem nicht.

Nehmen wir an: ich habe klar in mir die Erkenntnis, daß zwischen dem Zahnwechsel und der Geschlechtsreife des Kindes vorzugsweise auf Autorität hin zu bauen ist, daß es Beispiele braucht, damit es an das Beispiel glaubt; dann bringe ich dem Kinde etwas bei, das es mir glaubt, weil ich für es der Vermittler der göttlich-geistigen Welt bin. Es glaubt mir. Es nimmt die Sache auf, versteht es noch nicht. Wir verstehen ja so vieles nicht, was wir unbewußt im kindlichen Lebensalter aufnahmen. Wenn wir bloß das aufnehmen würden im kindlichen Lebensalter, was wir verstehen, wir würden sehr wenig für das spätere Leben haben. Und *Jean Paul,* der deutsche Dichter und Denker, hätte nicht sagen können, daß man in den drei ersten Lebensjahren mehr erwirbt in bezug auf das menschliche Leben, als in den drei akademischen Jahren.

Aber man sehe einmal hin, was es heißt, wenn ich, sagen wir, in meinem 35. Jahre aus irgendeiner Lebenssituation heraus das Gefühl bekomme: jetzt steigt in dir etwas auf, das hast du von deinem Erzieher früher gehört. Du warst vielleicht erst 8, 9 Jahre alt; verstanden hast du nichts davon. Aber er war dir eine verehrungswürdige Persönlichkeit. Du hast ihm geglaubt. Es hat sich einverleibt deiner Seele, deinem Gedächtnisse. Jetzt steigt es auf. Dem Leben gegenüber gewinnt es jetzt Verständnis. Du siehst das ein.

Wer so aus dem ganzen tiefen Schoße seines Seelenlebens im späteren Leben etwas heraufholen kann, was er erst dann versteht, für den ist das ein Quell von Lebenskraft. Das durchrieselt ihn immer mit Lebenskraft. Wenn man also etwas heraufkommen spürt in der Seele, das man früher aufgenommen hat aus Verehrung, aus Autorität, und jetzt erst versteht, so sind das diejenigen Dinge, die durchaus uns darauf aufmerksam machen, daß, wenn wir richtig erziehen wollen, wir nicht mit dem Augenblicke rechnen sollen, sondern mit dem ganzen Leben. Und darauf haben wir abzuzielen mit alledem, was wir dem Kinde beizubringen haben.

Es ist mir gerade gesagt worden, daß gestern Anstoß genommen worden ist an dem Bilde, um dem Kind beizubringen einen

Begriff dafür, wie der Mensch der Unsterblichkeit teilhaftig werden kann. Ich habe nicht gesagt der «Ewigkeit», sondern der «Unsterblichkeit» teilhaftig werden kann. Ich sagte: es ergibt sich für die unmittelbare Anschauung das Bild des aus der Puppe ausfliegenden Schmetterlings. Dieses Bild sollte nicht mehr veranschaulichen als dasjenige, was dann hinterher nachgefügt worden ist als das Herauskommen der Seele aus dem physischen Leibe.

Ein Einwand dagegen ist dasjenige, was mit diesem Bilde schon aus der Welt geschafft ist; denn dieses Bild ist eben gerade gesagt worden, um jenem Einwand zu begegnen, daß das Auskriechen des Schmetterlings nicht ein richtiger Begriff von der Unsterblichkeit ist. Es ist natürlich im logischen Sinne kein richtiger Begriff. Aber es handelt sich eben darum, was für einen Begriff wir dem Kinde beibringen sollen, was für ein Bild wir in die kindliche Seele versetzen wollen, um es nicht zu früh zur Logik zu bringen. Aus dem, was da als Bild, sagen wir, vom 8., 9. Jahre – denn von diesem Jahre haben wir gesprochen, nicht etwa, daß man auf diese Weise dem Philosophen etwas beibringt –, an das Kind herangebracht wird, daraus wächst zunächst dasjenige, was eben der richtige Begriff für Unsterblichkeit ist.

Also auf das Was kommt es dabei an, auf das lebensvolle Erfassen des Daseins. Das ist dasjenige, was in unserer intellektualistischen Zeit so ungeheuer schwer zu begreifen ist. Es ist ja ganz selbstverständlich, daß wir dem Kinde anderes beibringen müssen als dasjenige, was dann im späteren Lebensalter daraus wird, sonst wäre es unrichtig, das Kind als ungeschickt, als zappelig zu charakterisieren, was es doch ist, wenn wir nur charakterisieren wollten den erwachsenen Menschen. Für denjenigen, der auf das Leben schaut, gibt es nicht nur kleine und erwachsene Kinder, sondern kindliche und erwachsene Vorstellungen und Begriffe. Und auf dieses Leben, nicht auf dieses schon Erwachsensein, muß man eben hinschauen, wenn man ein wirklicher Erzieher und Unterrichter sein und werden will.

Es erscheint mir als ein günstiges Schicksal, daß mir die Leitung der von Emil Molt in Stuttgart begründeten Waldorfschule erst im Jahre 1919, als diese Schule begründet worden ist, zufiel. Denn, obwohl ich mich vorher viel mit Erziehung und

Unterricht beruflich abgegeben hatte, hätte ich doch meinen müssen, daß eine so große erzieherische und unterrichtliche Aufgabe, wie sie mir durch die Waldorfschule geworden ist, vorher sich hineingestellt hätte in ein Leben, das nicht in gleicher Weise zu bewältigen gewesen wäre, wie ich glaube – natürlich relativ ist das gemeint, bis zu einem gewissen Grade –, daß wir als Lehrerkollegium der Stuttgarter Waldorfschule diese Aufgabe bewältigen können. Und dies aus dem Grunde, weil ich ja vorher nicht würde gewagt haben, ein Lehrerkollegium so heranzubilden, daß es in dem Grade hätte aus Menschenkennern, das heißt dann aber auch Kindeskennern, bestehen können, wie das in diesen Jahren dann der Fall war. Denn alle wirkliche Pädagogik, alle wirkliche Didaktik muß eben, wie ich schon sagte, auf Menschenkenntnis beruhen. Dazu muß man sich aber erst die Möglichkeit verschaffen, in das Wesen des Menschen sachgemäß einzudringen. Und in bezug auf dieses Eindringen in das Wesen des Menschen gingen mir – wenn ich jetzt von diesem Persönlichen nur andeutungsweise sprechen darf – die ersten Anschauungen auf vor etwa 35 Jahren.

Es waren spirituelle Anschauungen über das Wesen des Menschen, über die Entwickelung des Menschen. Spirituelle Anschauungen, sage ich, nicht intellektualistische. Aber mit spirituellen Wahrheiten verhält es sich anders im Leben, als mit intellektualistischen. Was man intellektualistisch durchschaut, wie man sagt, «bewiesen» hat, das kann man auch Menschen mitteilen, denn die Sache ist fertig, wenn die Logik fertig ist. Spirituelle Wahrheiten sind nicht fertig, wenn die Logik fertig ist. Spirituelle Wahrheiten sind solche, die mit den Menschen erst durch das Leben gehen müssen, um voll ausgebildet zu werden. Und so würde ich denn auch nie gewagt haben, gewisse Wahrheiten über das Wesen des Menschen, wie sie mir geworden sind vor 35 Jahren, auszusprechen. Ich habe erst gewagt, diese Dinge auszusprechen in meinem Buche «Von Seelenrätseln» vor wenigen Jahren. Mehr als 30 Jahre lagen zwischen der ersten Konzeption und dem Aussprechen der Dinge vor der Welt. Warum? Aus dem Grunde, weil man solche Wahrheiten erst in verschiedenen Lebensaltern angeschaut haben muß, weil sie mit einem erst durch die verschiedenen Lebensalter hindurchgegangen sein müssen. Was man als ein junger Mensch mit 23 oder 24 Jahren konzipiert an spirituellen Wahrheiten, das erlebt sich wiederum ganz anders mit 35 bis 36 Jahren, mit 45, 46 Jahren. Und ich erwähne eben nur eine Tatsache – ich wagte dasjenige, was Richtlinien sind über Menschenerkenntnis, erst, als ich die Fünfzigerjahre überschritten hatte, in einem Buche vor der Welt auszusprechen. Das aber auch konnte ich jetzt erst einem Lehrerkollegium gegenüber aussprechen, damit es das Elementare ist, das die Lehrer dann innehaben können, um es an jedem einzelnen Kinde anzuwenden.

Und so darf ich sagen: daß, als mein kleines Büchelchen erschien: «Die Erziehung des Kindes vom Gesichtspunkte der Geisteswissenschaft», da glaubte ich eben auch so zu sprechen über Erziehung, wie derjenige spricht, der eben mit manchem in dem heutigen Erziehungswesen nicht einverstanden ist, der das oder jenes vertieft wissen will und so weiter. Aber ich hätte damals, als ich dieses Büchelchen schrieb, noch nicht übernehmen können so etwas wie die Aufgabe der Leitung der Waldorfschule, denn dazu war vor allen Dingen ein Lehrerkollegium nötig mit Menschenerkenntnis, die angeregt ist aus der spirituellen Welt heraus. Diese Menschenerkenntnis, sie ist heute außerordentlich schwer zu erringen. Wir erringen heute verhältnismäßig leicht Naturerkenntnis; wir verschaffen uns verhältnismäßig leicht eine Anschauung davon, welches das Schlußglied der organischen Entwickelung ist. Wir fangen unten an bei den einfachsten Lebewesen, machen uns klar, wie sich das entwikkelt hat bis herauf zum Menschen. Da steht der Mensch als Schlußglied da. Aber wir wissen nur, wie der Mensch als Schlußglied der organischen Schöpfung dasteht. Wir schauen nicht in den Menschen selber hinein. Wir schauen nicht in sein Wesen hinein. Wir wissen nur, inwiefern der Mensch das höchste Tier ist, aber wir wissen nicht, was der Mensch eigentlich ist, wenn wir uns Naturerkenntnis erwerben, die so große Vollkommenheit erreicht hat, und gegen die hier nicht das Geringste eingewendet werden soll, die im Gegenteil voll bewundert werden soll. Aber unser Leben ist von dieser Naturerkenntnis durchdrungen. Zum Erziehen aber braucht man Menschenerkenntnis, und zwar praktische Menschenerkenntnis. Menschenerkenntnis, die gegenüber jedem einzelnen Kinde individuell wirkt. Dazu muß man vor allen Dingen Menschenerkenntnis im allgemeinen haben.

Nun möchte ich heute nur auf ein paar Richtlinien hinweisen, die sich mir ergeben haben vor mehr als 30 Jahren, und die zur Grundlage gemacht worden sind für das eigene Studium der Waldorf-Lehrerschaft. Da handelt es sich doch darum, daß wir gerade in dem Lebensalter, in dem wir die Kinder in die Volksschule hereinbekommen, das seelische Leben der Kinder vor uns haben. Ich werde in den nächsten Tagen auch über die Erziehung ganz kleiner Kinder zu sprechen haben. Aber so viel Schmerz es mir verursacht, daß wir noch keine Kleinkinderschule haben können, die der Waldorfschule vorausgeht, daß wir die Kinder nehmen müssen im 6., 7. Jahre – wir können es eben nicht, weil wir dazu kein Geld haben. Aber das Ideal ist natürlich, die Kinder so früh als möglich in die Erziehung hereinzubekommen.

Wenn wir die Kinder in die Volksschule, in die Elementarschule hinein bekommen, haben wir sie als Seelen vor uns, das heißt, das Wesentlichste ihrer physischen Erziehung ist bis zum Zahnwechsel geleistet oder auch nicht geleistet, je nachdem die Instinkte der Eltern und Erzieher das verstanden haben. So daß wir also sagen können: das Wesentlichste der physischen Erziehung, die ja später fortgesetzt werden wird – wir werden es schon sehen, indem ich die einzelnen Phasen der Erziehung schildern werde –, das Wesentlichste aber, die Grundlage, ist bis zum Zahnwechsel gegeben. Dann haben wir es mit dem Kinde als Seele zu tun, und wir haben seine Seelenentwickelung so zu leiten, daß die physische Entwickelung daran stark, kräftig wird.

Und wenn das Kind über die Geschlechtsreife schreitet, dann schreitet es in das Zeitalter hinein, wo man nicht mehr sagen darf, «Kind», wo also die jungen Herren und die jungen Damen nun zur freien Handhabe ihres Geistes kommen. So schreitet der Mensch vom Leiblichen durch das Seelische in das Geistige hinein.

Aber das Geistige, wir werden sehen, kann man eigentlich nicht erziehen. Das muß man in Freiheit in die Welt hinaus entlassen. Geistiges kann der Mensch nur vom Leben lernen. Bei dem Kinde der Elementarschule haben wir es zu tun mit der Seele des Kindes. Aber Seele, seelischer Inhalt äußert sich, ich möchte sagen, in groben Linien im Denken, im Fühlen, im Wollen. Und versteht man aus dem Fundamente heraus, wie in dem ganzen Menschen Denken, Fühlen und Wollen als Seelenleben drinnen ist, so bildet das die Grundlage für die ganze Menschenerziehung.

Gewiß, das Einmaleins ist noch nicht die Mathematik, aber man muß das Einmaleins zuerst kennen, dann kann man hinaufkommen zu der Differential- und Integralrechnung. In der Erziehung ist es ein anderes – ich sage nicht, daß ich mit demjenigen, was ich nun auseinandersetzen werde, eine ungeheuer hohe Wissenschaft charakterisiere, sondern die Grundlage charakterisiere ich. Die hohe Wissenschaft, die kann nun nicht so aufgebaut werden, wie die Differential- und Integralrechnung aus der elementaren Mathematik, sondern die muß aufgebaut werden aus der praktischen Handhabung dessen, was der Lehrer oder Erzieher in der Schule mit diesen einfachen elementaren Richtlinien tut.

Wenn man gewöhnlich vom menschlichen Seelenleben spricht, so sagt man sich heute in diesem materialistischen Zeitalter, wenn man überhaupt eine Seele zugibt – man hat ja auch schon gesprochen von einer Psychologie, einer Seelenkunde ohne Seele –, aber wenn man überhaupt eine Seele noch zugibt, so sagt man: Nun, die Seele ist eben etwas, was man innerlich seelisch erfährt, und das hängt – auf Philosophisches will ich jetzt nicht eingehen – mit dem ganzen menschlichen Leibe in irgendeiner Weise zusammen. Ja, wenn man dann in unserer so ausgezeichnet ausgebildeten Psychologie sich umsieht, so findet man, daß vor allen Dingen das seelische Leben, Denken, Fühlen, Wollen, bezogen wird heute auf das Nervensystem des Menschen in weitestem Umfange. Nervenleben ist dasjenige, was körperlich das Seelenleben zur Offenbarung bringt, was als Körperliches zusammenhängt mit dem seelischen Leben.

Das ist es eben, was sich mir vor 35 Jahren als unrichtig ergeben hat, als unrichtig insofern, als von unserem seelischen Leben des erwachsenen Menschen – ich betone das ausdrücklich, denn ich werde das Kind nicht betrachten können, ohne daß wir erst den erwachsenen Menschen verstehen –, als von unserem Seelenleben beim erwachsenen Menschen nur das Denken, das Vorstellen mit dem Nervensystem unmittelbar zusammenhängt. Das Nervenleben hat nur zu tun mit der Vorstellung.

Das Fühlen hängt nicht unmittelbar mit dem Nervensystem zusammen, sondern mit dem, was man nennen kann das rhythmische System des Menschen, Rhythmus, Atmungsrhythmus, Blutzirkulationsrhythmus in ihrer wunderbaren Relation. Natürlich sind die Zahlen nur approximativ; sie sind so, daß sie sich bei jedem Menschen individualisieren, aber im ganzen ist beim erwachsenen Menschen die Sache so, daß er viermal so viele Pulsschläge hat als Atemzüge. Dieses innerlich aufeinander Bezogensein von Atmungsrhythmus und Pulsrhythmus, und dieses wiederum auf das weiter ausgedehnte rhythmische Leben des Menschen Bezogensein, das macht das Rhythmische im Menschen aus, die zweite Natur gegenüber der des Hauptes, der Nervennatur. Das rhythmische System, es dehnt sich auch aus über jenen Rhythmus, den wir erleben, indem wir schlafen und wachen. Das ist auch ein Lebensrhythmus, den wir sehr oftmals im heutigen Leben zu einem Unrhythmus machen, aber es ist auch ein Rhythmus. Und viele solche Rhythmen sind noch da im menschlichen Leben. Das menschliche Leben ist nicht nur auf dasjenige aufgebaut, was Nervenleben ist, es ist auch auf dieses rhythmische Leben aufgebaut. Und unmittelbar so, wie mit dem Nervenleben das Denkvermögen, die Denkkraft, zusammenhängt, so hängt unmittelbar mit diesem rhythmischen System das Fühlen zusammen.

Es ist nicht so, daß das Fühlen sich auch direkt im Nervenleben auslebt, sondern das Fühlen lebt sich direkt im rhythmischen System aus. Und wenn wir anfangen vorzustellen unser eigenes rhythmisches System, wenn wir vorstellen unsere Gefühle, dann nehmen wir als Vorstellungen durch die Nerven unsere Gefühle wahr, wie wir äußerlich das Licht, die Farben wahrnehmen. Es ist also indirekt, daß das Fühlen mit dem Nervenleben zusammenhängt. Direkt hängt es mit dem rhythmischen Leben zusammen, und man versteht einfach den Menschen nicht, wenn man nicht weiß, wie der Mensch atmet, wie die Atmung im Verhältnis steht zur Blutzirkulation, und wie sich dieser ganze Rhythmus ausdrückt im Menschen, wenn er als Kind leicht errötet, leicht blaß ist, was alles mit dem rhythmischen Leben zusammenhängt, was sich wiederum absetzt in den kindlichen Leidenschaften, in den kindlichen Empfindungen und Liebegefühlen. Wenn man das nicht weiß, was da unmittelbar in dem rhythmischen Leben lebt, und was nur hinaufprojiziert wird ins Nervenleben und so zur Vorstellung wird, dann versteht man den Menschen nicht. Man versteht den Menschen nicht, wenn man sagt: Seelenleben hängt zusammen mit Nervenleben; denn vom Seelenleben hängt nur das Denkleben mit dem Nervenleben zusammen.

Dasjenige, was ich hier sage, sage ich aus der unmittelbaren Anschauung, wie sie sich ergibt für die geistige Wahrnehmung. Für diese geistige Anschauung gibt es nicht in demselben Sinne Beweise, wie für das rein intellektualistische Denken. Aber jeder, der unbefangen aufnimmt die Anschauung, kann sie auch nachprüfen mit seinem gesunden Menschenverstand, und vor allen Dingen mit demjenigen, was die äußere Wissenschaft über diese Dinge sagt.

Ich kann durchaus hinzufügen zu dem, was ich schon gesagt habe: ein großer Teil der Arbeit, der mir oblag in den 35 Jahren, in denen ich zu verifizieren hatte die ursprüngliche Konzeption über diese Gliederung der Menschennatur, wie ich sie jetzt vortrage, ein großer Teil der Zeit war Arbeit, nachzusehen auf allen Gebieten der Physiologie, der Naturwissenschaft sonst, der Biologie, ob die Dinge auch äußerlich naturwissenschaftlich verifiziert werden können. Ich würde das heute nicht vortragen, wenn ich diese Handhabe nicht hätte. Und es kann durchaus darauf hingewiesen werden, daß manches von dem, was ich sage, auch naturwissenschaftlich mit den heutigen Dingen schon nachzuweisen ist.

Dann haben wir als drittes dem Denkleben und dem Gefühlsleben gegenüber das Willensleben. Und dieses Willensleben hängt wiederum nicht direkt mit dem Nervensystem zusammen, sondern dieses Willensleben hängt direkt mit dem menschlichen Stoffwechsel und mit den menschlichen Bewegungen zusammen. Stoffwechsel ist sehr innig gebunden an die Bewegung. Beachten Sie all das, was aus dem Stoffwechsel eines Menschen wird, der sich nicht richtig bewegt für sein Gliedmaßensystem. Das Bewegungssystem und das Stoffwechselsystem führe ich an als das dritte Glied der menschlichen Organisation. Damit hängt unmittelbar das Willensleben zusammen.

Jede Willensentfaltung im Menschen ist begleitet von einer besonderen Form der Stoffwechselvorgänge. Es ist viel unmittelbarer an den Stoffwechsel der Wille gebunden als etwa das Denken. Natürlich muß der Mensch einen gesunden Stoffwechsel haben, wenn er gesund denken soll. Aber unmittelbar ist das Denken an eine ganz andere Tätigkeit im Nervensystem gebunden, als die Stoffwechseltätigkeit ist, während der Wille des Menschen unmittelbar an den Stoffwechsel gebunden ist. Und dieses Gebundensein an den Stoffwechsel, das ist wiederum dasjenige, was man kennen muß. Wenn wir nun Vorstellungen von unserem eigenen Willen aufnehmen, wenn wir denken über den Willen, dann projiziert sich die Stoffwechseltätigkeit ins Nervensystem hinein. Erst mittelbar, indirekt, wirkt Wille im Nervensystem. Zur Wahrnehmung unserer eigenen Willenstätigkeit ist dasjenige, was sich im Nervensystem in bezug auf den Willen entwickelt.

Und so bekommen wir, wenn wir den Menschen wirklich durchschauen, die Beziehungen zwischen dem Seelischen und dem Physischen des Menschen. Denktätigkeit im Seelischen offenbart sich im Physischen als Nerventätigkeit; Fühlenswesen in der Seele offenbart sich im Physischen im Rhythmus des Atmungssystems, des Blutsystems, und zwar direkt, nicht indirekt auf dem Umwege des Nervensystems, durch das Nervensystem. Willenstätigkeit offenbart sich in der physischen Menschennatur in einem feinen Stoffwechsel. Es ist wesentlich, die feinen Stoffwechselprozesse zu kennen, die immer vor sich gehen als eine Art von Verbrennungsprozeß im Menschen, wenn Willenstätigkeit sich entwickelt.

Hat man diese Begriffe, die ich jetzt nur in einigen Richtlinien andeuten konnte – sie werden durch ihre Anwendung, die sich uns in den nächsten Tagen ergeben wird, in allen Einzelheiten klar werden –, hat man diese elementaren Richtlinien, dann öffnet sich einem das Auge für alles dasjenige, was einem auch in der kindlichen Natur entgegentritt. Denn in der kindlichen Natur ist es noch nicht so. Zum Beispiel, das Kind ist ganz Sinnesorgan, eigentlich ganz Kopf, wie ich schon auseinandergesetzt habe.

Insbesondere ist es für eine Anschauung der spirituellen Erkenntnis interessant zu sehen, wie das Kind anders schmeckt als der Erwachsene. Der Erwachsene, indem er das Schmecken schon in die Vorstellung einbezogen hat, er schmeckt auf der Zunge und gibt sich dann Aufschluß darüber, wie der Geschmack ist. Das Kind – in den allerersten Lebenswochen namentlich – schmeckt mit dem ganzen Körper. Das Geschmacksorgan geht durch den ganzen Organismus. Es schmeckt mit dem Magen, es schmeckt noch, wenn der Nahrungssaft von den Lymphgefäßen aufgenommen wird und in den ganzen Organismus übergeht. Das Kind ist ganz durchdrungen von Schmecken, wenn es an der Mutterbrust liegt. Das ist dasjenige, was uns darauf hinweist, wie, ich möchte sagen, das Kind durchleuchtet und durchglänzt wird von dem Schmecken, von einem Seelischen, das wir später nicht mehr im ganzen Leibe noch haben, das wir später nur im Kopfe noch haben.

Und so lernen wir das kleine Kind, so lernen wir auch das größere Kind anschauen, wenn wir wissen, das eine Kind errötet leichter bei dem oder jenem, das andere wird blaß bei dem oder jenem, das eine Kind gerät leicht in eine gewisse Emotion hinein, bewegt seine Glieder leicht; das eine tritt stark auf, das andere trippelt fast nur und so weiter. Wenn wir diese Grundlinien haben, daß wir wissen können, wo irgend etwas sitzt, ob im Stoffwechselsystem, indem es seelisch im Wollen zum Ausdrucke kommt, ob im rhythmischen System, indem es seelisch im Fühlen zum Ausdrucke kommt, oder im Nervensystem, indem es seelisch im Denken zum Ausdrucke kommt, dann lernen wir das Kind beobachten, dann wissen wir erst, wohin wir die Augen zu richten haben.

Sie werden es alle wissen, daß es Leute gibt, die untersuchen gewisse Dinge mit dem Mikroskop. Sie sehen wunderbare Dinge unter dem Mikroskop; aber es gibt auch andere Leute, die noch nicht verstehen, durch das Mikroskop zu schauen; die schauen hinein, wenn sie es auch richten, sie sehen gar nichts. Man muß erst lernen zu sehen, indem man erst das Instrument handhaben muß, durch das man sieht. Dann, wenn man gelernt hat durch das Mikroskop zu sehen, dann sieht man auch das Entsprechende. Man sieht nichts an dem Menschen, wenn man nicht gelernt hat, richtig die geistigen, die seelischen Augen einzustellen nach demjenigen, das dem Denken, nach demjenigen, das dem Fühlen, nach demjenigen, das dem Wollen entspricht. Augenorientierung, das ist es, was auf diese Weise hervorgerufen werden sollte bei der Lehrerschaft der Waldorfschule. Denn erst müssen die Lehrer wissen, wie es sich mit den Kindern verhält, dann können sie die richtige Gesinnung entwickeln, und aus der richtigen Gesinnung heraus, kann dann erst dasjenige kommen, was richtiger Unterricht ist. – Ich mußte dieses von der Dreigliederung des Menschen vorausschicken, damit wir uns eben über die einzelnen tatsächlichen Erziehungsmaßnahmen und Erziehungsmethoden besser verständigen können.

VIERTER VORTRAG

Es könnte scheinen, als ob diejenige Erziehungskunst, von der hier gesprochen werden soll, aus dem Praktischen des Lebens herausführen wolle in ein abgelegenes, bloß spirituelles Gebiet, als ob die Entwickelung des Menschen zu sehr nach der spirituellen Seite hin verlegt werden sollte. Das könnte so scheinen nach den Auseinandersetzungen, die ich bisher gemacht habe, und die ja über die spirituelle Grundlage dessen handeln mußten, was der Erzieher sich als Erkenntnisgrundlage aneignen sollte. Aber das ist nur scheinbar. Denn in Wahrheit strebt gerade diejenige Erziehungskunst, welche durch die hier vertretene Weltanschauung erzielt werden soll, nach den allerpraktischsten Lebenszielen. Warum wurde zuerst hier über das Spirituelle im Menschen gesprochen? Weil bei dieser Anschauung alles Sprechen über das Spirituelle darauf abzielt, in erster Linie die Frage zu beantworten: Wie entwickelt man im kindlichen, im jugendlichen Leben den menschlichen physischen Organismus durch die bewußte richtige Behandlung aus einer spirituellen Grundlage heraus?

Zunächst könnte es sogar als ein starker Widerspruch erscheinen, daß eine auf das Spirituelle gerichtete Weltanschauung in bezug auf die Erziehungskunst zu allererst auf die Entwickelung des physischen Organismus den größten Wert legt. Aber man wird diesen Widerspruch in dem Grade gelöst finden, als man auf das ein Augenmerk lenken wird, was hier weiter in der Durchführung des Erziehungsthemas in den nächsten Darstellungen zu sagen sein wird. Durch diese Durchführung wird der Widerspruch leichter hinwegfallen als durch formelhafte Sätze, die hier an dieser Stelle gegeben werden könnten. Vorläufig soll nur bemerkt werden, daß man eigentlich, wenn man in der Gegenwart über Erziehungsfragen spricht, in einer sehr merkwürdigen Lage ist. Denn, findet man viel zu reformieren im Erziehungswesen, so sagt man ja doch eigentlich, daß man mit seiner eigenen Erziehung nicht recht einverstanden ist. Man behauptet im Grunde, daß man sich selbst außerordentlich schlecht erzogen finde. Und nun soll man trotz dieser schlechten Erziehung, die man sich selber zuschreibt, an der man so viel kritisiert, ganz gut wissen, wie man richtig erzieht!

Das ist das erste, was gegenwärtig einen Widerspruch in alles reformatorische Sprechen über Erziehungskunst hineinträgt.

Das zweite ist etwas, was einen, wenn man über Erziehungskunst spricht, immer, möchte ich sagen, mit einem leisen Schamgefühl erfüllt. Denn man weiß sich ja, indem man spricht, gegenüber dem Auditorium. Man spricht, wie erzogen werden soll, und daß anders erzogen werden soll, als heute üblich ist. Man sagt also im Grunde immer: Ihr seid alle schlecht erzogen. Und man appelliert sogar an diejenigen, die schlecht erzogen sind, damit in ihnen die Meinung entstehe, es müsse besser erzogen werden. Man setzt also voraus, daß sowohl der Redende wie der Zuhörer eigentlich gut verstehen, wie man erziehen soll, trotzdem sie sich außerordentlich schlecht erzogen fühlen sollen.

Nun, das ist ein Widerspruch. Aber ein solcher, der durchaus durch das Leben selbst gegeben ist. Er kann eigentlich nur durch diejenige Ansicht über Erziehungskunst gelöst werden, die hier vertreten wird. Man kann außerordentlich gut wissen, was an der Erziehung fehlt, und was an ihr besser sein sollte, wie man wissen kann, daß ein Bild gut gemalt ist, ohne daß man jemals die Fähigkeiten in sich entwickeln könnte, selber ein so gutes Bild zu malen. Man wird sich als empfindender Mensch doch immer zuschreiben, daß man die Güte eines Raffaelschen Bildes verstehen könne; aber man wird sich, wenn man nicht Maler ist, nicht zuschreiben, daß man ein Raffaelisches Bild auch malen könne. Ja, das wäre ganz gut, wenn in der Gegenwart die Menschen so denken würden. Aber sie denken nicht so über das Wissen von der Erziehungskunst, das sie haben können; sondern sie fangen an, sogleich auch darüber zu sprechen, wie man erziehen soll. Das aber ist so, wie wenn jemand, der kein Maler ist, auch keiner sein kann, gegenüber einem schlecht gemalten Bilde anfangen wollte zu zeigen, wie man es gut malen sollte.

In dieser Darstellung wird von dem Gesichtspunkte aus gesprochen, daß man nicht nur im allgemeinen zu wissen braucht, was gut erziehen heißt; sondern daß man auch das Technische, dasjenige, was im Speziellen zur Erziehungskunst gehört, als Erzieher und Lehrer so erfassen müsse, wie der Künstler in seiner Kunst. Man muß ein Gefühl davon haben, daß die praktische Handhabung des Unterrichtens und Erziehens in das Bewußtsein aufgenommen werden müsse. Deshalb habe ich in der vorangehenden Darstellung zunächst die elementare Grundlinie der Augeneinstellung für dieses Können klarzulegen versucht; und ich möchte nun in dieser Betrachtung weitergehen. Denn, was für den Maler die Beobachtung und Handhabung von Form und Farbe, das ist für den Erziehungskünstler die Kenntnis von dem spirituellen Wesen des Menschen.

Man kann sehr leicht sagen: Der Mensch entwickelt sich in seinem Leben im Sinne seiner Anlagen und in Anpassung an seine Umgebung; und er entwickelt sich so, daß sukzessive in seinem Leben die veranlagten und erworbenen Kräfte zur Offenbarung kommen. Aber das genügt nicht. Aus der vorangehenden Darstellung kann ersehen werden, daß der Mensch ein dreigliedriges Wesen ist, daß sein Denken gebunden ist an das Nerven-Sinnessystem im Organismus, und zwar ganz im Sinne physischer Abhängigkeit an dieses System gebunden ist. Das Fühlen ist an das rhythmische System, vorzugsweise an das Atmungssystem und an das Zirkulationssystem gebunden; und das Willenssystem hat das Bewegungs- und Stoffwechselsystem zur Grundlage.

Diese drei Systeme im Menschen entwickeln sich so, daß jedes ein anderes Zeitmaß einhält, und daß der Höhepunkt dieser Entwickelung bei jedem in eine andere Lebensepoche fällt. In dem ersten Lebensalter, bis zum Zahnwechsel hin – ich habe es schon ausgesprochen –, ist das Kind in einem mehr als sinnbildlichen Sinne ganz Sinnesorgan. Es ist gewissermaßen ganz Kopf; und alle seine Entwickelung geht vom Nerven-Sinnessystem aus. Da liegen die Ursprungsstellen für die formenden Kräfte des ganzen Organismus. Das Nerven-Sinnessystem durchdringt als Hauptakteur den ganzen Organismus; und alle Eindrücke der Außenwelt wirken durch den ganzen Organismus hindurch, während sie im späteren Leben nur an der Peripherie des Sinnessystems physisch, aber weiter in den Körper hinein bloß seelisch wirken.

Man möchte sagen: Der reife Mensch ist so organisiert, daß das Licht mit seinen physischen Wirkungen im Auge halt macht und daß es weiter hinein in den Organismus nur die vom Gefühl durchdrungene Vorstellung vom Lichte schickt. Beim Kinde ist es so, daß gewissermaßen jedes Blutkörperchen innerlich vom Lichte physisch erregt wird. Man darf diese Wirkungen allerdings nicht so verstehen, als ob sie mit groben physischen Methoden nachweisbar seien. Das Kind ist noch ganz den Wirkungen derjenigen ätherischen Essenzen hingegeben, die im späteren Leben nur an der Oberfläche des Leibes, in den Sinnesorganen wirken, damit der Mensch innerlich etwas ganz anderes entwickeln könne. Das Kind bis zum Zahnwechsel ist durch den ganzen Organismus hindurch Sinn; der mehr erwachsene Mensch ist an seiner Oberfläche Sinn, im Inneren Seele. Man beachte das in konkreten Einzelheiten. Derjenige, der als erwachsener Mensch einem ganz jungen Kinde, einem Säugling zugesellt ist, der wird als Mensch mit seinem ganzen inneren Erleben zum Erzieher des Kindes. Angenommen, es befinde sich an der Seite des Kindes ein sorgenvoller Mensch, ein solcher, der auch Grund hat, Sorgen zu entwickeln. Beim reifen Menschen kommt nur schwach dasjenige zur Offenbarung, was als physische Wirkung dieser seelischen Sorgen in Konstitution, Mimik und Bewegung in seinem Körper ist. Wenn wir Sorge haben, so ist immer unser Mund etwas trocken. Und wenn bei gewissen Menschen die Sorge habituell wird, wenn sie dauert, dann gehen diese mit immer trockenem Munde, mit klebender Zunge, mit einem bitteren Geschmack im Munde herum; sogar mit leichter Atembeklemmung. Beim erwachsenen Menschen sind diese physischen Zustände nur leise Untertöne des Lebens.

Das Kind, das neben den Erwachsenen heranwächst, ist aber ein Imitator auch der schwächsten physischen Zustände des Erziehers. Es richtet sich ganz nach dem physiognomischen Ausdruck, nach dem, was es wahrnimmt, nach der Art und Weise, wie der Erwachsene sorgenvoll spricht, sorgenvoll empfindet, ein, weil es ja ganz Sinnesorgan ist. Imponderable Wechselwirkungen spielen sich ab zwischen dem Erwachsenen und dem Kinde. Hat der Erwachsene Sorge, die seelisch ist, aber sich in den physischen Folgezuständen offenbart, so nimmt das Kind als Imitator die physischen Folgen wahr und gestaltet das eigene Innere darnach, wie sich das Auge mit der Lichtwirkung durchdringt. Das Kind nimmt eine innerliche Geste, eine innerliche Mimik auf, was sich durch die klebrige Zunge, den bitteren Geschmack offenbart. Es entwickelt sich bei ihm durch den ganzen Organismus hindurch ein konstitutioneller Abdruck des physischen Erlebens beim Erwachsenen. Es nimmt das in die

Länge gezogene Blaßwerden des Gesichtes an, das der sorgenvolle Erwachsene hat, aber es kann den seelischen Inhalt der Sorge nicht in sich aufnehmen; es imitiert nur die physische Folge der Sorge. Und das Ergebnis ist, daß beim Kinde sogleich seine physische Konstitution von den geistigen Formkräften, die im Sinnes-Nervensystem ihren Sitz haben, ergriffen wird. Die inneren physischen und feineren Organe bauen sich im Sinne dessen auf, was das Kind an physischem Abbild der Sorge in sich aufgenommen hat. Es bekommt einen zur Sorge disponierten Organismus, der später auch leicht Lebenseindrücke in Sorge aufnimmt, die eine andere Konstitution nicht dazu treiben.

Das Kind wird auf diese Art zu einem sorgenvollen Menschen durch seinen physischen Organismus erzogen. Solche Erkenntnisse von feineren Lebenswirkungen muß man haben, wenn man im richtigen Sinne Erzieher sein will. Es sind dies für Lehrer und Erzieher Vorbedingungen wie für den Maler die Beobachtungsgabe für Farbenwirkungen.

In der charakterisierten Art spielt sich das Leben des Kindes bis zum Zahnwechsel ab. Es ist ein innerer Kampf, der sich da im kindlichen Mencheninnern abspielt. Man bekommt allerdings nur ein richtiges Urteil über diesen Kampf durch die Erkenntnis der spirituellen Seite der Welt und des Menschen. Es ist, mehr äußerlich angesehen, ein Kampf zwischen den vererbten Eigenschaften des Menschen und zwischen seiner Anpassung an die Welt, die ihn umgibt, während er kleines Kind ist.

Der Mensch wird mit gewissen vererbten Eigenschaften geboren. Das kann jeder erkennen, der imstande ist, das Kind zu beobachten in seinen ersten Lebenstagen und Jahren. Darüber wird ja auch in der anerkannten Wissenschaft viel gesprochen; und man sucht die Einzelheiten des Vererbungsverhältnisses durch die äußere Beobachtung zu erforschen.

Die Vererbung ist in der allerersten Lebenszeit des Kindes das Wichtigste; aber immer mehr und mehr tritt die Anpassung des Menschen an die Welt auf. Es werden die vererbten Eigenschaften allmählich so umgestaltet, daß der Mensch nicht nur das in sich trägt, was er von seinen Eltern und Voreltern vererbt hat, sondern daß er offen ist durch alle seine Sinne, durch seine Seele, durch seinen ganzen Geist, der Welt seiner Umgebung. Sonst wird er ein Mensch, der in einem weltfremden Wesen erstarrt, ein Mensch, der nur das will, was im Sinne seiner vererbten Eigenschaften liegt und einen Gegensatz zu der Welt seiner Umgebung bildet. Der Grad von Befriedung am Leben, der ihm sonst zukäme, wird herabgemindert.

Aber man muß Menschen erziehen, die eindrucksfähig sind für alles dasjenige, was in der Welt vorgeht, die jeden Tag, wenn sie etwas Neues sehen, ihre Empfindungen, ihre Urteile nach diesem Neuen modifizieren können. Nur solche Menschen werden nicht eigensüchtig in ihr Inneres verschlossen sein, sondern frei und offen der Welt entgegentreten; und nur das macht tauglich, um mit Welt und Menschen zusammen in dem Leben wirken zu können.

In demjenigen Erzieher und Lehrer wird eine rechte Beobachtungsgabe für solche Dinge sein, der seine Gesinnung aus der Erkenntnis des spirituellen Menschen heraus sich bildet, in der Art, wie ich es in der vorangehenden Betrachtung angegeben habe. Man muß in allen Einzelheiten beobachten können, wie in den ersten Lebensjahren des Kindes die Vererbung in einem inneren Kampf liegt mit der Anpassung an die Welt.

Man versuche nur einmal, mit ganzer menschlicher erkennender Hingabe den wunderbaren Prozeß zu studieren, der sich abspielt, indem die ersten Zähne ersetzt werden durch die zweiten. In den ersten Zähnen liegt ein Vererbtes vor. Sie sehen fast so aus, als ob sie für die Welt äußerlich unbrauchbar wären. Und über jeden vererbten Zahn stülpt sich nach und nach ein anderer darüber. Bei diesem Darüberstülpen wird die Form des ersten Zahnes benützt; aber die Form des zweiten Zahnes, der dann bleibt, wird etwas anders, wird angepaßt der Welt. Was da mit den Zähnen geschieht, das geht mit dem gesamten Organismus des Kindes in diesem Lebensalter vor sich. Der Zahnwechsel ist nur ein Symptom für andere Vorgänge, die allerdings nicht so offen vor Augen liegen. Das Kind wird zur Zeit seines Zahnwechsels aus einem Vererbungswesen ein Weltwesen. Der Mensch trägt, indem er in die Welt hineingeboren wird, einen vererbten Organismus in sich. Er stülpt im Laufe der ersten sieben Lebensjahre einen neuen Organismus darüber. Indem dieser ganze Vorgang physisch ist, ist er zugleich die Wirkung des Geistigen und Seelischen im Kinde. Und jemand, der neben dem Kinde als Erzieher wirkt, muß versuchen, dieses Geistig-Seelische so zu lenken und zu leiten, daß es nicht gegen den gesunden Organismus sich entfaltet, sondern in der Richtung dieses

Organismus. Man muß also als Erzieher wissen, was geistig-seelisch vorgehen muß mit dem Kinde, damit dieses einen gesunden Organismus über den vererbten Organismus darüberstülpt. Man muß für das Geistige des Kindes das Notwendige tun und wissen, daß man gerade dadurch das Physische in der rechten Art versorgt, weil das Geistige der Bildner des Physischen dadurch wird. Wenn man den Gedanken, den ich in der Einleitung dieses Vortrages angedeutet habe, weiter verfolgt, so kommt man auch noch dazu, das Folgende einzusehen: Man geht als Lehrer, als Erzieher in eine Schulklasse hinein. Man darf sich doch wirklich nicht vorstellen, daß man einer der allergescheitesten Menschen ist. Man darf sich doch höchstens nur als relativ gescheit ansehen. Es bringt das gewiß den Lehrer dazu, eine wahrhaft gesunde Gesinnung zu haben. Indem man mit einem solchen Bewußtsein in die Schulklasse hineingeht, muß man sich sagen: Unter den Kindern, die ich zu erziehen habe, kann ein ganz gescheiter sein, einer, der viel gescheiter ist später im Leben, als ich bin. Wenn man den, der dazu veranlagt ist, einmal viel gescheiter zu sein, als man selbst ist, nur bis zu dem Grade der Gescheitheit erziehen wollte, den man selber hat, so würde man ihn so erziehen, daß er hinter dem zurückbliebe, was er hätte werden können. Das darf auf keinen Fall geschehen. Richtig ist, daß man denjenigen, der zu solcher Gescheitheit veranlagt ist, so erziehe, daß er später im Leben viel gescheiter wird, als man selbst ist. Man muß so erziehen können, daß Anlagen ausgebildet werden, die man selbst gar nicht hat. Das heißt aber: Es gibt etwas im Menschen, was man als Erzieher oder Lehrer überhaupt nicht erfassen kann. Das ist etwas, dem man mit scheuer Ehrfurcht gegenüberstehen soll; und das sich durch die Erziehungskunst entfaltet, ohne daß man es wie ein Abbild der eigenen Fähigkeiten in den Zögling von sich aus hineinbringt. Das aber führt auf die richtige Antwort auf die Frage, die soeben aufgeworfen worden ist.

Wenn man als erwachsener Mensch im Leben steht, weiß man oftmals außerordentlich gut, was als Richtiges zu tun ist; man kann es aber nicht ausführen. Man fühlt nicht die Kraft dazu. Es ist manchmal dasjenige recht verborgen in dem Menschen, was ihn kraftlos macht gegenüber dem, was er tun soll. Eine wahre Menschenkenntnis ergibt dann, daß es der physische Organismus ist, der irgendwo so etwas sitzen hat, wie die

Imitation der Sorge, die ich charakterisiert habe. Diese Imitation hat sich dem Organismus einverleibt; es ist eine gewohnheitsmäßige Orientierung im Leben durch den physischen Organismus entstanden. Es kann aber der Fall eintreten, daß die Welt etwas von dem Menschen verlangt, das gar nicht seiner Organisation im Sinne der Sorge entspricht. Aber die ist durch den Verkehr mit dem Erzieher entstanden. Man hat die Folge der in der Kindheit durch Nachahmung erworbenen Haltung des Sorgen-Organismus zu tragen. Man muß, wenn man Erziehungskunst ausüben will, in solch feine Zusammenhänge des Lebens hineinschauen können. – Wenn man das richtig versteht, dann sagt man sich: Der Erziehende, der Unterrichtende hat vor allen Dingen die Aufgabe, den Körper des Menschen so gesund zu gestalten, als er nur gesund gestaltet werden kann; das heißt, alles dasjenige an dem Spirituellen des Zöglings zu pflegen, wodurch der physische Organismus des Menschen im späteren Leben ein möglichst geringes Hindernis ist für dasjenige, was der Geist will. Es ist also von dem Erzieher zu fordern, daß er sich in der Ausübung seiner Kunst verhält wie der Gärtner, der eine Pflanze in den Boden setzt und pflegt. Dieser kann in die Wachstumskräfte der Pflanze nichts von seinem eigenen Wesen hineingießen. Er muß der Pflanze nur Gelegenheit geben, daß sie ihre Eigenkräfte entfalten kann. So muß die Erziehungskunst darin bestehen, daß der Erzieher die Gelegenheiten herbeiführt, durch die sich der Zögling frei entfalten kann. Sie wird dann auch die Möglichkeit bieten, daß ein Zögling frei höhere Anlagen entwickeln kann, als sie der Lehrer hat, und daß der physische Organismus des Zöglings nicht das Abbild von dem des Lehrers wird.

Inwiefern die Einsicht in die spirituelle Wesenheit des Menschen als Grundlage dienen kann bei der Pflege des physischen Organismus, lehrt auch ein Blick auf die Entwickelungsstufe, welche die naturwissenschaftliche Erkenntnis gegenwärtig erreicht hat. Man kann überhaupt sagen, daß für eine richtige Anschauung von dieser Erkenntnis sich auf vielen Gebieten zeigt, daß die hier skizzierte Wissenschaft von der geistigen Seite der Welt sich ohne Phantastik als die notwendige Fortsetzung der Naturwissenschaft ergibt. Man sieht diese Notwendigkeit nur so lange nicht, als man das naturwissenschaftliche Denken bloß mit den Ergebnissen der Sinnesbeobachtung und des mechanischen Experimentierens erfüllt. Aber mit Erkenntnissen, die sich daraus ergeben, läßt sich keine Grundlage für Menschenerziehung gewinnen. Denn im Menschen werden die natürlichen Vorgänge von den spirituellen Kräften auf eine höhere Stufe gehoben.

Man nehme eine einzelne Tatsache. Es ist außerordentlich bedeutsam, was zum Beispiel der englische Arzt Dr. *Clifford Allbutt* seinen Untersuchungen über den Einfluß der Sorge auf die Entwickelung innerer Organe, besonders der Nieren, entnommen hat. Menschen, die viel unter dem Einfluß der Sorge stehen, zeigen nach einiger Zeit eine Verkümmerung der Nierenfunktionen. Solch ein schönes naturwissenschaftliches Ergebnis führt auf einen Weg nach der Erforschung der geistigen Seite der Welt hin. Aber der Weg muß weitergegangen werden. Und das kann nur durch geisteswissenschaftliche Methoden geschehen. Durch sie wird der ganze Mensch als spirituelle Wesenheit anschaulich erfaßt, und es wird dadurch erst das richtige Licht auf solch eine naturwissenschaftliche Einzeltatsache geworfen.

In der Erziehungskunst kann man mit solchen von der Naturwissenschaft dargebotenen Einzeltatsachen erst etwas anfangen, wenn man sie von dem Gesichtspunkte aus anschaut, von dem sich das Gesamtbild des Menschen als eines geistig-seelischen Wesens zeigt. Von diesem Gesichtspunkte aus schaut man aber auch die Wirksamkeit des physischen Organismus unter dem Einfluß des Spirituellen. Mit einer solchen Einsicht verhält man sich richtig neben dem Kinde.

Es ist das Tragische unserer materialistisch orientierten Zeit, daß sie äußerlich angesehen viele physische Tatsachen entdeckt, aber deren Zusammenhang nicht hat, der im Geistigen liegt. Die Erkenntnis dieser Zeit richtet alle Blicke auf das Physische; aber es fehlt ihr die Einsicht in die Bedeutung des Physischen, des Materiellen. Von der materialistisch orientierten Wissenschaft kann gerade die Bedeutung des Materiellen nicht durchschaut werden. Die Erforschung des Materiellen ohne Sinn für das Geistige, das das Materielle erst beleuchtet, ist wie das Herumtasten in einem finstern Zimmer. Die Wissenschaft vom Spirituellen wird gerade das Hereinwirken des Geistes in das Physische überall zeigen. Wenn in dieser Richtung die Erkenntnis sich betätigt, wird man nicht ein mystisch Erträumtes als Geist anbeten, sondern man wird den Geist verfolgen in alle einzelnen Betätigungen innerhalb der materiellen Welt. Denn nur, wenn man den Geist als den schöpferischen, als die Materie überall schaffenden erkennt, pflegt man wahre Erkenntnis; nicht, wenn man als Mystiker einen im Wolkenkuckucksheim thronenden abstrakten Geist anbetet und im übrigen alles Materielle in einem ungeistigen Weltensein erblickt.

Man muß ganz durchschauen, wie im ganz kleinen Kinde, ungefähr bis zu seinem 7. Jahre die Nerven-Sinnestätigkeit, rhythmische, Atmungs- und Zirkulationstätigkeit, Bewegungstätigkeit und Stoffwechseltätigkeit überall ineinander wirken, aber so, daß die Nerven-Sinnestätigkeit das Beherrschende ist. Beim Kinde sind Atmungs-, Blutbewegungsrhythmus, Stoffwechseltätigkeit Vorgänge, die in ihrem Wesen nur durchschaut werden, wenn man in ihnen die Nerven-Sinnestätigkeit fortschwingend schaut.

Schaut das Kind ein Antlitz an, das sorgenvoll durchfurcht ist, so wirkt das zunächst auf das Kind als Sinneseindruck. Aber dieser springt über auf die Art seines Atmens, von da auf seinen ganzen Bewegungs- und Stoffwechselapparat.

Wenn man das Kind in dem Lebensalter nach dem Zahnwechsel zu erziehen hat, also ungefähr nach dem 7. Jahre, dann überwiegt in ihm nicht mehr das Nerven-Sinnessystem herrschend wie zuvor. Dieses sondert sich nunmehr von der anderen Körpertätigkeit relativ ab; es wendet sich mehr der Außenwelt zu. Es tritt mehr an die Oberfläche der physischen Organisation. Vom Zahnwechsel bis zur Geschlechtsreife ist im Kinde vorzugsweise das rhythmische System herrschend. Und das muß vor allen Dingen für die Elementarschule berücksichtigt werden.

Man hat in der Elementarschule Kinder zwischen dem Zahnwechsel und der Geschlechtsreife. Da muß man wissen: Man wirkt mit allem Unterricht und aller Erziehung vor allen Dingen auf das rhythmische System. Jede Betätigung am Kinde ist falsch, die wirken will auf etwas anderes als dieses rhythmische System. Was aber wirkt auf das rhythmische System und in diesem? Es wirkt dasjenige, was in künstlerischen Formen und in künstlerischer Betätigung an den Menschen herantritt.

Man bedenke, wie mit dem rhythmischen System alles Musikalische verbunden ist. Musik lebt als Rhythmus, der sich im rhythmischen System des Menschen selber fortsetzt. Der innere Mensch selber wird Leier, wird Violine. Sein gesamtes rhythmisches System prägt in sich dasjenige aus, was die Violine, was das Klavier musikalisch entfaltet.

Und wie mit dem Musikalischen, ist es denn auch auf eine feinere, intimere Weise mit der Plastik und mit dem Malerischen. Auch die Farbenharmonien, die Farbenmelodien werden nachgelebt im Inneren des Menschen als innere Vorgänge des rhythmischen Organsystems.

Sollen wir in der rechten Weise neben dem Kinde als Erzieher, als Unterrichter stehen, so müssen wir wissen, daß wir für dieses Lebensalter künstlerisch den gesamten Unterrichtsstoff an das Kind heranbringen müssen. Es ist das Wesentliche für die Elementarschule, bei Kindern den ganzen Unterricht in dem Sinne zu gestalten, daß man an das rhythmische System des Kindes sich richtet. Man soll mit allem Unterricht und aller Erziehung neben dem Kinde sich so verhalten, daß dieses unter dem Eindruck unseres Verhaltens sein rhythmisches System frei und harmonisch entfaltet.

Wie wenig man das heute berücksichtigt, das ersieht man daraus, daß naturwissenschaftlich ungeheuer wertvolle Resultate über die Wesenheit der kindlichen Organisation angestrebt werden, die ohne Rücksicht auf das Spirituelle interpretiert und dann für den Unterricht verwertet werden.

Man macht Versuche in der experimentellen Psychologie. Man will wissen, wie schnell das Kind bei dieser oder jener Tätigkeit ermüdet, und man will den Unterricht nach diesen Erkenntnissen über die Ermüdung einrichten. Als naturwissenschaftliche Erkenntnisse sind die Ergebnisse dieser experimentellen Psychologie sehr gut und wertvoll. Für den Unterricht wird man sie erst anwenden dürfen, wenn man sie im Lichte einer Anschauung über die spirituelle Menschenwesenheit erkennt.

Gegen die Vortrefflichkeit der naturwissenschaftlichen Experimente auf diesem Gebiete soll hier nichts eingewendet werden. Aber wenn man die ganze Sache im Lichte des spirituellen Denkens sieht, dann sagt man sich: Wenn das Kind, das zwischen dem Zahnwechsel und der Geschlechtsreife steht, in einem gewissen Grade ermüdet wird, so hast du in nicht richtiger Weise auf sein rhythmisches System, sondern auf ein anderes

System eingewirkt. Denn das rhythmische System wird das ganze Leben hindurch nicht müde. Das Herz schlägt das ganze Leben hindurch Tag und Nacht. Müde wird der Mensch durch sein Intellektualistisches und durch sein Stoffwechsel- und Bewegungssystem. Wenn man weiß, daß man in dem charakterisierten Lebensalter auf das rhythmische System einwirken muß, dann durchschaut man auch, daß die Experimente über die Ermüdung zeigen, wo man unrichtig gehandelt hat, wo man nicht genug auf das rhythmische System Rücksicht genommen hat. Findet man ein zu stark ermüdetes Kind, so muß man sich sagen: Du mußt etwas machen zur Gestaltung des Unterrichtes, durch das er nicht ermüdend auf das Kind wirkt. Denkt man nicht spirituell, so wird man auf die Ermüdung durch alle möglichen anderen Mittel Rücksicht nehmen wollen, nicht aber für ihre Vermeidung durch die Gestaltung des Unterrichtes sorgen.

Es kommt nicht darauf an, heute aufzutreten und zu sagen: Unsere Naturwissenschaft ist schlecht; man muß sie bekämpfen. – Das fällt dem spirituell Denkenden gar nicht ein. Aber er sagt: Wir brauchen gerade die höheren Gesichtspunkte, um die naturwissenschaftlichen Erkenntnisse im Leben anzuwenden. – Und das, was hier für die physische Seite des Lebens gezeigt worden ist, mehr für die eine Seite des Lebens, das waltet auch in der seelischen Seite und im moralischen Wesen des Menschen.

Man möchte sagen: Gerade daß man das Kind allmählich dahin bringen kann, moralische Impulse in sich in der richtigen Weise zu entfalten, das ist die größte, die bedeutsamste Erziehungsfrage. Aber moralische Impulse bringen wir nicht in das Kind hinein, wenn wir ihm Gebote geben, wenn wir ihm sagen: Das sollst du tun; das soll so geschehen, das ist gut – und ihm mit dem Appell an seinen Intellekt beweisen wollen, daß irgend etwas sein soll und gut ist. Oder indem wir ihm sagen: Das ist schlecht, das ist böse, das sollst du nicht tun – und wir ihm beweisen wollen, daß das schlecht ist. Das, wie sich der Mensch intellektuell zu dem Guten und Bösen stellt, zu der ganzen moralischen Weltordnung, das soll erst erwachen. Und es erwacht erst, wenn mit der Geschlechtsreife das rhythmische System im wesentlichen seine Dienste in der ganzen menschlichen Entwickelung getan hat, und das Intellektuelle dann reif wird zur vollständigen Entfaltung. Es treten nur dann die richtigen moralischen Impulse im Menschen mit der notwendigen Kraft auf, wenn er im rechten Reifezustande die innerliche Befriedigung erlebt, an dem Dasein selbst sich ein moralisches Urteil bilden zu können. Nicht darum handelt es sich, moralische Urteile zu überliefern, sondern darum, die Keime zum Bilden von eigenen Moralkräften zu pflegen. Das moralische Urteil soll man dem Kinde nicht einimpfen. Man soll es so vorbereiten, daß das Kind, wenn es mit der Geschlechtsreife zur vollen Urteilsfähigkeit erwacht, an der Beobachtung des Lebens sich selber das moralische Urteil bilden kann. Das erreicht man am wenigsten, wenn man das fertige Gebot dem Kinde übermittelt. Man erreicht es aber, wenn man durch das Vorbild oder das Vor-Augen-Stellen von Vorbildern wirkt. Man gebe dem Kinde durch die Schilderung solcher Menschen, die gut gewesen sind oder gut sind, oder durch phantasiegemäß ausgestaltete gute Menschen Bilder für das Gute. Dadurch lebt im Kinde das rhythmische System in seiner Erfassung des Guten mit. Das Kind erlebt im Auf- und Abwogen von Gefühlen, die in feiner Weise in dem rhythmischen System fortvibrieren. Und dadurch, daß das rhythmische System in dieser Lebensepoche beim Kinde besonders wirksam ist, kann sich entwickeln das Gefallen oder Mißfallen über das Gute und Böse. Es wird nicht an den Intellekt appelliert, sondern an die Sympathie mit dem Guten, das im Bilde dem Kinde vor die Seele tritt, und an die Antipathie gegenüber dem Bösen. Dadurch wird die Seele so vorbereitet, daß das Gefühlsurteil später zum intellektuellen Urteil im rechten Alter ausreifen kann. Nicht auf die Vermittlung des «Du sollst» kommt es an, sondern darauf, daß man in dem Kinde ein ästhetisches Urteil hervorruft, so daß ihm das Gute gefällt, es mit ihm Sympathie hat, und daß es Mißfallen, Antipathie gegenüber dem Bösen hat, wenn sein Empfinden den moralischen Tatsachen gegenübersteht.

Es ist ein großer Unterschied, ob man so verfährt oder ob man auf die Intellektualität wirkt durch die intellektualistisch formulierten Gebote, für die das Kind erst später erwachen soll, wenn es bereits der Erziehung entwachsen ist, wenn es schon ein Mensch sein soll, der vom Leben erzogen wird. Man verkümmert in der menschlichen Organisation etwas, wenn man den Menschen nicht so vorbereitet, daß er zur rechten Zeit die innere Befriedigung erlebt, zur moralischen Kraft zu erwachen.

Verfährt man anders, als dargestellt worden ist, so wird er zum Moralischen nicht erwachen, sondern im entsprechenden Alter nur eine abstrakte Erinnerung daran haben können, was als Moralgebot bei anderen Geltung hat. Man gibt dem Kinde die rechte Vorbereitung während seiner rhythmischen Lebenszeit, wenn man es zum ästhetischen Gefallen an dem Guten und ästhetischen Mißfallen an dem Bösen bringt, denn im ästhetischen Empfinden liegt der Keim, aus dem das Intellektuelle sich entfalten soll. Ein direkt entwickeltes intellektuelles Urteil ist wie eine Blume, die von ihrem Stamme und ihrer Wurzel abgeschnitten ist.

Das Kind fühlt sich, wenn es erwacht nach der Geschlechtsreife, und nur die Erinnerungen an fertige moralisch-intellektuelle Urteile hat, innerlich versklavt. Es sagt sich vielleicht nicht, daß es innerlich versklavt ist, aber es fehlt ihm für das ganze spätere Leben jene ungeheuer wichtige Erfahrung für das Leben, die sich in dem dunklen Gefühl ausspricht: das Moralische ist in mir an dem Leben selbst erwacht; das moralische Urteil habe ich mir selbst entfaltet; es ist das meinige.

Daß diese innere Befriedigung im späteren Leben erfahren werden kann, das wird nicht durch einen abstrakten Moralunterricht erreicht, das muß in der richtigen Weise vorbereitet werden.

So kommt es überall in der Erziehung und im Unterrichten auf das «Wie» an. Und man kann sowohl für das Leben, das mehr auf die Außenwelt hingewendet ist, wie auch für das nach der moralischen Welt hingewendete Leben sagen, daß nur dann richtig erzogen und unterrichtet wird, wenn der Erzieher aus der Einsicht in das Spirituelle beobachten kann, was sich durch die Lebensalter hindurch im Sinnes-Nervensystem, im rhythmischen, im Atmungs-, im Zirkulationssystem, und im Stoffwechsel- und Bewegungssystem im einzelnen und im Zusammenwirken dieser Systeme abspielt. Man muß vom Geiste aus unterzutauchen verstehen in die Physis, und beobachten können, wie der Geist fortwährend wellt und webt im Physischen.

Wenn die Erkenntnis vom Wesen des Menschen zunächst gesucht werden muß für die Unterrichts- und Erziehungskunst, so handelt es sich für das praktische Leben doch darum, welche Gesinnung, welche Seelenverfassung in dem Lehrer, in dem Erziehenden vorhanden ist gerade dadurch, daß er eine solche

Weltanschauung hat, die im spirituellen Leben wurzelt. Eine solche Weltanschauung bleibt nämlich, wenn sie ehrlich erworben ist, nicht bloß ein Gedankensystem, sondern ist von einer Gesinnungsrichtung begleitet. Und welche Gesinnung da hervorgerufen wird in dem Menschen, kann man am besten ersehen, wenn man auf viele unserer Mitmenschen in der gegenwärtigen Zeit hinsieht.

Verflossene Zeitalter haben gewiß ihre großen Schattenseiten gehabt; und man sollte vieles durchaus nicht wiederum herbeiwünschen, was in verflossenen Zeiten an Menschenideen und Menschengesinnung vorhanden war; aber derjenige, der mit einer gewissen Intuition in das geschichtliche Leben der Menschheit hineinblickt, wird dennoch sehen können: wie wenig innere Freudigkeit in die Menschen aus ihrem damaligen Geistesleben kam, und wie bei vielen Menschen der Gegenwart nur aus dem Mangel eines solchen Geisteslebens sich schwere Rätselfragen über alle mögliche Lebensfreudigkeit und Lebenssicherheit verbreiten. Die gegenwärtige Menschheit weiß sich nur in geringem Maße eine Antwort zu geben auf die inneren Schicksalsfragen, die in der Seele quälend sich entwickeln beim Betrachten der Welt. Wenn man in sich selber recht unglücklich ist, berechtigterweise unglücklich, so gibt es doch immer noch die Möglichkeit, hinzuschauen auf irgend etwas im Kosmos, um einen Ausgleich für das innere Unglück zu finden. Es hängt dieses aber davon ab, daß der Mensch im rechten Augenblicke in seiner Seele etwas finden kann, das diesen Ausgleich herbeiführt. Ein inneres Verhältnis zur geistigen Welt kann immer so etwas finden lassen. Eine Weltanschauung, die bloß auf die Sinneswelt gerichtet ist, nicht. Aber der Mensch der Gegenwart ist nicht stark genug, um dann, wenn er durch Persönliches niedergeschlagen ist, sich Trost in der Anschauung des Kosmos zu suchen. Warum? Weil der Mensch heute wenig Gelegenheit findet, in seiner Erziehung, in seiner Entwickelung dasjenige in sich auszubilden, was man nennen möchte: Gefühl der Dankbarkeit dafür, was der Geist des Kosmos dem Menschen gegeben hat.

Eigentlich müßten alle unsere höheren Empfindungen beginnen können mit der Grundempfindung des Dankes dafür, daß uns die kosmische Welt aus sich herausgeboren und in sich hineingestellt hat. Eine Weltanschauung, eine Philosophie, die auf abstrakte Anschauungen sich beschränkt, und nicht ausströmt in Dankbarkeit des Empfindungslebens gegenüber dem Kosmos, ist keine vollständige Philosophie. Sie ist eine Philosophie für die Kopfbetätigung, nicht für das Erleben des ganzen menschlichen Organismus. Eine Kopfbetätigung, die aber den übrigen Organismus nicht erwärmen kann, macht nicht glücklich, sondern unglücklich. Denn sie entwickelt sich wie ein Fremdkörper, wie eine seelische Geschwulst. Das Schlußkapitel einer jeden Philosophie sollte in diesem Gefühle der Dankbarkeit gegenüber den kosmischen Mächten auslaufen. Und wenn der Autor dies auch nicht unmittelbar sagt, so sollte es doch im Leser angeregt werden. Diese Dankbarkeit aber muß vor allen Dingen der Lehrer, der Erzieher haben. Es muß sie auch instinktiv jeder Mensch haben, dem ein Kind zur Erziehung anvertraut ist. Es ist auch das erste Bedeutungsvolle, das durch eine spirituelle Erkenntnis erreicht wird, daß man die Dankbarkeit schöpft für die Tatsache, daß man ein Kind zur Erziehung erhalten hat. Ehrfurcht vor dem geheimnisvollen Wesen des Kindes – Ehrfurcht und Dankbarkeit sind in diesem Punkte nicht zu trennen – muß der Anfang der Gesinnung sein, mit welcher der Erzieher an seine Aufgabe geht. Es gibt nur eine Stimmung gegenüber dem Kinde, welche die richtigen Impulse zum Erziehen und Unterrichten gibt; und das ist gerade dem Kinde gegenüber die religiöse Stimmung.

Man empfindet vielem gegenüber religiös. Man empfindet der Blume auf dem Felde gegenüber religiös, wenn wir sie als ein Geschöpf der göttlich-geistigen Weltordnung auf uns wirken lassen. Man empfindet so dem Blitze gegenüber, wenn er in den Wolken zuckt, und wenn man empfinden kann, wie er in der göttlich-geistigen Weltordnung drinnensteht. Man muß so vor allen Dingen empfinden, wenn aus dem tiefen Schoße der Weltenordnung heraus uns die höchstmögliche Offenbarung, durch die gesagt wird, was die Welt ist, einem in dem Kinde entgegentritt. In dieser Stimmung liegt einer der wichtigsten Impulse der Erziehungstechnik.

Erziehungstechnik ist andere Technik als diejenige, die angewendet wird auf Undurchgeistigtes. Erziehungstechnik setzt überall voraus, daß der Erzieher alles, was er tut, aus religiös-moralischen Impulsen heraus tut. Man kann so empfinden auch einem schlecht veranlagten Kinde gegenüber. Man wird dann nicht mit Antipathie ihm gegenübertreten, sondern mit Tragik.

Nun wird man vielleicht sagen: in unserer heutigen Zeit, wo man manches, auf das es vielleicht weniger ankommt, so schrecklich objektiv nimmt, gibt es doch noch Leute, welche es als unangemessen empfinden, wenn sie religiös empfinden sollten einem Kinde gegenüber, das sich vielleicht als ein rechter Nichtsnutz auslebt. Man sagt vielleicht: was soll ich tragisch empfinden einem Kinde gegenüber, das sich als ein Nichtsnutz auslebt? In unserer so schrecklich objektiv gesinnten Zeit gestehen sich ja selbst manche Eltern, daß ihre Kinder Nichtsnutze sind, während in früherer Zeit das nicht üblich war; da war jedes Kind für die Eltern «brav». Das war eine bessere Stimmung sogar als die heutige.

Aber es kann doch eine tragische Stimmung hervorbringen, wenn man als ein Geschenk der göttlich-geistigen Weltordnung, ja als einen Fall von deren höchster Offenbarung ein schwer zu erziehendes Kind bekommt. Wenn man diese Tragik erleben kann, dann führt sie gerade über die Klippen der Erziehungskunst hinweg.

Kann man in Dankbarkeit auch ein ungeartetes Kind empfangen und kann man Tragik darüber empfinden, und kann man gerade aus dieser Tragik den Impuls zur Tat entwickeln, dann empfindet man erst die rechte Dankbarkeit gegenüber der göttlichen Weltenordnung, indem wir auch das Schlimme als ein Göttliches noch begreifen können, wenn auch das Begreifen etwas sehr Kompliziertes ist.

Dankbarkeit ist vor allen Dingen die Grundstimmung, die den Lehrenden, den Erziehenden durchziehen soll, wenn er in der ersten Lebensepoche bis zum Zahnwechsel der kindlichen Entwickelung gegenübersteht.

Ein neues Element tritt auf in der zweiten Lebensepoche. Diejenige Entwickelung des Kindes, die vor allen Dingen auf das rhythmische System gebaut ist, erfordert, daß alle Tätigkeit des Erziehers einen künstlerischen Charakter hat. Man wird niemals das zustande bringen, was in der Umgebung des Kindes wirken soll, wenn man nicht durchtränken kann die religiöse Stimmung gegenüber dem Kinde, die fortdauern muß, mit einer intensiven Liebe zu unseren Erziehungstaten, unserer Erziehungsaktivität. Denn in dieser Liebe waltet diejenige Kraft, welche den Erzieher zu einer Betätigung führt, welche von dem Kinde ästhetisch-liebend empfunden wird.

Vom Zahnwechsel bis zur Geschlechtsreife ist nichts in das Kind hinein wirksam, das nicht beim Erziehenden getragen ist von der Liebe zur Erziehungstat selber. Was man in Liebe als Erzieher ausführt, das wird von dem Kinde in diesem Lebensalter als etwas empfunden, das es sich aneignen muß, um ein Mensch zu sein.

Von dem Intellekt allein kann keine Erziehungskunst kommen; sondern allein von dem, was die charakterisierte Dankbarkeit und Liebe für das Erziehen offenbaren.

In der Erziehungskunst, welche in der Stuttgarter Waldorfschule versucht wird, sieht man viel mehr darauf, wie der Lehrer ist, als was er intellektualistisch an technischer Handhabung abstrakter Unterrichtsmethoden sich erworben hat. Der Lehrer soll nicht nur das Kind lieben können, sondern er soll seine Methode lieben können, weil im Wirken dieser Methode sich das Kind entwickelt. Auf das letztere kommt es an. In eine Methode verliebt sein, weil sie die eigene ist, taugt nicht für den Erzieher. Er soll an dem, was das Kind wird, seine Methode liebhaben. Kinder liebhaben genügt allein auch nicht für den Lehrer; sondern das Lehren liebhaben, das Erziehen liebhaben, und es liebhaben mit derjenigen Objektivität, die am Kinde sich offenbart, das eignet man sich an, wenn man von einer spirituellen Grundlage für die physische, seelische und moralische Erziehung aus an seine Aufgabe geht. Und wenn man diese rechte Liebe für das Erziehen, für das Unterrichten als Gesinnung hat, dann wird man auch das Kind heranbilden bis zur Geschlechtsreife so, daß man wirklich es der Freiheit, dem freien Gebrauche seiner Intellektualität im weiteren Leben überliefern kann.

Hat man das Kind in religiöser Ehrfurcht empfangen, hat man es in Liebe zu den Erziehungstaten bis zur Geschlechtsreife erzogen, dann kann man auch das rechte Erlebnis dem werdenden Menschen gegenüber haben: ihn in Freiheit als unseresgleichen neben sich zu haben. Ist man dann in der Lage, noch weiter erzieherisch auf den Menschen wirken zu können, so wird man dem frei gewordenen Wesen gegenüber von Intellekt zu Intellekt wirken können. Indem man so erzieht, wie das angedeutet worden ist, indem man vorher nicht antastet, was sich frei entwickeln soll, sondern den Geist stufenweise wach werden läßt durch das, was man als Erzieher tut, wird der Mensch, wenn er geschlechtsreif geworden ist, sein eigenes Wesen als ein erwachendes erleben; und dieser Moment des Erwachens wird der Quell einer Kraft sein, die im ganzen folgenden Leben nachwirkt.

Man soll sich nicht sagen: du sollst dies oder jenes in die Kinderseele hineingießen, sondern du sollst Ehrfurcht vor seinem Geiste haben. Diesen Geist kannst du nicht entwikkeln, er entwickelt sich selber. Dir obliegt es, ihm die Hindernisse seiner Entwickelung hinwegzuräumen, und das an ihn heranzubringen, das ihn veranlaßt, sich zu entwickeln. Du kannst dem Geist die Hindernisse wegräumen im Physischen und auch noch ein wenig im Seelischen. Was der Geist lernen soll, das lernt er dadurch, daß du ihm diese Hindernisse wegnimmst. Der Geist entwickelt sich auch in allerfrühester Jugend schon am Leben. Aber sein Leben ist dasjenige, das man als Erzieher in seiner Umgebung entfaltet. Die allergrößte Selbstverleugnung ist Aufgabe des Erziehers. Er muß in der Umgebung des Kindes so leben, daß der Kindesgeist in Sympathie das eigene Leben an dem Leben des Erziehers entfalten kann. Man darf niemals die Kinder zu einem Abbild von sich selbst machen wollen. Es soll in ihnen nicht fortleben in Zwang, in Tyrannei dasjenige, was in dem Erzieher selbst war, noch in derjenigen Zeit, in denen sie hinausgewachsen sind über Schule und Erziehung. Man muß so erziehen können, daß man für dasjenige, was aus einer göttlichen Weltordnung neu in jedem Zeitalter in den Kindern in die Welt hereintritt, die physischen und seelischen Hindernisse wegräumt, und dem Zögling eine Umgebung schafft, durch die sein Geist in voller Freiheit in das Leben eintreten kann.

Die drei goldenen Regeln der Erziehungs- und Unterrichtskunst, die in jedem Lehrer, jedem Erzieher, ganz Gesinnung, ganz Impuls der Arbeit sein müssen, die nicht bloß intellektualistisch gefaßt werden dürfen, sondern die von dem ganzen Menschen erfaßt werden müssen, die müssen sein:

Religiöse Dankbarkeit gegenüber der Welt, die sich in dem Kinde offenbart, vereinigt mit dem Bewußtsein, daß das Kind ein göttliches Rätsel darstellt, das man mit seiner Erziehungskunst lösen soll.

In Liebe geübte Erziehungsmethode, durch die das Kind sich instinktiv an uns selbst erzieht, so daß man dem Kinde die Freiheit nicht gefährdet, die auch da geachtet werden soll, wo sie das unbewußte Element der organischen Wachstumskraft ist.

DIE ERFORSCHUNG DER ÜBERSINNLICHEN WELTEN

Der so freundlichen Einladung, heute hier zu sprechen, will ich dadurch nachkommen, daß ich einiges davon mitteile, wie man durch unmittelbare Forschung zu jener spirituellen Erkenntnis kommt, von der ja hier die erzieherischen Konsequenzen auseinandergesetzt werden sollen. Ich bemerke von vornherein, daß ich heute vorzugsweise zu sprechen haben werde von der Methode, forschend in übersinnliche Welten hineinzukommen. Außerdem muß ich einleitend sagen, daß alles das, was ich heute zu sagen habe, sich im strengen Sinne auf die Erforschung der spirituellen, der übersinnlichen Welten bezieht, nicht auf das Verstehen der übersinnlichen Erkenntnisse. Die übersinnlichen Erkenntnisse, wenn sie erforscht sind und mitgeteilt werden, können mit dem gewöhnlichen gesunden Menschenverstand eingesehen werden, wenn sich dieser gesunde Menschenverstand nur nicht die Unbefangenheit nimmt dadurch, daß er von dem ausgeht, was man für die äußere sinnliche Welt Beweise, logische Ableitungen und dergleichen nennt. Nur wegen dieser Hindernisse wird sehr häufig gesagt, daß man die übersinnlichen Forschungsresultate nicht verstehen könne, wenn man nicht selber ein übersinnlicher Forscher werden kann.

Was hier mitgeteilt werden soll, ist ja Gegenstand der sogenannten Initiationserkenntnis, derjenigen Erkenntnis, die in älteren Zeiten der Menschheitsentwickelung in einer etwas anderen Form gepflegt worden ist, als wir sie heute in unserem Zeitalter pflegen müssen. Nicht Altes – ich habe das schon in den anderen Vorträgen bemerkt – soll wieder heraufgeholt werden, sondern im Sinne des Denkens und Empfindens unseres Zeitalters soll der Forschungsweg in die übersinnlichen Welten angetreten werden. Und da kommt es vor allen Dingen gerade mit Bezug auf die Initiationserkenntnis darauf an, daß man imstande ist, eine prinzipielle Umorientierung mit der ganzen menschlichen Seelenverfassung zu vollziehen.

Derjenige, der Initiationserkenntnis hat, unterscheidet sich von dem, der andere Erkenntnis im heutigen Sinne des Wortes hat, nicht etwa nur dadurch, daß seine Initiationserkenntnis eine höhere Stufe der gewöhnlichen Erkenntnis ist. Sie wird allerdings auf der Grundlage der gewöhnlichen Erkenntnis erreicht; diese Grundlage muß da sein; das intellektuelle Denken muß voll entwickelt sein, wenn man zur Initiationserkenntnis kommen will. Dann aber ist eine prinzipielle Umorientierung notwendig, so daß der Besitzer von Initiationserkenntnissen überhaupt von einem ganz anderen Gesichtspunkte aus die Welt anschauen muß, als sie angeschaut wird ohne diese Initiationserkenntnis. Ich kann in einer einfachen Formel ausdrücken, wodurch sich prinzipiell die Initiationserkenntnis unterscheidet von der gewöhnlichen Erkenntnis. In der gewöhnlichen Erkenntnis sind wir uns bewußt unseres Denkens, überhaupt unserer inneren Seelenerlebnisse, durch die wir uns Erkenntnisse erwerben, als Subjekt der Erkenntnis. Wir denken zum Beispiel, und glauben durch die Gedanken etwas zu erkennen. Da sind wir, wenn wir uns als denkende Menschen auffassen, das Subjekt. Wir suchen die Objekte, indem wir die Natur beobachten, indem wir das Menschenleben beobachten, indem wir experimentieren. Wir suchen immer die Objekte. Die Objekte sollen an uns herandringen; sie sollen sich uns ergeben, so daß wir sie mit unseren Gedanken umfassen können, daß wir unser Denken auf sie anwenden können. Wir sind das Subjekt; das, was an uns herantritt, sind die Objekte.

Bei demjenigen Menschen, der Initiationserkenntnis anstrebt, tritt eine völlig andere Orientierung ein. Er muß gewahr werden, daß er als Mensch Objekt ist, und er muß zu diesem Objekte Mensch das Subjekt suchen. Also das völlige Entgegengesetzte muß eintreten. In der gewöhnlichen Erkenntnis fühlen wir uns als Subjekt, suchen die Objekte, die außer uns sind. In der Initiationserkenntnis sind wir selber das Objekt und suchen dazu das Subjekt; beziehungsweise in der wirklichen Initiationserkenntnis ergeben sich dann die Subjekte. Aber das ist dann erst Gegenstand einer späteren Erkenntnis.

Sie sehen also, es ist gerade so, wie wenn wir schon durch die bloßen Begriffsdefinitionen einsehen müßten, daß wir eigentlich in der Initiationserkenntnis aus uns herausflüchten müssen, daß wir so werden müssen wie die Pflanzen, die Steine, wie der Blitz und der Donner, die für uns Objekte werden. Wir selber schlüpfen gewissermaßen aus uns heraus in der Initiationserkenntnis, werden zum Objekt und suchen die Subjekte dazu. Wenn ich mich etwas paradox ausdrücken darf, so möchte ich sagen, indem wir gerade auf das Denken abzielen: in der gewöhnlichen Erkenntnis denken wir über die Dinge nach. In der Initiationserkenntnis müssen wir suchen, wie wir gedacht werden im Kosmos.

Das sind ja nichts anderes als abstrakte Richtlinien, aber diese abstrakten Richtlinien werden Sie nun in den konkreten Tatsachen der Initiationsmethode überall verfolgt finden.

Zunächst geht, wenn wir eben heute nur von der modernen, von der heute gültigen Initiationserkenntnis Mitteilungen empfangen wollen, diese Initiationserkenntnis vom Denken aus. Das Gedankenleben muß voll entwickelt sein, wenn man heute zur Initiationserkenntnis kommen will. Dieses Gedankenleben kann ja besonders herangeschult werden, wenn man sich in die naturwissenschaftliche Entwickelung der letzten Jahrhunderte, insbesondere des 19. Jahrhunderts vertieft. Mit diesem naturwissenschaftlichen Erkennen geht es ja den Menschen in verschiedener Weise. Die einen nehmen die naturwissenschaftlichen Erkenntnisse auf, hören selbst mit einer gewissen, ich möchte sagen, Naivität, wie sich die organischen Wesen von den einfachsten, primitivsten herauf entwickelt haben sollen bis zum Menschen. Sie bilden sich über diese Entwickelung Ideen aus, und sie sehen wenig zurück auf sich selber, daß sie da nun eine Idee haben, daß sie da in sich selber etwas in der Anschauung der äußeren Vorgänge entwickeln, was Gedankenleben ist.

Derjenige aber, der nicht die naturwissenschaftlichen Erkenntnisse entgegennehmen kann, ohne auf sich selbst kritisch zu sehen, der muß sich allerdings fragen: Was bedeutet das, was ich da selber tue, indem ich Wesen für Wesen vom Unvollkommenen zum Vollkommenen verfolge? – Oder aber, er muß sich fragen: Indem ich mathematisiere, indem ich die Mathematik ausbilde, da bilde ich ja Gedanken rein aus mir heraus. Die Mathematik ist im richtigen Sinne ein Gespinst, das ich aus mir selber heraushole. Ich wende dann dieses Gespinst auf die äußeren Dinge an und es paßt. – Da kommen wir zu der großen, zu der, ich möchte sagen, für den Denker geradezu tragischen Frage: Wie steht es mit dem, was ich bei aller Erkenntnis anwende, mit dem Denken selber?

Nun kann man nicht finden, wie es mit diesem Denken steht, auch wenn man noch so lange nachdenkt; denn da bleibt das Denken nur immer auf demselben Flecken stehen, da dreht man sich sozusagen nur immer um die Achse, die man sich schon gebildet hat. Man muß mit dem Denken etwas vollziehen. Man muß dasjenige mit dem Denken ausführen, was ich in meiner Schrift: «Wie erlangt man Erkenntnisse der höheren Welten?» beschrieben habe als Meditation.

Über die Meditation soll man nicht «mystisch» denken, aber man soll auch nicht leicht über sie denken. Die Meditation muß etwas völlig Klares sein in unserem heutigen Sinne. Aber sie ist zugleich etwas, zu dem Geduld und innere Seelenenergie gehört. Und vor allen Dingen gehört etwas dazu, was niemand einem anderen Menschen geben kann: es gehört dazu, daß man sich selber etwas versprechen und es dann halten kann. Wenn der Mensch einmal beginnt, Meditationen zu machen, so vollzieht er damit die einzige wirklich völlig freie Handlung in diesem menschlichen Leben. Wir haben in uns immer die Tendenz zur Freiheit, auch ein gut Teil der Freiheit verwirklicht. Aber wenn wir nachdenken, werden wir finden: wir sind mit dem einen abhängig von unserer Vererbung, mit dem anderen von unserer Erziehung, mit dem dritten von unserem Leben. Und fragen Sie sich, inwiefern wir imstande sind, das was wir durch Vererbung, durch Erziehung und durch das Leben uns angeeignet haben, plötzlich zu verlassen. Wir wären ziemlich dem Nichts gegenübergestellt, wenn wir das plötzlich verlassen wollten. Wenn wir uns aber vornehmen, abends und morgens eine Meditation zu machen, damit wir allmählich lernen, in die übersinnliche Welt hineinzuschauen, dann können wir das jeden Tag unterlassen. Nichts steht dem entgegen. Und die Erfahrung lehrt auch, daß die meisten, die mit großen Vorsätzen an das meditative Leben herangehen, es sehr bald wieder unterlassen. Wir sind darin vollständig frei. Es ist dieses Meditieren eine urfreie Handlung. Können wir uns trotzdem treu bleiben, versprechen wir uns, nicht einem anderen, sondern nur uns selber einmal, daß wir diesem Meditieren treu bleiben, dann ist das an sich eine ungeheure Kraft im Seelischen, dieses sich einfach treu bleiben können.

Nun, nachdem ich das auseinandergesetzt habe, möchte ich aufmerksam darauf machen, wie die Meditation selber in ihren einfachsten Formen vollzogen wird. Ich kann mich ja heute nur mit dem Prinzipiellen beschäftigen.

Es handelt sich darum, daß wir irgendeine Vorstellung oder

einen Vorstellungskomplex in den Mittelpunkt unseres Bewußtseins rücken. Es kommt gar nicht darauf an, welches der Gehalt dieses Vorstellungskomplexes ist; aber er soll unmittelbar sein, er soll so sein, daß er keine Reminiszenzen aus der Erinnerung oder dergleichen vorstellt. Daher ist es gut, wenn wir ihn nicht aus unserem Erinnerungsschatze heraufholen, sondern uns von einem anderen, der erfahren ist in solchen Dingen, die Meditation geben lassen, nicht, weil der auf uns irgendeine Suggestion ausüben will, sondern weil wir sicher sein können, daß dasjenige, was wir dann meditieren, etwas Neues für uns ist. Wir könnten ebensogut irgendein altes Werk, das wir ganz sicher noch nicht gelesen haben, nehmen, und uns einen Meditationssatz daraus suchen. Es handelt sich darum, daß wir uns nicht aus dem Unterbewußten und Unbewußten einen Satz heraufholen, der uns überwältigt. Das ist nicht überschaubar, weil sich alle möglichen Empfindungsreste und Gefühlsreste hineinmischen. Es handelt sich darum, daß es so überschaubar sein soll, wie ein Mathematiksatz überschaubar ist.

Nehmen wir etwas ganz Einfaches, den Satz: Im Lichte lebt die Weisheit. – Das ist zunächst gar nicht darauf zu prüfen, ob es wahr ist. Es ist ein Bild. Aber es kommt nicht darauf an, daß wir irgendwie mit dem Inhalte als solchem uns anders beschäftigen, sondern daß wir ihn innerlich seelisch überschauen, daß wir darauf ruhen mit dem Bewußtsein. Wir werden es anfangs nur zu einem sehr kurzen Ruhen mit dem Bewußtsein auf einem solchen Inhalte bringen. Immer länger und länger wird die Zeit werden.

Worauf kommt es denn an? Es kommt darauf an, daß wir den ganzen seelischen Menschen zusammennehmen, um all das, was in uns Denkkraft, Empfindungskraft ist, auf den einen Inhalt zu konzentrieren. Geradeso wie die Muskeln der Arme stark werden, wenn wir mit ihnen arbeiten, so verstärken sich die seelischen Kräfte dadurch, daß sie immer wieder und wieder auf einen Inhalt gerichtet werden. Möglichst sollte dieser eine Inhalt durch Monate, vielleicht durch Jahre derselbe bleiben. Denn die seelischen Kräfte müssen zur wirklichen übersinnlichen Forschung erst gestärkt, erkraftet werden.

Wenn man in dieser Weise fortübt, dann kommt der Tag, ich möchte sagen, der große Tag, an dem man eine ganz bestimmte Beobachtung macht, die Beobachtung, daß man allmählich in einer seelischen Tätigkeit ist, die ganz unabhängig vom Leibe ist. Und man merkt auch: Vorher war man mit allem Denken und Empfinden vom Leibe abhängig, mit dem Vorstellen vom Sinnes-Nervensystem, mit dem Fühlen vom Zirkulationssystem und so weiter; jetzt fühlt man sich in einer geistig-seelischen Tätigkeit, welche völlig unabhängig von jeder Leibestätigkeit ist. Und das merkt man daran, daß man nunmehr in die Lage kommt, etwas im Kopfe selber in Vibration zu versetzen, das vorher ganz unbewußt geblieben ist. Man macht nämlich jetzt eine merkwürdige Entdeckung. Man macht die Entdeckung, worin der Unterschied des Schlafens vom Wachen besteht. Dieser Unterschied besteht nämlich darin, daß wenn man wacht, etwas in dem ganzen menschlichen Organismus vibriert, nur nicht im Haupte: da ist dasselbe, was sonst im übrigen menschlichen Organismus in Bewegung ist, in Ruhe.

Um was es sich da handelt, werden wir besser einsehen, wenn ich Sie darauf aufmerksam mache, daß wir ja als Menschen nicht diese robusten, festen Körper sind, die wir gewöhnlich zu sein glauben. Wir bestehen nämlich zu 90 Prozent ungefähr aus Flüssigkeit, und die festen Bestandteile sind nur zu etwa 10 Prozent in diese Flüssigkeit eingetaucht, schwimmen da darinnen. So daß wir vom Festen im Menschen nicht anders als in einem unbestimmten Sinne sprechen können. Zu 90 Prozent sind wir, wenn ich so sagen darf, Wasser. Und zu einem gewissen Teile pulsiert in diesem Wasser Luft, und dann wiederum Wärme.

Wenn Sie sich so vorstellen, daß der Mensch, der zum geringen Teile ein fester Leib ist, zum großen Teile Wasser, Luft und die darinnen vibrierende Wärme, so werden Sie es auch nicht mehr so sehr unglaubhaft finden, daß da etwas noch Feineres in uns ist. Und dieses Feinere will ich jetzt den Ätherleib nennen. Dieser Ätherleib, der ist feiner als die Luft. Er ist so fein, daß er uns durchzieht, ohne daß wir im gewöhnlichen Leben etwas davon wissen. Dieser Ätherleib, der ist es, welcher im Wachen in innerlicher Bewegung ist, in einer regelmäßigen Bewegung im ganzen übrigen menschlichen Leib, nur nicht im Kopfe. Im Kopfe ist der Ätherleib innerlich ruhig.

Im Schlafe ist das anders. Das Schlafen beginnt damit – und dauert dann in der Art und Weise an –, daß der Ätherleib auch im Kopfe anfängt in Bewegung zu sein. So daß wir im Schlafe als ganzer Mensch, nach Kopf und übrigem Menschen, einen innerlich bewegten Ätherleib haben. Und wenn wir träumen, sagen wir, beim Aufwachen, dann ist es so, daß wir die letzten Bewegungen des Ätherleibes gerade im Aufwachen noch wahrnehmen. Die stellen sich uns als die Träume dar. Die letzten Kopf-Ätherbewegungen nehmen wir beim Aufwachen noch wahr; das heißt, beim schnellen Aufwachen kann das nicht der Fall sein.

Wer lange in der Weise, wie ich es angedeutet habe, meditiert, der kommt aber in die Lage, in den ruhigen Ätherleib des Kopfes allmählich Bilder hinein zu formen. Das nenne ich in dem Buche, das ich angeführt habe, Imaginationen. Und diese Imaginationen, die unabhängig vom physischen Leibe im Ätherleib erlebt werden, sind der erste übersinnliche Eindruck, den wir haben können. Er bringt uns dann in die Lage, ganz abzusehen von unserem physischen Leibe, und unser Leben bis zu der Geburt hin in seinem Handeln, in seiner Bewegung wie in einem Bilde anzuschauen. Was oftmals von den Leuten beschrieben wird, die im Wasser untersinken, am Ertrinken sind: daß sie ihr Leben rückwärtsschauend in bewegten Bildern sehen, das kann hier systematisch ausgebildet werden, so daß man alle Ergebnisse unseres gegenwärtigen Erdenlebens darinnen sehen kann.

Das erste, was die Initiationserkenntnis gibt, ist die Anschauung des eigenen seelischen Lebens. Das ist allerdings jetzt anders, als man es gewöhnlich vermutet. Gewöhnlich vermutet man in der Abstraktion dieses seelische Leben als etwas, das aus Vorstellungen gewoben ist. Wenn man es in seiner wahren Gestalt entdeckt, ist es etwas Schöpferisches, da ist es zugleich dasjenige, was in unserer Kindheit gewirkt hat, was unser Gehirn plastisch gebildet hat, was den übrigen Leib durchdringt und in ihm eine plastische, bildsame Tätigkeit bewirkt, indem es unser Wachen, sogar unsere Verdauungstätigkeit jeden Tag bewirkt.

Wir sehen dieses innerlich Tätige im Organismus als den Ätherleib des Menschen. Das ist kein räumlicher Leib, das ist ein zeitlicher Leib. Daher können Sie auch als Raumesform den Ätherleib nur beschreiben, wenn Sie sich bewußt sind, Sie tun dabei dasselbe, wie wenn Sie einen Blitz abmalen. Wenn Sie den Blitz abmalen, malen Sie natürlich einen Augenblick; Sie halten den Augenblick fest. Den menschlichen Ätherleib kann man auch nur so räumlich festhalten, daß das ein Augenblick ist. In Wirklichkeit haben wir einen physischen Raumesleib und einen Zeitleib, einen Ätherleib, der immer in Bewegung ist. Und es bekommt nur einen Sinn, von dem Ätherleib zu sprechen, wenn wir von diesem Zeitleib sprechen, den wir als Einheit überschauen bis zu unserer Geburt hin, von dem Augenblicke ab, wo wir in die Lage kommen, diese Entdeckung zu machen. Das ist das erste, was wir an übersinnlichen Anlagen in uns selbst zunächst entdecken können.

Was in der Entwickelung der Seele bewirkt wird durch solche Seelenvorgänge, wie ich sie geschildert habe, das zeigt sich vor allen Dingen an der ganzen Veränderung der Seelenstimmung, der Seelenverfassung desjenigen Menschen, der nach der Initiationserkenntnis hinstrebt. Ich bitte, mich nicht mißzuverstehen. Ich meine nicht, daß der zur Initiation Kommende nun plötzlich ein vollständig ausgewechselter, anderer Mensch wird. Im Gegenteil, die moderne Initiationserkenntnis muß den Menschen voll in der Welt drinnen stehenlassen, so daß er auch, wenn er zur Initiation kommt, sein Leben so fortzusetzen vermag, wie er es einmal begonnen hat. Aber für diejenigen Stunden und Augenblicke, in denen übersinnliche Forschung getrieben wird, ist der Mensch allerdings durch die Initiationserkenntnis ein anderer geworden, als er im gewöhnlichen Leben ist.

Vor allen Dingen möchte ich ein wichtiges Moment hervorheben, das die Initiationserkenntnis auszeichnet. Das ist dies, daß der Mensch immer mehr und mehr fühlt, je weiter er vordringt in dem Erleben des Übersinnlichen, wie ihm seine eigene Leiblichkeit entschwindet, das heißt mit Bezug auf das, woran diese Leiblichkeit im gewöhnlichen Leben beteiligt ist. Fragen wir uns einmal, wie unsere Urteile im Leben zustande kommen. Wir wachsen auf, entwickeln uns als Kind. Es setzt sich in unserem Leben Sympathie und Antipathie fest. Sympathie und Antipathie mit Naturerscheinungen, Sympathie und Antipathie vor allen Dingen mit anderen Menschen. An alledem ist unser Leib, ist unser Körper beteiligt. Wir legen selbstverständlich da hinein diese Sympathie und Antipathie, die zum großen Teil sogar in physischen Vorgängen unseres Leibes ihren Grund haben. In dem Augenblicke, in dem der zu Initiierende in die übersinnliche Welt aufsteigt, lebt er sich in eine Welt ein, worin ihm diese Sympathie und Antipathie, die mit der Körperlichkeit zusammenhängen, für das Verweilen im Übersinnlichen immer fremder und fremder werden. Er ist demjenigen entrückt, womit er durch seine Leiblichkeit zusammenhängt. Er muß, wenn er wiederum das gewöhnliche Leben aufnehmen will, sich gewissermaßen erst wieder hineinstecken in seine gewöhnlichen Sympathien und Antipathien, was sonst ja selbstverständlich geschieht. Wenn man des Morgens aufwacht, steckt man in seinem Leibe darinnen, entwickelt dieselbe Liebe zu den Dingen und Menschen, dieselbe Sympathie oder Antipathie, die man vorher gehabt hat. Das geschieht von selbst. Wenn man nun im Übersinnlichen verweilt und wiederum zu seinen Sympathien und Antipathien zurück will, dann muß man das mit Anstrengung tun, dann muß man gewissermaßen untertauchen in seine eigene Leiblichkeit. Dieses Entrücktwerden der eigenen Leiblichkeit, das ist eine der Erscheinungen, die zeigt, daß man wirklich etwas vorwärtsgekommen ist. Überhaupt ist das Auftreten von weitherzigen Sympathien und Antipathien, was dem Initiierten allmählich sich einverleibt.

In einem zeigt sich die Entwickelung zur Initiation hin ganz besonders stark; das ist in der Wirkung des Gedächtnisses, der Erinnerung während der Initiationserkenntnis. – Wir erleben uns im gewöhnlichen Leben. Unsere Erinnerung, unser Gedächtnis ist manchmal ein bißchen besser, manchmal ein bißchen schlechter, aber wir erwerben uns das Gedächtnis. Wir haben Erlebnisse; wir erinnern uns später an diese Erlebnisse. Mit dem, was wir in den übersinnlichen Welten erleben, ist es nicht so. Das können wir erleben in Größe, in Schönheit, in Bedeutsamkeit – wenn es erlebt worden ist, ist es vorbei. Und es muß wieder erlebt werden, wenn es wiederum vor der Seele stehen soll. Es prägt sich nicht im gewöhnlichen Sinne der Erinnerung ein. Es prägt sich nur dann der Erinnerung ein, wenn man erst mit aller Mühe das, was man im Übersinnlichen schaut, in Begriffe bringt, wenn man seinen Verstand mit hinüberschickt in die übersinnliche Welt. Das ist ganz schwierig. Man muß drüben nämlich geradeso denken, ohne daß einem der Leib bei diesem Denken hilft. Daher muß man vorher seine Begriffe gefestigt haben, muß vorher ein ordentlicher Logiker geworden sein, damit man diese Logik nicht immer vergißt, wenn man hineinsieht. Gerade die primitiven Hellseher können manches schauen, aber sie vergessen die Logik, wenn sie drüben sind. Und so ist es, daß gerade dann, wenn man übersinnliche Wahrheiten jemand anderem mitzuteilen hat, man diese Veränderung des Gedächtnisses in bezug auf übersinnliche Wahrheiten merkt. Und man sieht daran, wie unser physischer Leib daran beteiligt ist bei der Ausübung des Gedächtnisses, nicht beim Denken, aber bei der Ausübung des Gedächtnisses, das ja immer ins Übersinnliche hineinspielt.

Wenn ich etwas Persönliches sagen darf, so ist es das: wenn ich selbst Vorträge halte, so ist das anders, als man sonst Vorträge hält. Da wird aus der Erinnerung oftmals gesprochen; was man gelernt hat, was man gedacht hat, wird aus der Erinnerung oftmals entwickelt. Derjenige, der wirklich übersinnliche Wahrheiten entwickelt, der muß sie eigentlich immer in dem Momente, wo er sie entwickelt, erzeugen. So daß ich selber dreißig-, vierzig-, fünfzigmal denselben Vortrag halten kann, und er ist für mich nie derselbe. Das ist auch natürlich schon sonst der Fall, aber in erhöhtem Maße ist es der Fall, dieses Unabhängigsein vom Gedächtnis, dieses Hineintragen in ein inneres Leben, wenn eine innere Stufe des Gedächtnisses erreicht ist.

Was ich Ihnen jetzt erzählt habe von der Fähigkeit, in den Ätherleib seines Hauptes die Formen hineinzubringen, die einem dann möglich machen, den Zeitleib, den Ätherleib bis zu seiner Geburt hin zu durchschauen, das bringt schon überhaupt in eine ganz besondere Stimmung gegenüber dem Kosmos. Man verliert sozusagen seine eigene Leiblichkeit, aber man fühlt sich hineinlebend in den Kosmos. Das Bewußtsein dehnt sich gewissermaßen in der Weite des Äthers aus. Man schaut keine Pflanze mehr an, ohne daß man untertaucht in ihr Wachstum. Man verfolgt sie von der Wurzel bis zur Blüte. Man lebt in ihren Säften, in ihrem Blühen, in ihrem Fruchten. Man kann sich vertiefen in das Leben der Tiere nach ihrer Form, insbesondere aber in das Leben des anderen Menschen. Der leiseste Zug, der einem entgegentritt am anderen Menschen, führt einen sozusagen hinein in das ganze Seelenleben, so daß man fühlt, man ist jetzt nicht in sich, sondern man ist, während dieses übersinnlichen Erkennens, außer sich.

Aber man muß immer wieder – das ist notwendig – zurückkehren können, sonst ist man ein träger, nebuloser Mystiker, ein Schwärmer und kein Erkenner der übersinnlichen Welten. Man muß zu gleicher Zeit in den übersinnlichen Welten leben können und zu gleicher Zeit sich wiederum zurückversetzen können, so daß man fest auf seinen beiden Beinen stehen kann. Daher muß ich schon, wenn ich solche Dinge über die übersinnlichen Welten auseinandersetze, betonen, daß für mich eigentlich zu einem guten Philosophen noch mehr als die Logik, das gehört, daß man weiß, wie ein Schuh oder ein Rock genäht wird, daß man praktisch im Leben wirklich drinnensteht. Man sollte eigentlich nicht über das Leben denken, wenn man nicht praktisch im Leben wirklich drinnensteht. Das aber ist in einem noch erhöhten Maße der Fall für denjenigen, der übersinnliche Erkenntnisse sucht. Übersinnliche Erkenner können keine Träumer, keine Schwärmer werden, keine Menschen, die nicht auf beiden Beinen dastehen. Sonst verliert man sich, weil man ja tatsächlich außer sich kommen muß. Aber dieses Außer-sich-Kommen darf nicht dazu führen, daß man sich verliert. Aus einer solchen Erkenntnis, wie ich sie geschildert habe, ist das Buch geschrieben: «Geheimwissenschaft im Umriß.»

Dann aber handelt es sich darum, daß man in dieser übersinnlichen Erkenntnis weiterdringen kann. Das geschieht dadurch, daß man die Meditation jetzt weiter ausbildet. Man ruht zunächst mit der Meditation auf bestimmten Vorstellungen oder Vorstellungskomplexen und verstärkt dadurch das Seelenleben. Das genügt noch nicht, um völlig in die übersinnliche Welt hineinzukommen, sondern dazu ist notwendig, daß man sich auch noch darin übt, nicht nur auf Vorstellungen zu ruhen, nicht nur gewissermaßen die ganze Seele hin zu konzentrieren auf diese Vorstellungen, sondern sie immer nach Willkür auch aus dem Bewußtsein herauswerfen zu können. So wie im sinnlichen Leben man auf irgend etwas hin- und wieder wegschauen kann, so muß man lernen, in der übersinnlichen Entwickelung sich auf einen Seeleninhalt scharf zu konzentrieren und ihn wiederum aus der Seele herauswerfen zu können.

Das ist manchmal schon im gewöhnlichen Leben nicht leicht. Denken Sie, wie wenig der Mensch es in der Hand hat, seine Gedanken immer wieder wegzutreiben. Manchmal verfolgen Gedanken, namentlich wenn sie unangenehm sind, den Menschen tagelang. Er kann sie nicht wegwerfen. Es wird das aber noch viel schwieriger, wenn wir uns erst daran gewöhnt haben, uns auf den Gedanken zu konzentrieren. Ein Gedankeninhalt, auf den wir uns konzentriert haben, der beginnt uns zuletzt festzuhalten, und wir müssen alle Mühe aufwenden, ihn wieder wegzuschaffen. Wenn wir uns darin lange geübt haben, dann bringen wir uns dahin, diesen ganzen Rückblick auf das Leben bis zur Geburt hin, diesen ganzen Ätherleib, wie ich ihn nenne, diesen Zeitleib, auch wegzuschaffen, herauszuwerfen aus unserem Bewußtsein.

Das ist natürlich eine Entwickelungsstufe, zu der wir es bringen müssen. Wir müssen erst reif werden; durch Wegschaffen von meditierten Vorstellungen müssen wir uns die Kraft aneignen, diesen seelischen Koloß, diesen seelischen Riesen wegzuschaffen; der ganze furchtbare Haifisch unseres bisherigen Lebens zwischen unserem jetzigen Augenblick und der Geburt steht vor uns – den müssen wir wegschaffen. Schaffen wir den weg, dann tritt für uns etwas ein, was ich nennen möchte «wacheres Bewußtsein». Dann sind wir bloß wach, ohne daß in dem wachen Bewußtsein etwas darinnen ist. Aber das füllt sich jetzt. Geradeso wie einströmt in die Lunge die Luft, deren sie bedürftig ist, so strömt jetzt in das leere Bewußtsein, das auf die Weise, wie ich es geschildert habe, entstanden ist, die wirklich geistige Welt ein.

Das ist die Inspiration. Da strömt jetzt etwas ein, was nicht etwa ein feinerer Stoff ist, sondern was sich zum Stoffe verhält, wie sich zu dem Positiven das Negative verhält. Was das Entgegengesetzte des Stoffes ist, das strömt jetzt in die vom Äther frei gewordene Menschlichkeit herein. Das ist das Wichtige, daß wir gewahr werden können: Geist ist nicht nur ein noch feinerer, ein noch ätherischer gewordener Stoff; das ist nicht wahr. Wenn wir den Stoff das Positive nennen, dann müssen wir den Geist in bezug auf das Positive das Negative nennen. Es ist so, wie wenn ich, sagen wir, das große Vermögen von 5 Schilling im Portemonnaie habe. Ich gebe einen aus, dann habe ich noch 4; ich gebe noch einen aus, habe noch 3 und so weiter, bis ich keinen mehr habe. Dann kann ich Schulden machen. Wenn ich einen Schilling Schulden habe, habe ich weniger als keinen Schilling.

Wenn ich durch die Methode, die ich ausgebildet habe, den

Ätherleib weggeschafft habe, komme ich nicht in einen noch feineren Äther hinein, sondern in etwas, was dem Äther entgegengesetzt ist, wie die Schulden dem Vermögen. Und jetzt weiß ich erst aus Erfahrung, was Geist ist. Der Geist kommt durch Inspiration in einen herein, und das erste, was wir jetzt erleben, das ist dasjenige, was vor der Geburt beziehungsweise vor der Empfängnis mit unserer Seele und mit unserem Geiste in einer geistigen Welt war. Das ist das präexistente Leben unseres Seelisch-Geistigen. Vorher haben wir es im Äther geschaut bis zu unserer Geburt hin. Jetzt schauen wir über die Geburt beziehungsweise Empfängnis hinaus in die geistig-seelische Welt, und kommen dazu, uns wahrzunehmen, wie wir waren, bevor wir heruntergestiegen sind aus geistigen Welten und einen physischen Leib durch die Vererbungslinie angenommen haben.

Diese Dinge sind für die Initiationserkenntnis nicht philosophische Wahrheiten, die man erdenkt, sie sind Erfahrungen, aber Erfahrungen, die erst erworben werden müssen, indem man sich so für sie vorbereitet, wie ich es jetzt angedeutet habe. Und so ist das erste, was uns wird, indem wir in die geistige Welt eintreten, die Wahrheit von der Präexistenz der Menschenseele beziehungsweise des Menschengeistes, und wir lernen jetzt das Ewige unmittelbar anschauen.

Seit vielen Jahrhunderten hat die europäische Menschheit die Ewigkeit immer nur nach der einen Seite angesehen, nach der Seite der Unsterblichkeit. Sie hat immer nur gefragt: Was wird aus der Seele, wenn sie den Leib verläßt mit dem Tode? – Es ist das ja das egoistische Recht der Menschen, denn die Menschen interessieren sich dafür, was dann folgt, wenn der Tod eingetreten ist, aus egoistischen Gründen. Wir werden gleich nachher sehen, daß wir auch über die Unsterblichkeit sprechen können; aber zumeist wird über die Unsterblichkeit aus egoistischen Gründen gesprochen. Das, was vor der Geburt war, dafür interessieren sich die Menschen weniger. Sie sagen sich: Wir sind ja da. – Was vorhergegangen ist, hat nur einen Erkenntniswert. Aber einen wahren Erkenntniswert gewinnt man nicht, wenn man nicht seine Erkenntnis auf das richtet, was unser Dasein vor der Geburt beziehungsweise vor der Konzeption enthält.

Wir brauchen in den modernen Sprachen ein Wort, wodurch das Ewige erst vollständig wird. Wir sollten nicht nur von Unsterblichkeit reden, wir sollten auch – das wird etwas schwer zu übersetzen sein –, wir sollten auch von Ungeborenheit sprechen, denn die Ewigkeit besteht aus Unsterblichkeit und Ungeborenheit, und die Ungeborenheit entdeckt die Initiationserkenntnis vor der Unsterblichkeit.

Eine weitere Stufe der Entwickelung nach der übersinnlichen Welt hin kann dadurch erreicht werden, daß wir in unserer geistig-seelischen Betätigung noch weiter loszukommen suchen von der leiblichen Stütze. Das kann dadurch geschehen, daß wir nun die Übungen der Meditation und Konzentration mehr hinüberlenken nach Willensübungen.

Nun möchte ich Ihnen eine einfache Willensübung als konkretes Beispiel vor die Seele führen, an der Sie das Prinzip, das hier in Betracht kommt, studieren können. – Wir sind im gewöhnlichen Leben daran gewöhnt, mit dem Verlauf der Welt zu denken. Wir lassen die Dinge, wie sie geschehen, an uns herantreten. Das, was früher an uns herantrat, denken wir früher, was später an uns herantrat, denken wir später. Und selbst wenn wir in dem mehr logischen Denken nicht mit dem zeitlichen Verlauf mitdenken, so ist doch im Hintergrunde die Bemühung vorhanden, uns an den äußeren, wirklichen Verlauf der Tatsache zu halten. Um uns im geistig-seelischen Kräfteverhältnisse zu üben, müssen wir loskommen von dem äußerlichen Verlauf der Dinge. Und da ist eine gute Übung, die zugleich eine Willensübung ist, diese, wenn wir versuchen unsere Tageserlebnisse, wie wir sie vom Morgen bis zum Abend erleben, eben nicht vom Morgen bis zum Abend, sondern vom Abend zum Morgen hin rückwärts durchzudenken, und dabei möglichst auf die Einzelheiten einzugehen.

Nehmen wir an, wir kommen bei einer solchen Rückschau auf das Tagesleben dazu: wir gingen eine Treppe hinan. Wir stellen uns vor, wir sind zuerst oben, dann auf der letzten, vorletzten Stufe und so weiter. Wir gehen umgekehrt herunter. – Wir werden anfangs nur in der Lage sein, uns Episoden vom Tagesleben auf diese Weise rückwärts vorzustellen, etwa von sechs bis drei, von zwölf bis neun Uhr und so weiter, bis zum Momente des Aufwachens. Aber wir werden uns allmählich eine Art Technik aneignen, durch die wir in der Tat wie in einem rückwärts gewendeten Tableau am Abend oder am nächsten Morgen in der Lage sind, das Tagesleben oder das vorherige

Tagesleben vor unserer Seele in Bildern nach rückwärts vorüberziehen zu lassen. Wenn wir in der Lage sind – und darauf kommt es an –, mit unserem Denken ganz loszukommen von der Art, wie die Wirklichkeit verläuft, dreidimensional, dann werden wir sehen, wie eine ganz ungeheure Verstärkung unseres Willens eintritt. Wir werden das auch erreichen, wenn wir in die Lage kommen, eine Melodie umgekehrt zu empfinden, oder wenn wir uns ein Drama von fünf Akten vorstellen, rückwärts verlaufend vom fünften, vierten Akt und so weiter zum ersten. Durch alle diese Mittel stärken wir den Willen, indem wir ihn innerlich erkraften und äußerlich losreißen von seinem sinnlichen Gebundensein an die Ereignisse.

Dazu können solche Übungen treten, wie ich sie schon in früheren Vorträgen angedeutet habe, daß wir uns anschauen, wie wir die eine oder die andere Gewohnheit haben. Wir nehmen uns fest vor und wenden eisernen Willen an, um in ein paar Jahren in dieser Richtung eine andere Gewohnheit angenommen zu haben. Ich erwähne zum Beispiel nur, daß jeder Mensch in der Schrift etwas hat, was man den Charakter derselben nennt. Wenn wir uns mit eisernem Willen anstrengen, eine andere Schrift zu bekommen, die gar nicht mehr der früheren ähnlich ist, so gehört dazu eine innere starke Kraft. Nur muß uns dann die zweite Schrift ebenso habituell, ebenso geläufig werden wie die erste. Das ist nur eine Kleinigkeit; so gibt es vieles, wodurch wir die ganze Grundrichtung unseres Willens durch unsere eigene Energie ändern können. Dadurch bringen wir es allmählich dahin, nun nicht nur die geistige Welt als Inspiration in uns hereinzubekommen, sondern wirklich mit unserem, vom Leibe frei gewordenen Geiste in die anderen geistigen Wesen, die außer uns sind, unterzutauchen. Denn wirkliches geistiges Erkennen ist ein Untertauchen in Wesenheiten, die ja geistig um uns sind, wenn wir physische Dinge anschauen. Wenn wir Geistiges erkennen wollen, müssen wir erstens aus uns heraus. Das habe ich geschildert. Dann aber müssen wir uns auch die Fähigkeit aneignen, uns wiederum in die Dinge, nämlich in die geistigen Dinge und Wesenheiten hineinzuversenken.

Das können wir nur, nachdem wir auch solche Initiationsübungen gemacht haben, wie ich sie eben jetzt beschrieben habe, wo wir in der Tat gar nicht mehr gestört werden durch unseren eigenen Körper, sondern wo wir in das Geistige der Dinge untertauchen können; wo uns auch nicht mehr die Farben der Pflanzen erscheinen, sondern wo wir in die Farben der Pflanzen selber hineintauchen, wo wir auch nicht mehr die Pflanzen gefärbt, sondern sich färben sehen. Indem wir wissen, daß die Zichorie, die am Wege wächst, nicht nur blau ist, wenn wir sie anschauen, sondern daß wir in die Blüte innerlich untertauchen können, so daß wir das Blauwerden mitmachen, stehen wir intuitiv in diesem Prozesse drinnen, und dann können wir, von da ausgehend, unsere geistige Erkenntnis immer mehr und mehr ausdehnen.

Daß wir wirklich vorwärtsgekommen sind mit solchen Übungen, können wir dann an einzelnen Symptomen sehen. Ich möchte zwei anführen, aber es gibt viele. Das erste besteht darin, daß wir über die moralische Welt ganz andere Anschauungen bekommen, als wir sie vorher haben. Die moralische Welt hat für den reinen Intellektualismus etwas Unreales. Gewiß, der Mensch fühlt sich verpflichtet, wenn er noch anständig geblieben ist innerhalb der materialistischen Zeit, das, was althergebrachtes Gutes ist, pflichtgemäß zu tun, aber er denkt doch, wenn er es sich auch nicht gesteht: damit, daß man das Gute getan hat, ist nicht so etwas geschehen, wie wenn ein Blitz durch den Raum fährt oder ein Donner durch den Raum rollt. An Reales in solchem Sinne denkt er nicht. Wenn man sich in die geistige Welt hineinlebt, wird man gewahr, daß die moralische Weltordnung nicht nur eine solche Realität hat wie die physische, sondern daß sie eine höhere Realität hat. Man lernt allmählich verstehen, daß diese ganze Zeit mit ihren physischen Ingredienzen und Vorgängen zugrunde gehen kann, sich auflösen kann; aber das, was moralisch aus uns fließt, besteht fort in seinen Wirkungen. Die Realität der moralischen Welt geht uns auf. Und physische und moralische Welt, Sein und Werden, das wird Eines. Wir erleben wirklich, daß die Welt auch moralische Gesetze als objektive Gesetze hat.

Das steigert die Verantwortlichkeit gegenüber der Welt. Das gibt uns überhaupt ein ganz anderes Bewußtsein, ein Bewußtsein, das die moderne Menschheit gar sehr braucht. Diese moderne Menschheit, die hinschaut auf den Erdenanfang, wie die Erde sich herausgebildet hat aus einem Urnebel, wie da aufgestiegen ist aus diesem Urnebel das Leben, der Mensch, und aus diesem heraus wie eine Art Fata Morgana die Ideenwelt; diese

Menschheit, die hinschaut auf den Wärmetod, so daß alles, worin die Menschheit lebt, wiederum untergetaucht wird in ein großes Gräberfeld: diese Menschheit braucht die Erkenntnis von der moralischen Weltordnung. Sie wird im Grunde genommen durch spirituelle Erkenntnis voll errungen. Das kann ich nur andeuten.

Das andere aber ist, daß man nicht zu diesem intuitiven Erkennen, zu diesem Untertauchen in die äußeren Dinge kommen kann, ohne daß man durch ein gesteigertes Leiden, durch gesteigerten Schmerz durchgegangen ist, gesteigert gegenüber demjenigen Schmerz, den ich schon früher bei der imaginativen Erkenntnis charakterisieren mußte, indem ich sagte, daß man sich ja mit Mühe erst wiederum hineinfinden muß in seine Sympathien und Antipathien, was eigentlich immer, wenn es geschehen muß, Schmerz macht. Jetzt wird der Schmerz zu einem kosmischen Miterleben alles Leidens, das auf dem Grunde des Daseins liegt.

Man kann leicht sagen, warum die Götter oder Gott das Leiden schaffen. Das Leiden muß da sein, wenn sich die Welt in ihrer Schönheit aus dem Leiden erheben soll. Daß wir Augen haben – ich will mich populär ausdrücken –, rührt nur davon her, daß zuerst in einem noch undifferenzierten Organismus gewissermaßen ausgegraben worden ist dasjenige an Organischem, was zur Sehkraft geführt hat, was dann umgewandelt zum Auge geführt hat. Würden wir heute noch die kleinen, unbedeutendsten Prozesse wahrnehmen, die in unserer Netzhaut beim Sehen vor sich gehen, so würden wir wahrnehmen, daß selbst das ein auf dem Grunde des Daseins ruhender Schmerz ist. Auf dem Grunde des Leidens ruht alle Schönheit, Schönheit kann sich nur aus dem Schmerz heraus entwickeln. Diesen Schmerz, dieses Leiden, man muß es fühlen können. Nur dadurch kann man sich wirklich hineinfinden in die übersinnliche Welt, daß man durch Schmerz hindurchgeht. Das kann man schon in einem minderen Grade auf einer niederen Stufe der Erkenntnis sagen. Jeder, der sich ein wenig Erkenntnis erworben hat, wird ein Geständnis machen können, er wird sagen: für das, was ich Glückliches, Erfreuliches im Leben gehabt habe, bin ich meinem Schicksal dankbar. Meine Erkenntnisse aber habe ich nur durch meine Schmerzen, nur durch meine Leiden errungen.

Fühlt man das schon im Anfange niederer Erkenntnis gegenüber, so kann man es durchleben, indem man sich überwindet, indem man sich durch den Schmerz, der als kosmischer Schmerz gefühlt wird, hindurchwindet zum neutralen Erleben im geistigen Kosmos. Man muß sich zum Miterleben des Geschehens und Wesens aller Dinge hindurcharbeiten; dann ist die intuitive Erkenntnis da. Dann ist man aber auch vollständig in einem erkennenden Erleben drinnen, das nicht mehr an den Leib gebunden ist, das frei zurückkehren kann zum Leibe, um wiederum in der sinnlichen Welt zu sein bis zum Tode, das aber jetzt voll weiß, was es heißt, real sein, geistig-seelisch wirklich sein außerhalb des Leibes.

Hat man das begriffen, dann hat man ein Erkenntnisbild desjenigen, was geschieht, wenn man im Tode den physischen Leib verläßt, dann weiß man, was es heißt, durch die Pforte des Todes gehen. Die Realität, die einem entgegentritt, daß das Geistig-Seelische in eine geistig-seelische Welt übertritt, wenn es den Leib zurückläßt, das erlebt man erkennend vor, wenn man bis zur intuitiven Erkenntnis aufgestiegen ist, das heißt, wenn man weiß, wie es ist in der Welt, wenn man keinen Leib hat, der einem zur Stütze dient. Man kehrt dann mit dieser Erkenntnis, wenn man sie zum Begriffe gebracht hat, wiederum in den Leib zurück. Aber das Wesentliche ist, daß man auch ohne den Leib leben lernt, und damit sich auch eine Erkenntnis erwirbt, wie es ist, wenn man einmal den Leib nicht mehr brauchen kann, wenn man ihn ablegt mit dem Tode und übertritt in eine geistig-seelische Welt.

Wieder ist es nicht eine philosophische Spekulation, die von der Initiationserkenntnis über die Unsterblichkeit gegeben wird, sondern es ist eine Erfahrung, die, ich möchte sagen, eine Vorerfahrung, ein Vorerlebnis ist. Man weiß, wie es dann sein wird. Man erlebt nicht die volle Realität, aber man erlebt ein reales Bild, das sich in einer gewissen Weise deckt mit der vollen Realität des Sterbens. Man erlebt die Unsterblichkeit. Es ist also auch in dieser Beziehung ein Erlebnis, das hereingeholt wird in die Erkenntnis.

Nun habe ich versucht, Ihnen zu schildern, wie man aufsteigt durch Imagination zur Inspiration und Intuition, und wie man dadurch zunächst sich selbst als Menschen in seiner vollen Realität kennenlernt. Im Leibe lernt man sich erkennen solange man eben im Leibe ist. Mit dem Geistig-Seelischen frei werden muß man vom Leibe, dann löst man erst den ganzen Menschen. Denn was man erkennt durch den Leib, durch seine Sinne, durch das, was sich anschließt an die Sinneserfahrungen als Denken, und was für das gewöhnliche Denken doch an den Leib, nämlich an das Sinnes-Nervensystem gebunden ist: mit dem lernt man nur ein Glied des Menschen kennen. Den ganzen vollen Menschen lernt man nur erkennen, wenn man den Willen hat, aufzusteigen zu denjenigen Erkenntnissen, die eben aus der Initiationswissenschaft kommen. Noch einmal möchte ich betonen: sind die Dinge erforscht, dann kann jeder, wenn er mit unbefangenem Sinn an sie herangeht, sie mit dem gewöhnlichen gesunden Menschenverstand einsehen. Ebenso wie man das, was die Astronomen, was die Biologen über die Welt sagen, mit dem gesunden Menschenverstand nachprüfen kann. Und man wird dann finden, daß dieses Nachprüfen die erste Stufe der Initiationserkenntnis ist. Man muß zuerst, weil der Mensch nicht auf Unwahrheit und Irrtum, sondern auf Wahrheit angelegt ist, einen Wahrheitseindruck haben von der Initiationserkenntnis, dann wird man, soweit es das Schicksal möglich macht, schon in diesem Erdenleben immer weiter in die geistige Welt eindringen können. Es muß sich auch in der neueren Zeit, und zwar in einer höheren Weise erfüllen, was über dem griechischen Tempel als Aufforderung stand: «Mensch, erkenne dich selbst!» Damit war gewiß nicht gemeint ein Hineintreten in das menschliche Innere, sondern eine Aufforderung, zu forschen nach der menschlichen Wesenheit: dem Leib; nach dem Wesen der Unsterblichkeit, nach dem Wesen der Ungeborenheit: unsterblicher Geist, und nach der Vermittlung zwischen der Erde, dem Zeitlichen und dem Geiste: Seelisches. Denn der wahre, der wirkliche Mensch besteht aus Leib, Seele und Geist. Den Leib kann der Leib, die Seele kann die Seele, den Geist kann nur der Geist erkennen. Daher muß versucht werden, selber den Geist in sich als tätig zu finden, damit der Geist auch in der Welt erkannt werden kann.

FÜNFTER VORTRAG

Wie sich der Zahnwechsel beim Kinde um das 7. Jahr herum allmählich vollzieht, so ist das auch in einem noch höheren Grade mit dem großen Umschwung im körperlichen, seelischen und geistigen Organismus, von dem ich in dieser Darstellung gesprochen habe. Und daher muß auch bei Erziehung und Unterricht darauf Rücksicht genommen werden, daß das Kind aus einem nachahmenden Wesen allmählich ein solches wird, das auf die Autorität des Erziehenden, des Unterrichtenden hin sich heranbildet. Deshalb darf auch nicht ein schroffer Übergang gemacht werden in der Behandlung des Kindes um das 7. Jahr herum, also in dem Lebensalter, in dem man es zum Erziehen in die elementare Schule bekommt. Das weiter hier über den Anfang der Erziehung in der Elementarschule Gesagte muß in diesem Sinne aufgefaßt werden.

In der Erziehungskunst, von der hier die Rede ist, soll alles darauf angelegt sein, dasjenige in seiner Entwickelung zu pflegen, was im Kinde veranlagt ist. Daher muß aller Unterricht in den Dienst der Erziehung gestellt sein. Eigentlich erzieht man, und den Unterricht benützt man gewissermaßen, um zu erziehen.

Das hier vertretene Erziehungsprinzip erfordert, daß das Kind im richtigen Lebensalter die richtige Orientierung im Leben ausbildet. Allein das ist nur in befriedigender Weise möglich, wenn man das Kind nicht von vornherein zu etwas Unnatürlichem in seiner Betätigung veranlaßt.

Es ist aber in einem gewissen Sinne etwas durchaus Unnatürliches, wenn man in der gegenwärtigen Zeit auf einer vorgerückten Zivilisationsstufe der Menschheit das Kind in seinem 6. oder 7. Lebensjahre unmittelbar veranlaßt, die Formen der Lesezeichen und des Schreibens nachzubilden, die üblich sind.

Wenn man dasjenige in Betracht zieht, was man heute als Buchstaben hat für das Lesen und Schreiben, so muß man sich sagen, daß kein Zusammenhang besteht zwischen demjenigen, was das Kind in seinem 7. Jahre aus seiner Veranlagung heraus gestalten will, und diesen Buchstaben. Man bedenke, daß die Menschheit, als sie angefangen hat zu schreiben, sich malerischer Zeichen bedient hat, die eine Sache oder einen Vorgang der Außenwelt nachahmten; oder es wurde aus dem Willen heraus geschrieben so, daß die Schriftformen Willensvorgänge zum Ausdruck brachten, wie zum Beispiel bei der Keilschrift. Aus dem, was als Bilderschrift entstanden ist, entwickelten sich erst die ganz abstrakten Buchstabenformen, auf die heute das Auge geheftet wird oder die aus der schreibenden Hand heraus sich formen.

Bringen wir dem ganz jungen Kinde diese Buchstaben bei, so fügen wir ihm etwas ganz Fremdes zu, was gar nicht seiner Natur entspricht. Wir müssen uns aber klar sein darüber, was das bedeutet, wenn wir etwas Fremdes in das Kind, in den ganzen kindlichen Organismus einfach hineinschieben. Es ist so, wie wenn wir das Kind frühzeitig daran gewöhnen würden, ganz enge Kleider zu tragen, die ihm nicht passen, und die dann seinen Organismus ruinieren. Heute, wo man, ich möchte sagen, nur oberflächlich beobachtet, sieht man eben nicht ein, was im späteren Alter an Hemmungen im eigenen Organismus da ist, einfach aus dem Grunde, weil man in falscher Weise mit dem Lesen und Schreiben an das Kind herangekommen ist.

Erziehungskunst, die auf Menschenerkenntnis beruht, geht so vor, daß sie wirklich alles aus dem Kinde heraus entwickelt, nicht bloß sagt, es soll die Individualität entwickelt werden, sondern es auch wirklich tut. Das erreicht man dadurch, daß man zunächst überhaupt nicht vom Lesen ausgeht. Das Kind geht auch vom Zappeln aus, von Willensäußerungen, nicht vom Anschauen. Das Anschauen kommt erst später. Und so ist es nötig, nicht vom Lesen auszugehen, sondern vom Schreiben, aber das Schreiben auch so zu betreiben, daß es aus der ganzen Menschenwesenheit als etwas Selbstverständliches heraus kommt. Daher beginnen wir mit dem Schreibunterricht, nicht mit dem Leseunterricht, und versuchen allmählich dasjenige, was das Kind in der Nachahmung selber entwickeln will durch seinen Willen, durch seine Hände, auch hinzuleiten zum Schreiben.

Ich möchte es Ihnen anschaulich machen an einem Beispiel. Denken Sie sich, wir veranlassen das Kind dazu, das Wort «Fisch» zu sagen, und indem wir es dazu veranlassen, das Wort zu sagen, versuchen wir, mit ganz einfachen Linien die Form des Fisches ihm vor Augen zu führen, etwa so (es wird gezeichnet), daß wir in einfacher Weise so etwas dem Kinde vormalen, was die Form des Fisches imitiert, und dann auch versuchen, das von dem Kinde nachmalen zu lassen. Und dann bringen wir das Kind dazu, zu empfinden vom Wort «Fisch», das F. Vom «Fisch» gehen wir über zu F, und wir haben aus der Form des Fisches die Möglichkeit, nach und nach das F zu gestalten. Wir lassen also künstlerisch aus demjenigen, was aus der Anschauung in den Willen hineingeht, die Buchstabenform entstehen.

Auf diese Weise bringen wir nicht ein fremdes F; das ist ein Dämon für das Kind, das ist etwas, was als ganz Fremdes in seinen Leib hineingestopft wird; wir bringen dasjenige, was das Kinde auf dem Markte gesehen hat, aus dem Kind heraus. Wir verwandeln das nach und nach in das F.

Wir kommen dadurch nahe der Entstehung der Schrift, denn so, in ähnlicher Weise, ist auch die Schrift entstanden. Aber es ist nicht nötig, daß der Lehrer antiquarische Studien macht und gleichsam wiederholt dasjenige, wie die Bilderschrift entstanden ist, um nun wiederum das dem Kinde beizubringen. Das, um was es sich handelt, ist, eine lebendige Phantasie walten zu lassen, und das heute noch entstehen zu lassen, was vom Gegenstand, vom unmittelbaren Leben in die Buchstabenformen hineinführt. Sie werden da jede mögliche Gelegenheit haben, dem Kinde Buchstabenformen aus dem Leben heraus abzuleiten. Lassen Sie es M sprechen, lassen Sie es fühlen, wie das M auf den Lippen vibriert, und versuchen Sie ihm dann die Form der Lippe als Form beizubringen, dann werden Sie von dem M, das auf der Lippe vibriert, übergehen können nach und nach zu dem Zeichen M.

Und so werden Sie, wenn Sie nicht intellektualistisch, sondern spirituell, imaginativ vorzugehen versuchen, alles aus dem Kinde herausholen können, was nach und nach dazu führt, daß das Kind schreiben lernt. Es lernt langsamer schreiben, als es heute oftmals schreiben lernt. Aber wenn dann die Eltern kommen und sagen: Mein Kind ist 8 Jahre alt, 9 Jahre alt, und kann noch nicht gut schreiben! – so müssen wir ihnen immer sagen: Alles dasjenige, was langsamer gelernt wird in einem gewissen Lebensalter, das lebt sich sicherer und gesunder in den Lebensorganismus hinein, als was hineingepfropft wird.

Wichtig ist dabei, daß auf diese Weise durchaus auch die Individualität des Lehrers zum Ausdrucke kommt. Da wir in der Waldorfschule schon viele Schüler haben, mußten wir Parallelklassen errichten, wir haben zwei 1. Klassen, zwei 2. und so weiter. Sie können, wenn Sie in die eine 1. Klasse kommen, sehen, wie da der Schreibunterricht aus dem Malen, aus dem Zeichnen herausgeholt wird, Sie können da sehen, wie die Lehrkraft das in einer gewissen Weise macht. Sagen wir, in der einen Klasse finden Sie, daß das gerade so gemacht wird, wie hier jetzt gezeigt worden ist. Sie gehen in die andere Klasse, in die 1. Klasse B hinein; Sie finden eine andere Lehrkraft; da wird derselbe Unterricht erteilt, Sie sehen aber etwas ganz anderes. Sie sehen, daß da die Lehrkraft die Kinder in einer Art eurythmischer Bewegung herumlaufen läßt, aus der eigenen Körperbewegung heraus die Form entstehen läßt. Und dasjenige, was das Kind abläuft, das wird dann als Buchstabe fixiert. Und so ist eine dritte Art, eine vierte Art und so weiter möglich. Sie können denselben Unterricht in den verschiedenen Parallelklassen in der verschiedensten Weise erteilt sehen. Warum? Ja, weil es nicht gleichgültig ist, ob eine Lehrkraft mit diesem Temperament und eine andere Lehrkraft mit einem anderen Temperament den Unterricht erteilt. Nur dann, wenn der richtige Kontakt ist zwischen der Lehrkraft und der ganzen Klasse, kann der Unterricht heilsam sein. Daher muß jede Lehrkraft so, wie es ihr entspricht, den Unterricht erteilen. Aber so, wie das Leben in den verschiedensten Formen erscheinen kann, so kann auch ein Unterricht, eine Erziehung, die auf das Leben gebaut ist, in den verschiedensten Formen erscheinen.

Wenn man pädagogische Grundsätze aufstellt, dann verlangt man, sie sollen befolgt werden. Man schreibt sie in ein Buch.

Und derjenige ist ein guter Lehrer, der diese Grundsätze: 1, 2, 3 und so weiter befolgt. Nun, ich bin ganz davon überzeugt, wenn sich heute 12 oder sonst eine Anzahl von Menschen eben zusammensetzen – die Menschen sind heute alle furchtbar gescheit und klug –, sie bringen das wunderbarste Programm zusammen über dasjenige, was in der Erziehung geschehen soll: 1., 2., 3. und so weiter. Ich spreche nicht Hohn aus, ich meine das wirklich; man kann in abstrakten Grundsätzen das Wunderbarste ausdenken. Aber ob man dieses, was man ausgedacht hat, auch verwirklichen kann, das ist eine ganz andere Frage. Da kommt es auf das Leben an. Und beim Leben – ich frage Sie, in Ihnen allen ist Leben, Sie sind alle Menschen, aber Sie sehen doch alle anders aus. Keiner gleicht aufs Haar dem anderen. Das Leben vermannigfaltigt sich in der mannigfaltigsten Gestalt. Jeder trägt ein anderes Antlitz. Wenn man abstrakte Grundsätze aufstellt, geht man in die Schulklasse hinein, und überall möchte man wünschen, daß dasselbe gemacht werde. Wenn man aus dem Leben heraus Grundsätze aufstellt, weiß man, wie das Leben mannigfaltig ist, wie sich das eine in der allerverschiedensten Weise verwirklicht. Denn selbst die Neger müssen wir als Menschen ansehen, und in ihnen ist ja die menschliche Gestalt in einer ganz anderen Weise verwirklicht als in uns, zum Beispiel. Und so handelt es sich darum, daß jede Art von Pedanterie, aber auch jede Art von Schematismus ferngehalten werden muß, wenn Erziehungskunst als etwas Lebendiges aufgefaßt wird, was eben dadurch unterstützt wird, daß die Erziehungskunst zu einer wirklichen Kunst gemacht wird, der Lehrer zu einem Künstler gemacht wird. So sind wir in der Waldorfschule in der Lage, aus dem Künstlerischen heraus das Schreiben zu lehren. Dann läßt sich das Lesen nachher wie von selbst lernen. Es kommt etwas später als gewöhnlich, aber es läßt sich wie von selbst lernen.

Ist man unmittelbar so darinnen – und ich werde in den nächsten Tagen etwas von den Malereien unserer Kinder in der Waldorfschule zu zeigen haben –, ist man so darinnen, einerseits das bildnerische Element an das Kind heranzubringen, so handelt es sich für uns darum, nun auch möglichst früh das musikalische Element im Unterricht zu verwerten. Denn das musikalische Element, namentlich wenn weniger auf das Inhaltliche der Musik, als auf Rhythmus und Takt, und das Erfühlen von

Rhythmus und Takt gesehen wird, wird eine gute Grundlage für die Stärke, für die Energie des Willens geben, namentlich wenn es im Beginne der Elementarschule schon in der richtigen Weise gepflegt wird. Und ich habe in der Einleitung zu der Eurythmievorstellung ja gesagt, daß wir auch die Eurythmie im Kindesunterricht einführen. Davon, gerade von der Eurythmie im Unterrichte, werde ich noch in einem späteren Vortrage zu sprechen haben. Zunächst wollte ich dieses mehr im einzelnen zeigen, wie der erste Unterricht als Erziehung herausgeholt wird auf künstlerische Weise, aus der Natur des Menschen selbst.

Wir müssen berücksichtigen, daß das Kind in der ersten Zeit seiner Lebensepoche zwischen dem Zahnwechsel und der Geschlechtsreife vor allen Dingen noch nicht unterscheiden kann zwischen dem, was innerlich Mensch ist und demjenigen, was äußerlich Umgebung, Natur ist. Beides wächst noch für das Kind bis zum 9., 10. Jahre in eines zusammen. Das Kind fühlt innerlich dieses oder jenes. Es schaut äußerlich, sagen wir, einen Vorgang, die Sonne aufgehen oder dergleichen. Dieselben Kräfte, die es in sich vermutet, wenn ihm Unlust, Schmerz bereitet wird, vermutet es auch in Sonne und Mond, in Baum und Pflanze. Wir sollen dem Kinde das nicht ausreden. Wir sollen uns hineinversetzen in das kindliche Lebensalter, und ebenso in der Erziehung vor dem 9. Jahre alles behandeln, wie wenn eine Grenze noch nicht gezogen wäre zwischen dem Menschen-Inneren und dem Natur-Außen. Das können wir nur, wenn wir den Unterricht möglichst bildhaft gestalten, wenn wir die Pflanzen menschlich handeln lassen, sie mit der anderen Pflanze menschlich sprechen lassen, wenn wir die Sonne mit dem Mond sprechen lassen, wenn wir überall hinein das Menschliche versetzen. Man hat heute eine wahre Scheu vor dem sogenannten Anthropomorphismus. Aber dasjenige Kind, das den Anthropomorphismus in seinem Verhältnis zu der Umwelt nicht erlebt hat, dem fehlt ein Teil vom Menschsein im späteren Alter, und der Lehrer muß eine Neigung haben, sich nun auch so in die ganze Umgebung lebendig geistig-seelisch hineinzuversetzen, daß das Kind durchaus mitgehen kann vermöge dessen, was in ihm vorhanden ist.

Das allerdings setzt voraus, daß für den Lehrer ungeheuer viel geschehen ist, bevor er die Klasse betritt. Auf die Vorbereitung, die der Lehrer zu leisten hat, wird große Anforderung gestellt unter dem Einfluß des Erziehungsprinzipes, von dem wir gesprochen haben. Man muß möglichst viel vorher tun als Lehrer, um nachher möglichst die Zeit ausnützen zu können, in der man in der Klasse ist. Das lernt sich auch für den Lehrer nur langsam und allmählich. Und nur durch dieses langsame und allmähliche Lernen gelangt man dahin, die Individualität des Kindes wirklich zu berücksichtigen.

Vielleicht darf ich dafür ein persönliches Beispiel anführen. Ich habe mich ja, bevor ich mich mit der Waldorfschule zu befassen hatte, lange Zeit früher mit allerlei Erziehungen befassen müssen. So wurde mir einmal, als ich selber noch jung war, ein Knabe zur Erziehung übertragen, der gegen sein 11. Jahr hin im Grunde genommen noch ganz unentwickelt war. Er hatte noch gar nichts gelernt. Als Probe für dasjenige, was er gelernt hatte, wurde mir ein Schulheft gegeben, in dem gezeigt wurde, was der Knabe beim letzten Examen, zu dem man ihn getrieben hatte, geleistet hatte. Darinnen war nur zu sehen ein großes Loch, das er mit dem Radiergummi ausradiert hatte, sonst nichts. Dabei hatte der Knabe wirklich pathologische Lebensgewohnheiten. Die ganze Familie, die nicht darauf angelegt war, den Knaben dem Handwerk zu übergeben – das mag ein Vorurteil sein, aber mit diesen Vorurteilen hat man ja natürlich im sozialen Leben zu rechnen –, die ganze Familie war unglücklich. Der Hausarzt war sich klar, aus dem Knaben könne nichts werden. Nun, ich bekam vier Kinder in dieser Familie zu erziehen. Die übrigen waren normal – diesen Knaben sollte ich miterziehen. Ich sagte: Ich werde den Versuch machen. Versprechen, daß dies oder jenes geschehe, kann man in einem solchen Falle ja nicht, aber es wird alles getan werden, was getan werden kann, nur muß man mir die Erziehung ganz vollständig in Freiheit überlassen. Allein die Mutter hatte ein Verständnis für diese Freiheit, die ich beanspruchte, so daß sogar der ganze Unterricht durchgekämpft werden mußte gegen die übrige Familie, außer der Mutter. Ich bekam aber schließlich den Unterricht. Und ich hatte nun nötig, möglichst wenig Zeit unmittelbar auf den Unterricht bei dem Knaben zu verwenden. Sagen wir, wenn ich etwa eine halbe Stunde unterrichtlich mich mit dem Knaben beschäftigen sollte, mußte ich mich drei Stunden vorher beschäftigen, um möglichst ökonomisch viel in den Unterricht hineinzuschieben. Ich mußte aber außerdem genau berechnen, in welche Tageszeit der Musikunterricht zum Beispiel geschoben wurde. Wenn das Kind überanstrengt wurde, wurde es gleich blaß, und man sah, wie seine Gesundheit herunterging. Aber, indem man die ganze pathologische Eigentümlichkeit des Kindes verstand, indem man wußte, was da auf die Hydrocephalie zu schieben war, war es möglich, nicht nur das Seelische des Kindes zu fördern, sondern es so weit vorwärts zu bringen, daß der Knabe nach einem und einem halben Jahre, nachdem er vorher nichts anderes gekonnt hatte, als ein großes Loch ausradieren in seinem Schulheft, das Gymnasium besuchen konnte. Und ich konnte ihm noch durch die Gymnasialklassen helfen, konnte ihn verfolgen bis ziemlich zum Ende des Gymnasiums. Unter dem Einflusse dieser Erziehung, dadurch also, daß man spirituell die Sache leitete, wurde der Kopf kleiner. Ich weiß, daß der Arzt vielleicht sagen wird: Der Kopf wäre auch so kleiner geworden. Gewiß, aber im Kleinerwerden mußte das Richtige seelisch und geistig geschehen. Der Betreffende ist dann ein ganz tüchtiger Arzt geworden. Er ist während des Krieges dann in seiner ärztlichen Tätigkeit gestorben, aber erst, nachdem er schon das 40. Jahr nahezu erreicht hatte.

Es handelte sich eben da ganz besonders darum, durch eine genügende Vorbereitung für das Erziehen die Ökonomie des Unterrichts zu erreichen. Nun, das muß ein allgemeines Prinzip werden. Das wird innerhalb derjenigen Erziehungskunst angestrebt, von der ich hier sprechen will. Da hat man allerdings nötig, wenn in einem leben soll dasjenige, was dann auf das Kind übergehen soll in einer solchen Beschreibung, daß die ganze Natur lebendig wird, da hat man nötig, zuerst alles, was man vorbringt, so durcharbeitet zu haben, daß man gar keinen Kampf mehr mit dem Stoff hat, daß man alles darauf verwenden kann, durch die Kraft der eigenen Persönlichkeit das zu gestalten, was man an das Kind heranbringt. Und da wird man dann schon von selbst dazu kommen, daß einem aller Unterrichtsstoff bildhaft wird, so daß das Kind sich nicht bloß mit seinem Verstande, sondern mit seinem ganzen Menschen in den Unterrichtsstoff hineinlebt.

Daher gehen wir hauptsächlich aus vom märchenhaften Erzählen, aber auch von erfundenen Erzählungen, die sich auf die Natur beziehen. Wir unterrichten eigentlich zunächst weder

Sprache noch irgendeinen anderen Gegenstand, sondern wir lassen einfach die Welt vor dem Kinde bildhaft lebendig werden. Und solch ein Unterricht schließt sich in der besten Weise dann an dasjenige an, was nun auch aus der Bildhaftigkeit heraus zum Schreiben und zum Lesen führt.

So bringen wir das Kind ungefähr zwischen dem 9. und 10. Jahre dazu, daß es sich schreibend ausdrücken kann, daß es auch lesen kann, soviel es heilsam ist für dieses Lebensalter, und wir erreichen damit jenen wichtigen Punkt im Leben des Kindes, auf den ich schon hingedeutet habe, der so zwischen dem 9. und 10. Jahre liegt.

Dieser wichtige Punkt im Leben des Kindes offenbart sich ja auch im Äußeren des Menschen. Da tritt ein merkwürdiger Unterschied, eine merkwürdige Differenzierung zwischen Knaben und Mädchen ein. Ich werde noch davon zu sprechen haben, was das für eine Bedeutung hat in einer Schule, die Knaben und Mädchen untereinander hat, wie das die Waldorfschule hat. Man muß wissen, daß eine wichtige Differenzierung zwischen Knaben und Mädchen eintritt. So gegen das 10. Jahr hin fangen die Mädchen an, verhältnismäßig schneller zu wachsen als die Knaben. Die Knaben bleiben im Wachstum zurück. Die Mädchen überholen die Knaben im Wachstum. Wenn dann die Mädchen und die Knaben geschlechtsreif geworden sind, dann beginnen die Knaben wiederum die Mädchen zu überwachsen. Sie wachsen dann schneller sozusagen gerade in diesem Lebensalter.

Zwischen dem 9. und 10. Lebensjahr ist schon in der äußeren Differenzierung zwischen Knaben und Mädchen gezeigt, daß man da an einem wichtigen Lebensabschnitt ankommt. Der drückt sich darinnen aus, daß das Kind überhaupt unterscheiden lernt zwischen sich und der Natur. Vorher gibt es eigentlich gar keine Pflanze, sondern ein Wesen, das grün ist und rote Blumen hat, und in dem ein kleiner Geist drinnen ist, wie in ihm selber ein kleiner Geist drinnen ist. Pflanze, dieses Wesen, bekommt erst einen Sinn für das Kind gegen das 10. Jahr hin. Das muß man ihm nur nachfühlen können. Daher darf man den Unterricht erst gegen dieses Jahr hin so gestalten, daß man wie von einer äußeren Welt von der Umgebung spricht.

Dann kann man anfangen mit dem, was man gewöhnlich als die Schulgegenstände ansieht, zum Beispiel Pflanzenlehre. Aber gerade an der Pflanzenlehre kann ich veranschaulichen, wie man realistisch im besten Sinne des Wortes beim gestalteten Erziehen vorgehen muß. Wenn wir eine einzelne Pflanze zunächst einem Kinde vorführen, so handeln wir da ganz unnatürlich, denn das ist nichts Ganzes. Eine Pflanze, insbesondere wenn sie ausgerissen ist, ist nichts Ganzes. Die Menschen haben in unserer Zeit des Realismus, des Materialismus, wenig materiellen und naturalistischen Sinn, sonst würden sie das fühlen, was ich eben jetzt gesagt habe. Ist eine Pflanze ein Ganzes? Nein, wenn wir sie ausgerissen haben und hierher legen, so geht sie sehr bald zugrunde. Es ist nicht ihre Natur, ausgerissen zu sein. Sie ist nur etwas in dem Erdboden drinnen, mit dem Erdboden zusammen. Ein Stein ist etwas Ganzes für sich. Den kann ich überall hinlegen, er ist dasselbe. Eine Pflanze kann ich nicht überall hintragen; sie ist nicht mehr dasselbe. Sie ist nur unmittelbar dasjenige, was sie ist, mit dem Stammboden, mit den Kräften zusammen, die aus dem Boden heraussprießen, und mit all den Sonnenkräften, die gerade auf diesen Teil der Erde auffallen, da ist die Pflanze ein Ganzes. Eine Pflanze für sich zu betrachten, ist geradeso absurd, wie wenn wir ein Haar ausreißen und das Haar für sich betrachten, als ob es ein Ding für sich wäre. Das Haar entsteht ja gar nicht anders, als an einem Organismus und kann nur verstanden werden im Zusammenhang mit einem Organismus. Das heißt, man kann bei der Pflanzenlehre nicht ausgehen von der einzelnen Pflanze, namentlich nicht von der Pflanzenwesenheit, sondern von der Landschaft, dem Geographischen, von demjenigen, was die Erde an einem bestimmten Ort ist. Und im Zusammenhang mit der ganzen Erde muß Pflanzliches behandelt werden.

Wenn wir von der Erde sprechen, sprechen wir als Physiker, höchstens noch als Geologen. Wir stellen uns vor: Die Erde ist eine abgeschlossene Totalität von physischen Kräften, mineralischen Kräften, und sie könnte auch existieren, wenn gar keine Pflanze, gar keine Tiere und gar keine Menschen darauf wären. Das ist aber ein Abstraktum. Die Erde, die der Physiker, der Geologe im Auge hat, die ist ein Abstraktum. Die gibt es eigentlich gar nicht in Wirklichkeit. Es gibt nur diejenige Erde, die überall bedeckt ist von Pflanzen.Wir müssen uns bewußt sein, wenn wir eben das Geologische beschreiben, daß wir ein wesenloses Abstraktum nur zur Bequemlichkeit unserer Intelligenz beschreiben. Dem Kinde soll man aber nicht von Anfang an dieses wesenlose Abstraktum beibringen, sondern den Kindern soll man die Erde als einen Organismus lebendig machen. Zunächst natürlich die Landschaft, die das Kind kennt; und dann, wie man ihm ein Tier zeigt, auf dem Haare sind, und man nicht, wenn es gar nichts von dem Tier wüßte, ihm ein Haar verständlich machen könnte, so muß man ihm die Erde als einen lebendigen Organismus auch lebendig machen und dann zeigen, wie auf der Erde die Pflanze west und webt. So also wird man Pflanzenlehre beibringen, indem man die Erde als ein Lebendiges, als einen Organismus ihm vorführt, zunächst das Stück Landschaft, das es kennt. Dadurch hat man natürlich auch ein Abstraktum, denn eine Landschaft ist nicht möglich ohne eine andere auf der Erde; aber man muß sich dann bewußt sein, daß man auch von etwas Mangelhaftem ausgehen muß. Aber trotzdem kann man nach und nach erwecken bei dem Kinde nun wiederum aus der ganzen Bildhaftigkeit heraus dasjenige, was man nötig hat, ihm die Pflanze beizubringen.

Dadurch bringt man das Kind allmählich heran an die Außenwelt. Es bekommt das Kind ein Gefühl für den Begriff «Objektivität». Es lebt sich in das Irdische hinein. Das erreicht man am besten, wenn man das Kind in dieser natürlichen Art an die Pflanzenwelt heranführt.

Ganz anders muß es, und zwar etwas später, an die Tierwelt herangeführt werden. Wiederum, die einzelnen Tiere beschreiben, das ist etwas, was ganz unorganisch ist. Denn schließlich, man könnte doch fast sagen: Es ist ein reiner Zufall, daß ein Löwe ein Löwe, ein Kamel ein Kamel ist. Ja, an der Beobachtung des Löwen, wenn man ihn noch so gut abbildet oder sogar in der Menagerie dem Kinde vorführt, hat das Kind doch nur eine Zufallsbeobachtung; ebenso an dem Kamel. Diese Beobachtung hat gar keinen Sinn zunächst, wenn man auf das Lebendige ausgeht. Wie ist es mit dem Tiere? Nun, derjenige, der nun nicht mit abstrakter Intellektualität an das Tier herantritt, sondern mit bildhafter Anschauung, der findet in jedem Tiere ein Stück Mensch. Das eine Tier hat besonders stark die Beine ausgebildet, die beim Menschen dem Ganzen dienen. Das andere Tier hat die Sinnesorgane, ein Sinnesorgan im Extrem ausgebildet. Das eine Tier schnüffelt besonders; das andere Tier ist, wenn es in den Lüften ist, für die Augen besonders veranlagt. Und wenn wir die ganze Tierwelt zusammennehmen, so finden wir in Abstraktionen draußen verteilt als Tierwelt dasjenige, was in der Zusammenfassung den Menschen gibt. Wenn ich alle Tiere synthetisch zusammenfasse, so bekomme ich den Menschen. Irgendeine Eigenschaft, eine Fähigkeitsgruppe des Menschen ist einseitig äußerlich ausgebildet in einer Tierart. Wenn wir den Löwen studieren – wir brauchen das dem Kinde nicht so vorzuführen, wir können es ihm in einfachen Bildern vorführen –, so finden wir, daß insbesondere dasjenige, was im Menschen Brustorgane sind, Herzorgane, einseitig im Löwen ausgebildet ist. In der Kuh ist dasjenige, was im Menschen Verdauungsorgane sind, einseitig ausgebildet, und wenn ich dasjenige betrachte, was zum Beispiel in unserem Blute als weiße Blutkörperchen herumschwimmt, so bin ich auf die einfachsten, primitivsten Tiere gewiesen. Das ganze Tierreich bildet zusammen den Menschen, synthetisch, nicht summiert, aber synthetisch ineinander verwoben.

Das ist etwas, was ich durchaus in primitiver, in einfacher Weise vor dem Kinde entwickeln kann. Selbst in sehr lebendiger Form kann ich dem Kinde so etwas bringen, indem ich auf die Eigenschaften des Löwen hinweise, wie sie kalmiert sein müssen, untertauchen müssen in das, was beim Menschen eine Individualität ist. Ja selbst was moralisch und seelisch beim Kamel lebt, kann man so bringen, daß man zeigt, wie das, was im Kamel lebt, untergeordnet sich in die Menschennatur hineinfügt. So daß der Mensch eine Synthese ist von Löwe, Adler, Affe, von Kamel, von Kuh und von allem. Das ganze Tierreich betrachtet man als auseinandergelegte Menschennatur.

Das ist die andere Seite, die das Kind dann im 11., 12. Jahre in sich aufnimmt. Nachdem es die Pflanzenwelt von sich abgesondert hat, die Empfindung des Objektiven der Pflanzenwelt, das Zusammenhängen der Pflanzenwelt mit der objektiven Erde in seiner Seele hat wirken lassen, lernt es die enge Beziehung der Tierwelt zum Menschen kennen, das Subjektive. Und so wird das Universum auf eine empfindungsgemäße Weise mit dem Menschen wiederum zusammengebracht. Das Unterscheidungsvermögen wird gerade dadurch in der richtigen Weise veranlagt. Das heißt, aus dem Lebendigen der Welt heraus das Kind erziehen.

Dann werden wir sehen, daß sich dasjenige, das wir immer

als Forderungen stellen, wie von selbst ergibt. Man kann lange in der abstrakten Pädagogik fordern: Du sollst das Gedächtnis des Kindes nicht überlasten. Es ist nicht gut, das Gedächtnis des Kindes zu überlasten. Das kann jeder aus der Abstraktion einsehen. Weniger klar sieht man aber ein, was Überlastung des Gedächtnisses bedeutet für das Leben des Menschen: dies, daß man im späteren Leben ihn mit Rheumatismus, Gicht beobachten kann. – Man dehnt das medizinische Beobachten leider nicht über den ganzen Lebenslauf des Menschen aus. Man kann manche Menschen mit Rheumatismus, mit Gicht beobachten, wozu sie gar nicht die Anlage hatten; man hat etwas, was als eine ganz spärliche Anlage vorhanden war, vielleicht nur dadurch heranerzogen, daß man das Gedächtnis viel überlastet hat, daß man zuviel hat erinnern müssen. Aber auch nicht zuwenig darf man das Gedächtnis belasten. Denn wenn man wieder zu wenig das Gedächtnis belastet, dann entstehen sehr leicht, namentlich schon zwischen dem 16. und 24. Jahre, empfindliche Zustände in dem physischen Organismus.

Und wie soll man die Waage halten zwischen zuviel und zuwenig an Gedächtnisbelastung? Indem man in der Weise, wie ich es geschildert habe, anschaulich bildhaft erzieht, nimmt sich nämlich das Kind so viel aus dem Unterricht, als es vertragen kann. Es entsteht ein Verhältnis wie zwischen dem Essen und Sattsein. Dadurch bekommt man allerdings verschieden fortgeschrittene Kinder, und man muß mit ihnen wiederum fertig werden, ohne daß man sie immer in dem Unterricht eine Klasse sitzen läßt. Aber man kann eine verhältnismäßig große Klasse vor sich haben, und das Kind ißt nicht mehr geistig, als es vertragen kann, wenn ich so sagen darf, weil der Organismus von selbst dasjenige zurückweist, was es nicht vertragen kann. Man rechnet also auf das Leben, so wie man auch aus dem Leben heraus selber unterrichtet und erzieht.

Früh ist das Kind bereits veranlagt für die ersten Elemente der Rechenkunst. Aber gerade bei der Rechenkunst kann man beobachten, wie nur allzuleicht ein intellektualistisches Element zu früh in das Kind hineinkommt. Rechnen als solches ist ja keinem Menschen in keinem Lebensalter ganz fremd. Es entwickelt sich aus der menschlichen Natur heraus, und es kann nicht eine solche Fremdheit zwischen den menschlichen Fähigkeiten und den Rechenoperationen eintreten wie zwischen diesen Fähigkeiten und den Buchstaben in einer folgenden Kultur. Aber dennoch, gerade darauf kommt ungeheuer viel an, daß der Rechenunterricht in richtiger Weise an das Kind herangebracht wird. Das kann im Grunde genommen nur derjenige beurteilen, der aus einer gewissen spirituellen Grundlage heraus das gesamte menschliche Leben beobachten kann.

Zwei Dinge liegen logisch scheinbar einander recht fern: Rechenunterricht und moralische Prinzipien. Man rückt gewöhnlich gar nicht den Rechenunterricht an die moralischen Prinzipien heran, weil man keinen logischen Zusammenhang zunächst findet. Aber für den, der nun nicht bloß logisch, sondern lebensvoll betrachtet, für den stellt sich die Sache so, daß das eine Kind, das in der richtigen Weise an das Rechnen herangebracht worden ist, ein ganz anderes moralisches Verantwortungsgefühl im späteren Alter hat, als dasjenige Kind, das nicht in der richtigen Weise an das Rechnen herangebracht worden ist. Und, es wird Ihnen vielleicht außerordentlich paradox erscheinen, aber da ich über Wirklichkeiten spreche, und nicht über dasjenige, was sich unser Zeitalter einbildet, so möchte ich, da die Wahrheit unserem Zeitalter oftmals paradox erscheint, auch nicht zurückschrecken vor solchen Paradoxien. Wenn wir nämlich verstanden hätten als Menschen, in den verflossenen Jahrzehnten die menschliche Seele in der richtigen Weise in den Rechenunterricht tauchen zu lassen, hätten wir heute keinen Bolschewismus im Osten von Europa. Das ist dasjenige, was sich ergibt, was man innerlich sieht: mit welchen Kräften diejenige Fähigkeit, die im Rechnen sich auslebt, sich verbindet mit dem, was auch das Moralische im Menschen ergreift.

Nun werden Sie vielleicht mich noch besser verstehen, wenn ich ein klein wenig das Prinzip des Rechenunterrichts Ihnen darlege. Heute geht doch vielfach das Rechnen davon aus, daß wir zunächst damit beginnen, daß wir eins zum anderen hinzufügen. Allein bedenken Sie, welche fremde Betätigung das für die menschliche Seele ist, daß man eine Erbse zu den anderen hinzufügt, und immer wenn etwas hinzugefügt ist, man wieder einen neuen Namen gibt. Der Übergang von eins zu zwei, dann wiederum zu drei, dieses Zählen ist ja etwas, was ganz wie willkürlich im Menschen als Tätigkeit sich vollzieht. Aber es gibt eine andere Möglichkeit, zu zählen. Wir finden diese Möglichkeit, wenn wir etwas in der menschlichen Kulturgeschichte zurückgehen. Denn ursprünglich wurde gar nicht so gezählt, daß man eine Erbse zu der anderen legte, Einheit zu Einheit hinzulegte, und dadurch etwas Neues entstand, was wenigstens zunächst für das Seelenleben außerordentlich wenig mit dem Vorhergehenden zu tun hat. Aber man zählte etwa in der folgenden Weise. Man sagte sich: Was man im Leben hat, ist immer ein Ganzes, das man als Ganzes aufzufassen hat, und es kann das Verschiedenste eben eine Einheit sein. Wenn ich einen Volkshaufen vor mir habe, so ist er zunächst eine Einheit. Wenn ich einen einzelnen Menschen vor mir habe, ist er auch eine Einheit. Die Einheit ist im Grunde genommen etwas ganz Relatives. Das berücksichtige ich, wenn ich nicht zähle 1, 2, 3, 4 und so fort, sondern wenn ich in der folgenden Weise zähle:

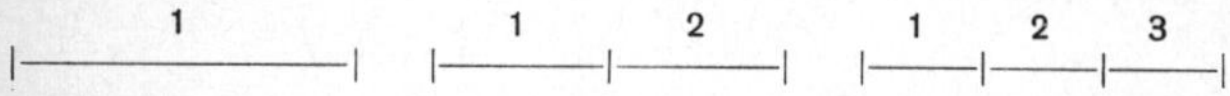

und so weiter, wenn ich das Ganze gliedere, weil ich also von der Einheit ausgehe, und in der Einheit als Mannigfaltigkeit die Teile suche. Das ist auch die ursprüngliche Anschauung vom Zählen. Die Einheit war immer das Ganze, und in der Einheit suchte man erst die Zahlen. Man dachte sich nicht die Zahlen entstehend als 1 zu 1 hinzugefügt, sondern man dachte sich die Zahlen alle als in einer Einheit darinnen, aus der Einheit organisch hervorgehend.

Das, angewendet auf den ganzen Rechenunterricht, gibt das Folgende: Sie werfen, statt daß Sie Erbse zu Erbse hinzulegen, einen Erbsenhaufen dem Kinde hin. (Es wird gezeichnet.) Der Erbsenhaufe ist das Ganze. Von dem geht man aus. Und jetzt bringt man etwa dem Kinde bei: Ich habe den Erbsenhaufen, oder, sagen wir, damit es für das Kind empfindlich anschaulich wird, einen Haufen von Äpfeln und 3 Kinder, vielleicht 3 Kinder von verschiedenem Alter, die verschieden stark zu essen haben, und wir wollen etwas tun, was mit dem Leben zusammenhängt. Was können wir da tun? Nun, wir können das tun, daß wir den Äpfelhaufen in einer gewissen Weise teilen, und daß wir dann den ganzen Haufen als Summe betrachten gleich den einzelnen Teilen, in die wir ihn aufgeteilt haben. Wir haben den Äpfelhaufen dort, und wir sagen: Wir haben 3 Teile, und bringen so dem Kinde bei, daß die Summe gleich ist den 3 Teilen.

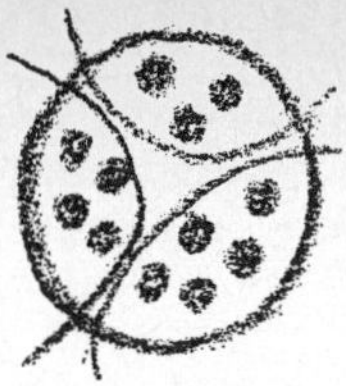

Summe = 3 Teile. Das heißt, wir gehen bei der Addition nicht von den einzelnen Teilen aus und haben nachher die Summe, sondern wir nehmen zuerst die Summe und gehen zu den Teilen über. So gehen wir von dem Ganzen aus, und gehen zu den Addenden, zu den Teilen über, um auf diese Weise ein lebendiges Erfassen der Addition zu haben. Denn dasjenige, worauf es in der Addition ankommt, das ist immer die Summe und die Teile, die Glieder sind dasjenige, was in der Summe in einer gewissen Weise drinnen sein muß.

So ist man in der Lage, das Kind heranzubringen an das Leben in der Art, daß es sich hineinfügt, Ganzheiten zu erfassen, nicht immer von dem Wenigen zu dem Mehr überzugehen. Und das übt einen außerordentlich starken Einfluß auf das ganze Seelenleben des Kindes. Wenn das Kind daran gewöhnt wird, hinzuzufügen, dann entsteht eben jene moralische Anlage, die vorzugsweise ausbildet das nach dem Begehrlichen Hingehen. Wenn von dem Ganzen zu den Teilen übergegangen wird, und wenn entsprechend so auch die Multiplikation ausgebildet wird, so bekommt das Kind die Neigung, nicht das Begehrliche so stark zu entwickeln, sondern es entwickelt dasjenige, was im Sinne der platonischen Weltanschauung genannt werden kann die Besonnenheit, die Mäßigkeit im edelsten Sinne des Wortes. Und es hängt innig zusammen dasjenige, was einem im Moralischen gefällt und mißfällt, mit der Art und Weise, wie man mit den Zahlen umzugehen gelernt hat. Zwischen dem Umgehen mit den Zahlen und den moralischen Ideen, Impulsen, scheint ja zunächst kein logischer Zusammenhang, so wenig, daß derjenige, der nur intellektualistisch denken will, darüber höhnen kann, wenn man davon spricht. Es kann ihm lächerlich vorkommen. Man begreift es auch ganz gut, wenn jemand lachen kann darüber, daß man beim Addieren von der Summe ausgehen soll, und nicht von dem Addenden. Aber wenn man die wirklichen Zusammenhänge im Leben ins Auge faßt, dann weiß man, daß die logisch entferntesten Dinge im wirklichen Dasein einander oftmals sehr nahe stehen.

So ist dasjenige, was sich herausarbeitet in der kindlichen Seele durch die Behandlung mit den Zahlen, von ungeheurer Wichtigkeit für die Art und Weise, wie das Kind uns dann entgegenkommt, wenn wir ihm moralische Beispiele vor die Seele führen wollen, an denen es Gefallen oder Mißfallen, Antipathie oder Sympathie mit dem Guten oder Bösen entwickeln soll. Wir werden ein Kind vorfinden, das empfänglichen Sinn hat für das Gute, wenn wir das Kind in der entsprechenden Weise behandelt haben, mit den Zahlen umzugehen.

SECHSTER VORTRAG

Wie sehr es nötig ist, für die Erziehung und den erziehenden Unterricht den ganzen Menschen zu kennen, das zeigt sich ganz besonders, wenn man beobachtet, welche Entwickelung der Knabe und das Mädchen zwischen dem 11. und 12. Lebensjahre durchmachen. Man beobachtet ja gewöhnlich nur, ich möchte sagen, die gröbere Verwandlung, die gröbere Metamorphose der menschlichen Natur, und man hat kein Auge für die feineren Verwandlungen. Aus diesem Grunde glaubt man, daß man dem Kinde etwas Gutes tut, wenn man nur ausdenkt: Was für körperliche Bewegungen muß das Kind machen, um körperlich stark zu werden. Gerade um das Kind körperlich stark, kräftig und ohne Hemmungen zu machen, muß man im kindlichen Alter den Körper auf dem Umwege der Seele und des Geistes finden.

Zwischen dem 11. und 12. Jahre geht innerlich im Menschen eine große Verwandlung vor sich. Das rhythmische System, Atmungssystem, Blutzirkulationssystem ist das Herrschende, das Dominierende zwischen dem Zahnwechsel und der Geschlechtsreife. Wenn das Kind gegen das 10. Jahr kommt, dann entwickelt sich dasjenige, was im Atmungs- und im Blutzirkulationssystem drinnen waltet; der Takt, der Rhythmus, der da drinnen ist, die entwickeln sich in das Muskelsystem hinein. Die Muskeln werden vom Blut versorgt, und das Blut vibriert in die Muskeln so hinein, wie der Mensch innerlich ist. So daß der Mensch zwischen dem 9. und 11. Jahre sein Muskelsystem so ausbildet, wie es seinen innerlichen rhythmischen Anlagen gemäß ist. Wenn das 11., 12. Jahr herankommt, dann strahlt dasjenige, was im rhythmischen System und im Muskelsystem ist, in das Knochensystem, in das ganze Skelett hinein. Das Skelett ist bis zum 11. Jahre ganz eingeschaltet in das Muskelsystem. Es folgt dem Muskelsystem. Zwischen dem 11., 12. Jahre wird das Skelett so, daß es sich an die Außenwelt anpaßt, Mechanik, Dynamik, die vom Menschen unabhängig ist, geht in das Skelett hinein. Wir müssen uns bequemen, das Skelett so zu behandeln, wie wenn es objektiv wäre, gar nicht am Menschen wäre.

Wenn Sie Kinder beobachten unter 11 Jahren, Sie werden sehen, daß alle Bewegungen noch aus dem Inneren herauskommen. Wenn Sie Kinder beobachten nach dem 12. Jahre, Sie werden beobachten, daß sie auf ihre Füße so treten, daß sie immer versuchen das Gleichgewicht zu finden, daß sie das Hebel-Gleichgewicht, das Maschinelle des Skelettsystems innerlich fühlen. Das heißt, zwischen dem 11. und 12. Jahre breitet sich das Geistig-Seelische bis in das Knochensystem hinein aus. Das Geistig-Seelische ist viel innerlicher vorher. Nachher gewinnt der Mensch erst seine völlige Anpassung an die Außenwelt, indem er dasjenige, was er am wenigsten menschlich erlebt, das Knochensystem, erfaßt.

Jetzt wird der Mensch eigentlich erst ein richtiges Weltkind. Jetzt muß er erst mit der Mechanik, mit der Dynamik der Welt rechnen. Jetzt erlebt er erst innerlich dasjenige, was man im Leben die Kausalität nennt. In Wirklichkeit hat der Mensch vor dem 11. Jahre gar kein Verständnis für Ursache und Wirkung. Er hört die Worte. Wir glauben, daß der Mensch ein Verständnis hat. Er hat es nicht, weil er vom Muskelsystem aus sein Knochensystem beherrscht. Später, nach dem 12. Jahre, beherrscht das Knochensystem, das sich in die äußere Welt hineinstellt, das Muskelsystem und von da aus Geist und Seele. Und die Folge davon ist, daß der Mensch jetzt ein innerliches, erlebtes Verständnis bekommt von Ursache und Wirkung, von Kraft und von demjenigen, was als Aufrechtes gefühlt wird, was als Horizontales gefühlt wird und so weiter.

Sehen Sie, aus diesem Grunde ist es, daß, wenn wir Mineralogie, Physik, Chemie, Mechanik dem Kinde in einer zu intellektuellen Form vor dem 11. Jahre beibringen, wir es in seiner Entwickelung schädigen, denn es kann in seinem ganzen Menschen das Mechanische, das Dynamische noch nicht miterleben. Ebensowenig kann es miterleben vor dem 11. Jahre dasjenige, was in der Geschichte, in der Historie Kausalzusammenhänge sind.

Sehen Sie, das gibt einem ein Licht, wie man die Kinder behandeln soll, bevor das Knochensystem seelisch erwacht ist. Solange das Kind von seinem Blutsystem aus noch in seinem Muskelsystem lebt, kann es innerlich erleben die Biographie, kann innerlich erleben, wenn wir ihm beibringen ein abgeschlossenes Geschichtsbild, das ihm gefällt oder mißfällt, mit dem es Sympathie oder Antipathie haben kann, wenn wir ihm beibringen ein Bild von der Erde, wie ich es gestern geschildert habe. Alles das, was Pflanzenwelt ist, kann es als Bild erfassen, weil das Muskelsystem plastisch, innerlich beweglich ist; wenn wir ihm das beibringen, was ich von der Tierwelt gesagt habe, wie die im Menschen lebt, so fühlt das das Kind nach, weil das Muskelsystem weich ist. Wenn wir dem Kinde vor dem 11. Jahre beibringen das Prinzip des Hebels, das Prinzip der Dampfmaschine, dann kann es innerlich nichts davon erleben, weil es Dynamik, Mechanik noch nicht in seinem Leibe, in seinem Körper hat. Wenn wir zur rechten Zeit beginnen mit Physik, Mechanik, Dynamik gegen das 11. und 12. Jahr, da stellen wir im Denken etwas vor das Kind hin, das in seinen Kopf hineingeht, und von dem Inneren des Menschen kommt dem entgegen dasjenige, was das Kind vom Knochensystem aus erlebt. Und es verbindet sich das, was wir dem Kinde sagen, mit dem, was aus dem Körper des Kindes heraus will. So entsteht nicht ein abstraktes, intellektualistisches, sondern ein lebendiges Seelenverständnis. Das ist es, was wir anstreben müssen.

Aber wie muß der Lehrer sein, wenn er so etwas anstreben will? Bedenken Sie einmal, wenn der Lehrer aus Anatomie und Physiologie weiß: Dort an der Stelle sitzt der Muskel, dort der Knochen; die Nervenzellen sehen so und so aus – es ist das alles recht sehr schön, aber es ist intellektualistisch; das alles stellt das Kind neben uns hin, so daß das Kind wie undurchsichtig ist. Es ist wie schwarze Kohle, das Kind, wie undurchsichtig. Wir wissen, was da für Muskeln, für Nerven drinnen sind; das wissen wir alles. Aber wir wissen nicht, wie das Zirkulationssystem, in das Muskelsystem, in das Knochensystem hineinspielt. Um das zu verstehen, muß unsere Auffassung von dem Bau des Menschen, von der inneren Gestaltung des Menschen eine künstlerische sein. Und der Lehrer muß imstande sein, das Kind künstlerisch, als Artist zu erleben. Ihm muß alles im Kinde innerlich beweglich sein.

Da wird die Philosophie kommen und wird sagen: Ja, aber wenn man etwas erkennen will, dann muß eben die Sache logisch sein. Ganz richtig, aber so, wie das Kunstwerk logisch sein muß, wenn wir die Welt vor uns haben, und die Welt kann durch künstlerisches Erfassen repräsentiert werden im Inneren. So müssen wir uns eben zu solchem künstlerischen Erfassen bequemen, müssen nicht dogmatisch diktieren: Die Welt muß allein logisch ergriffen werden. Nur wenn der Lehrer seine eigenen

Empfindungen, Vorstellungen und Gefühle so innerlich beweglich hat, daß er sieht: Wenn ich dem Kinde dynamische, mechanische Vorstellungen beibringe vor dem 11. Jahre, da stocken diese Vorstellungen im Gehirn, da sammeln sie sich an, da machen sie das Gehirn hart, so daß es später in jugendlichen Jahren zur Migräne wird und noch später sich verhärtet. Wenn ich ihm abgeschlossene Geschichtsbilder beibringe vor dem 11. Jahre, wenn ich ihm Bilder aus der landschaftlichen Pflanzenwelt beibringe, dann gehen die Vorstellungen in das Gehirn hinein, aber durch das übrige Nervensystem in den ganzen Leib hinein. Sie verbinden sich mit dem ganzen Leib, mit dem weichen Muskelsystem. Ich baue mir das, was im Kinde geschieht, liebevoll auf. Die Kohle, die das Kind sonst ist, wenn man nur die tote Anatomie und die Physiologie kennt, wird so durchsichtig. Der Lehrer sieht überall, was in den Bänken vor ihm sitzt, was in dem einzelnen Kinde vor sich geht. Er braucht nicht nachzudenken nach diesen oder jenen didaktischen Grundsätzen, sondern das Kind sagt ihm selber, was mit ihm zu geschehen hat, indem es in seinen Stuhl zurücksinkt, wenn man etwas tut, was dem Kinde nicht angepaßt ist: es wird unaufmerksam. Tut man etwas, was dem Kinde angepaßt ist: es wird lebendig.

Allerdings, man hat ja manchmal rechte Mühe, die Lebendigkeit der Kinder etwas zu bewältigen. Aber man bewältigt sie, wenn man etwas hat von dem, was heute in der Welt weniger anerkannt wird: Humor. Der Lehrer muß durch die Türe der Klasse Humor in die Klasse hineintragen. Die Kinder können ja zuweilen recht ungezogen werden. Einer unserer Lehrer in der Waldorfschule, der erlebte es an seinen größeren Kindern gerade, die über das 12. Jahr hinaus waren, daß sie plötzlich anfingen, weniger Interesse zu haben am Unterricht und sich gegenseitig Briefe schrieben unter der Bank. Nun, nicht wahr, ein Lehrer, der nicht Humor hat, der wird griesgrämig. Es wird eine schreckliche Szene geben. Was hat unser Lehrer in der Waldorfschule getan? Er ging hin zu den Kindern und erklärte ihnen – das Postwesen. Und die Kinder sahen, er versteht sie. Er ging ein auf ihr gegenseitiges Briefschreiben. Sie bekamen ein leises Schamgefühl, und die Sache war wieder hergestellt.

Es handelt sich darum, daß man tatsächlich Kunst, und insbesondere Menschenkunst ohne Humor nicht bewältigen kann. Das heißt, die pädagogische Kunst besteht auch darinnen, aus der Lehrerschaft das Griesgrämige wegzubringen, und eben starke Freundlichkeit, humoristische, humorvolle Liebe zu den Kindern zu entwickeln, damit nicht die Kinder in dem Lehrer das Bild desjenigen sehen, was er ihnen eigentlich verbietet. Jedenfalls darf das in der Klasse nicht geschehen, daß, wenn das Kind zornig wird und seinen Zorn zum Ausdrucke bringt, der Lehrer geht und sagt: Ich will dir diesen Zorn austreiben! Das ist etwas Furchtbares! – Und er nimmt das Tintenfaß und wirft es auf den Boden, daß es zersplittert. Dadurch bringt man den Zorn nicht aus dem Kinde heraus; nur wenn man dem Kinde zeigen kann, daß sein Zorn Objekt ist, daß er für einen gar nicht da ist, daß man es mit Humor auffaßt, dann erzieht man erst richtig.

Ich habe zunächst geschildert, wie der Mensch im allgemeinen von dem Unterrichtenden und Erziehenden erfaßt werden muß. Aber der Mensch ist nicht nur so etwas im allgemeinen. Und selbst wenn man schon so genau auf den Menschen eingehen kann, daß er einem durchsichtig wird bis auf die Betätigung des Muskelsystems vor dem 11. Jahre, des Knochensystems nach dem 12. Jahre, so bleibt noch immer das übrig, was ja für eine künstlerisch gemeinte Erziehung und einen künstlerisch gemeinten Unterricht außerordentlich notwendig ist, die Individualität des Menschen. Jedes Kind ist ein anderes Wesen, und es kann nur der allererste Schritt sein zum künstlerisch erkennenden Auffassen des Kindes, wenn man so vorgeht, wie ich es bis jetzt beschrieben habe.

Man muß immer mehr und mehr in das Persönliche, in das Individuelle hineingehen können. Da bieten sich zunächst Anhaltspunkte dadurch, daß wir die Kinder, die uns zur Erziehung und zum Unterricht übergeben werden, nach dem Temperamente verschieden haben. Die Temperamente wirklich innerlich zu durchschauen, das ist etwas, was innerhalb derjenigen Erziehungskunst, von der ich hier spreche, und die in der Waldorfschule geübt wird, vom Anfange an die allerstärkste Bedeutung bekam.

Da haben wir zunächst das melancholische Kind; ein besonderer Menschentypus. Wie tritt es uns entgegen? Es tritt uns zunächst äußerlich als ein stilles, in sich gezogenes Kind entgegen. Aber mit dieser äußerlichen Charakteristik ist nicht viel anzufangen. Wir kommen dem Kinde, das melancholische Anlagen hat, erst nahe, wenn wir sehen, wie gerade beim melancholischen Kinde die rein physische Körperlichkeit den allerstärksten Einfluß ausübt, wenn wir wissen, daß die Melancholie darauf beruht, daß starke Salzablagerungen im Organismus stattfinden, so daß das Kind, das melancholische Anlagen hat, sich schwer fühlt in seinem ganzen physischen Organismus. Ganz anders ist es beim melancholischen Kinde als bei einem anderen, wenn es nur ein Bein heben soll, oder einen Arm heben soll. Da sind Hindernisse, Hemmungen des Beinhebens, des Armhebens da. Es ist ein Gefühl der Schwere, das der seelischen Intention entgegentritt. Das bringt es allmählich dazu, daß das Kind mit der melancholischen Anlage nach innen schaut und nicht freundlich nach außen schaut, weil sein Körper sich so stark bemerklich macht, weil es so viel zu tun hat mit seinem Körper. Erst wenn wir wissen, wie die Seele, die hinauf will, der Geist, der in die Weite will, beschwert werden bei einem melancholischen Kinde durch die körperlichen Einlagerungen, die fortwährend aus den Drüsen heraus, den Körper beschwerend, in das übrige Körpergewebe hineinleben, erst wenn wir dieses Schwerwerden und dadurch Gefangennehmen der Aufmerksamkeit von seiten des Körperlichen richtig verstehen, dann erst kommen wir dem melancholischen Kinde bei.

Sehr häufig sagt man: Nun ja, das melancholische Kind brütet in sich hinein, ist still, bewegt sich wenig. Und wir veranlassen es dazu, nun gerade recht lebendige Vorstellungen aufzunehmen. Wir wollen es mit seinem Gegenteil heilen. Wir wollen dem melancholischen Kind so beikommen, daß wir es aufmuntern durch allerlei Lustiges, das wir an es heranbringen. Das ist die ganz falsche Methode. Da kommen wir dem melancholischen Kinde gar nicht bei.

Wir müssen die Möglichkeit haben, durch Mitgefühl und Mitempfindung mit seiner körperlichen Schwere gerade in der Art an das Kind heranzutreten, wie es selber ist. Wir müssen gerade versuchen, an das melancholische Kind nicht lustige, komische Vorstellungen heranzubringen, sondern ernste Vorstellungen heranzubringen, diejenigen, die es selber aus sich herausholt. Wir müssen ihm viel von der Art beibringen, was anklingt an seinen eigenen schweren Organismus.

Dann werden wir allerdings Geduld haben müssen mit einer

solchen Erziehung; denn die wirkt nicht von heute auf morgen, aber sie wirkt durch Jahre hindurch. Sie wirkt so, daß das Kind, indem ihm von außen entgegengebracht wird, was es in sich hat, Heilkräfte dagegen in sich aufnimmt. Wenn wir ihm von außen etwas ganz Fremdes entgegenbringen, wenn wir dem ernsten Kinde das Lustige entgegenbringen, bleibt es gleichgültig gegen das Lustige. Aber wenn wir ihm seine eigene Trauer, Kummer, Sorge entgegenbringen, dann nimmt es von außen das wahr, was es im Inneren selbst hat. Dadurch wird im Inneren die Reaktion, das Gegenteil aufgerufen, und wir heilen gerade pädagogisch, indem wir in einer modernen Form den alten goldenen Grundsatz befolgen: Gleiches wird nicht nur von Gleichem erkannt, sondern Gleiches wird auch durch Gleiches richtig behandelt, geheilt.

Dann aber, wenn das Kind ein mehr phlegmatisches Temperament hat, dann müssen wir uns klar sein darüber: dieses Kind, das ein mehr phlegmatisches Temperament hat, das lebt weniger in seinem physischen Leib, mehr in dem, was ich in diesen Tagen den Ätherleib genannt habe, den Leib, der flüchtiger ist. Es lebt in dem Ätherischen. Es sieht sonderbar aus, wenn man vom phlegmatischen Kinde sagt: es lebt im Ätherischen, aber es ist so. Das Ätherische, das läßt dasjenige, was in den menschlichen organischen Funktionen vorgeht, das Verdauen, das Wachsen, das läßt es nicht zum Kopfe kommen. Das phlegmatische Kind hat es nicht in seiner Gewalt, Vorstellungen von dem zu bekommen, was in seinem Leib vorgeht. Der Kopf wird untätig. Der Leib wird immer mehr und mehr tätig durch das flüchtige Element, das seine Funktionen in alle Welt zerstreuen möchte. Das phlegmatische Kind ist ganz hingegeben der Welt. Es geht in der Welt auf. Es lebt wenig in sich. Dadurch bringt es uns eine gewisse Gleichgültigkeit entgegen gegenüber dem, was wir mit ihm unternehmen wollen. Wir können nicht an das Kind heran, weil wir ja doch zuletzt durch die Sinne heran müssen. Die hauptsächlichsten Sinne sind im Kopfe. Das phlegmatische Kind kann den Kopf wenig gebrauchen. Der übrige Organismus wird von der Außenwelt in Funktion erhalten.

Wir kommen dem phlegmatischen Kind nur bei, wenn wir nun wiederum, geradeso wie beim melancholischen Kinde, selber zu einer Art Phlegmatiker werden neben ihm, wenn wir uns künstlerisch in seine phlegmatische Stimmung hinein zu versetzen vermögen. Da hat dann das Kind das, was es selber ist, neben sich, und es wird ihm schließlich dasjenige, was es da neben sich hat, zu langweilig. Selbst dem Phlegmatiker wird das zu langweilig, wenn er einen Phlegmatiker als Lehrer neben sich hat! Und wenn wir wieder Geduld haben, so werden wir bemerken, daß sich da irgend etwas entzündet, wenn wir dem phlegmatischen Kind in Phlegma getauchte Vorstellungen, in Phlegma getauchte Vorgänge auch vorführen.

Besonders schwierig zu behandeln ist das sanguinische Kind. Das sanguinische Kind ist dasjenige, bei dem ganz besonders der rhythmische Organismus in einer dominierenden Tätigkeit ist. Der rhythmische Organismus, der ja zwischen dem Zahnwechsel und der Geschlechtsreife an sich im Menschen das Dominierende ist, der kommt zu einer zu großen Herrschaft, zu einer zu großen Domination bei dem sanguinischen Kinde. Daher will das sanguinische Kind von Eindruck zu Eindruck eilen. Es stockt seine Blutzirkulation, wenn die Eindrücke nicht schnell wechseln. Es fühlt sich innerlich beengt, wenn die Eindrücke nicht schnell vorübergehen und andere kommen. Und so kann man sagen: Das sanguinische Kind, das fühlt eine innerliche Beklemmung, wenn es lange seine Aufmerksamkeit auf etwas heften soll; es fühlt, daß es nicht dabei bleiben kann, wendet sich weg, bekommt fremde Gedanken. Es kann schwer gefesselt werden.

Wiederum muß ich ein ähnliches sagen für die Behandlung des sanguinischen Kindes: Man versuche, das sanguinische Kind nicht dadurch zu heilen, daß man es nun zwingt, recht lange bei einem Eindrucke zu verweilen, sondern man mache das Gegenteil. Man komme dem Sanguinismus entgegen und wechsle die Eindrücke recht stark, zwinge das Kind gerade dazu, rasch hintereinander Eindrücke aufzunehmen. Wiederum ist es die Reaktion, die sich geltend macht. Dann kann, weil ja das Zirkulationssystem ganz dominierend ist, dann kann es nicht anders als in Antipathie gegen die beschleunigten Eindrücke sich ausleben. Und die Folge davon ist, daß das Kind selber zum Retardieren kommt.

In einer noch anderen Weise ist das cholerische Kind zu behandeln. Das cholerische Kind hat die Eigentümlichkeit, daß es immer ein Stück hinter der normalen Menschenentwickelung zurückgeblieben ist. Es sieht das sonderbar aus. Aber nehmen Sie das folgende Bild. Ein acht-, neunjähriges Kind ist als normaler Mensch von einer bestimmten Art, seine Glieder zu bewegen, schnell und langsam, je nach den äußeren Eindrücken. Vergleichen Sie das acht-, neunjährige Kind mit dem drei-, vierjährigen Kind. Das drei-, vierjährige Kind tänzelt noch durchs Leben, beherrscht viel weniger seine Bewegungen. Es hat noch etwas von dem an sich, was das ganz kleine Kind hat. Das beherrscht gar nicht seine Bewegungen, das zappelt, das hat das Seelische noch nicht entwickelt. Aber wenn Säuglinge das Seelische stark entwickelt hätten, dann würden Sie die Säuglinge alle cholerisch finden. Die Säuglinge mit ihrem Zappeln – gerade wenn sie gesund sind, so zappeln sie viel – sind alle cholerisch.

Das cholerische Kind aber behält etwas zurück von dem Toben und Wüten des ganz kleinen Kindes. Dadurch lebt in dem cholerischen Kinde, dem acht-, neunjährigen Knaben oder Mädchen, drinnen noch der kleine Säugling weiter. Dadurch ist dieses Kind cholerisch, und man muß versuchen, dieses cholerische Kind dadurch zu behandeln, daß man das «kleine Kind», das darinnen ist, allmählich zur Ablähmung bringt.

Das muß nun ganz besonders, ich möchte sagen, mit Humor behandelt werden. Denn hat man so einen richtigen Choleriker mit 8, 9, 10 Jahren, auch noch im späteren Lebensalter vor sich, so kommt man ihm nicht bei, wenn man ihn ermahnt; das macht gar keinen Eindruck, wenn man ihn ermahnt. Aber wenn ich ihn dazu veranlasse, daß er mir eine Erzählung machen muß, die ich selber zuerst vorerzähle, und er muß mir dann recht cholerisch voragieren die Erzählung, er muß mimen, er muß sich nun in seinen kleinen Menschen hineinleben, dann kommt er allmählich dazu, diesen kleinen Menschen in sich zu beruhigen. Er paßt ihn dem Seelischen an. Und indem ich selber seelisch mit dem cholerischen Kind cholerisch werde, aber natürlich, indem ich mich humorvoll immer in der Hand habe, werde ich erreichen, daß das cholerische Kind neben mir ruhiger wird. Wenn der Lehrer zu tanzen beginnt – aber ich bitte, das nicht im schlimmen Sinne aufzufassen –, so hört das Toben des Kindes neben ihm nämlich nach und nach auf. Man muß nur die Fähigkeit haben, einem cholerischen Kinde gegenüber nicht einen roten Kopf zu bekommen, den Kopf nicht lang werden zu lassen, aber in eine Art von künstlerischem Nachempfinden dieses innerlichen Tobens zu kommen. Sie werden sehen, das Kind wird immer stiller und stiller. Es lähmt das innerliche Toben ganz ab.

Aber es muß etwas nicht Gemachtes darinnen liegen. Wenn beim Lehrer etwas Gemachtes, Unkünstlerisches in dem, was er da dem Kinde gibt, liegt, dann wird die Sache eben durchaus keinen Erfolg haben. Der Lehrer muß tatsächlich Künstlerblut in sich haben, damit er das, was er da dem Kinde vormacht, damit er das in einer glaubhaften Weise dem Kinde gegenüber leben läßt; sonst ist es vom Lehrer aus verlogen, und das darf es nicht sein. Es muß durch und durch das Verhältnis des Lehrers zum Kinde wahr sein.

Sehen Sie, man kann aber auch dadurch, daß man überhaupt eingeht auf die Temperamente, die Klasse, auch wenn sie etwas groß sein muß, in einer gewissen Weise ordentlich halten. Der Waldorflehrer studiert die Temperamente der Kinder, die ihm übergeben werden. Nun weiß er: Ich habe die Melancholiker, die Phlegmatiker, die Sanguiniker, die Choleriker. Er setzt, womöglich ganz unvermerkt, ohne daß das natürlich bemerkt wird, die Melancholiker zusammen. Er weiß, er hat sie in dieser einen Ecke. Da setzt er die Choleriker zusammen; er weiß, er hat sie in jener Ecke, und so die Sanguiniker, und so die Phlegmatiker. Durch diese Art sozialer Behandlung schleifen sich die Temperamente an ihresgleichen gegenseitig ab. Der Melancholiker wird nämlich munter, wenn er unter Melancholikern sitzt. Und die Choleriker, nun, die heilen sich gründlich, denn es ist am allerbesten, wenn man die tobenden Choleriker sich aneinander ausleben läßt. Wenn sie dann blaue Flecken haben gegenseitig, dann wirkt das ungeheuer kalmierend. So daß man dasjenige, was als, ich möchte sagen, Geheimnisvolles von Mensch zu Mensch wirkt, gerade durch die richtige soziale Behandlung in ein heilsames Fahrwasser bringen kann.

Und wenn man gar noch den Humor hat, wenn ein Junge ganz besonders cholerisch aufgeregt wird, ihn in den Schulgarten zu schicken, und darauf sieht, daß er die Bäume hinauf- und hinabklettert und endlich dadurch ungeheuer müde wird – wenn er wiederum hineinkommt, hat er sein cholerisches Temperament an sich selber ausgelebt, mit der Natur ausgelebt. Wenn er sich durch Überwindung der Hindernisse ausgelebt hat, dann bekommt man ihn kalmiert nach einiger Zeit zurück.

So, sehen Sie, handelt es sich darum, daß man nun immer mehr und mehr den Weg findet, durch die Temperamente hindurch ganz ins Individuelle des Kindes, in das Persönliche hineinzukommen. Heute sagen sehr viele Leute, man muß individuell erziehen. Ja, aber das Individuum muß man erst finden. Zuerst muß man den Menschen kennen, dann muß man den Melancholiker kennen. Der Melancholiker ist nun nie ein reiner Melancholiker, die Temperamente sind immer vermischt. Ein Temperament ist dominierend. Aber nur, wenn man das einzelne Temperament richtig kennt, findet man den Weg in die Individualität hinein.

Das zeigt doch wirklich, daß Erziehungskunst etwas ist, was in intimer Weise gelernt sein will. Die Menschen der Gegenwart – ich habe das noch nicht gehört – fangen ja nicht an, eine Uhr zu kritisieren, wie eine Uhr sein soll dem Werke nach innerlich. Warum? Weil sie das nicht wissen, weil sie nicht wissen, wie die Uhr innerlich wirkt. Kritik über den Gang der Uhr hört man sehr wenig so im gewöhnlichen Gespräch. Kritiken über die Erziehung – man hört sie allerorten. Aber es ist gerade so oftmals, wie wenn die Menschen reden würden über ein Uhrwerk, von dem sie keine Ahnung haben. Man glaubt nur nicht, daß das Erziehen auch intim gelernt sein muß, und daß es nicht genügt, im Abstrakten zu sagen: man muß die Individualität erziehen. Man muß die Individualität erst finden können, indem man den intimen Weg macht durch die Menschenerkenntnis, durch die Erkenntnis der Art und Temperamente. Dann kommt man allmählich an das ganz Individuelle des Menschen heran. Das muß ein Lebensprinzip werden gerade bei dem artistisch gearteten Lehrer und Erzieher.

Es kommt ganz darauf an, daß der Kontakt zwischen dem Lehrer und dem Kinde durchaus in ein künstlerisches Element getaucht ist. Dadurch wird eben in dem Lehrer selber vieles eine Art intuitiven, instinktiven Charakter annehmen, was er in bezug auf die Individualität des Kindes im gegebenen Momente zu tun hat. Nehmen wir, um uns darüber zu verständigen, die Sache möglichst konkret. Stellen wir uns vor, wir haben ein Kind vor uns, das Erziehungsschwierigkeiten dadurch macht, daß wir bemerken: die Anschauungen, die wir ihm vorführen, die Empfindungen, die wir erregen wollen, die Vorstellungen, die wir ihm mitteilen wollen, sie bringen in dem Kopfsystem eine so starke Zirkulation und eine so starke Nervenerregung zustande, daß gewissermaßen das, was ich dem Kinde beibringe, nicht durchkommen kann vom Kopfe aus zu dem übrigen Organismus. Die physische Organisation des Kopfes wird gewissermaßen partiell melancholisch. Das Kind hat Schwierigkeiten, dasjenige, was es sieht, was es empfindet, auch was ihm durch andere Impulse beigebracht wird, vom Kopfe zu seinem übrigen Organismus zu leiten. Es bleibt gewissermaßen das Gelernte im Kopfe stecken. Es kann nicht hinunterdringen in den übrigen Organismus. Wenn man mit künstlerischem Sinn das Kind unterrichtet, dann wird man gerade alles dasjenige, was in der Erziehung und dem Unterricht an künstlerischem waltet, ganz instinktiv danach einrichten. Habe ich ein solches Kind vor mir, so werde ich in ganz anderer Weise ihm das Arbeiten in der Farbe beibringen, das malerische Element, als einem anderen Kinde. Und deshalb, weil das so wichtig ist, wird bei uns in der Waldorfschule von Anbeginne an das malerische Element berücksichtigt. Ich habe ja auseinandergesetzt, wie das Schreiben selbst aus dem Malerischen herausgeholt wird; aber innerhalb dieses Malerischen wiederum kann man individualisieren von Kind zu Kind. Denn da hat man ja gerade Gelegenheit zu individualisieren, indem das Kind selber alles machen muß.

Nun nehmen wir an, ich habe ein solches Kind vor mir, wie ich es eben geschildert habe. Ich übe die Malerziehung. Da wird, wenn der richtige künstlerische, artistische Kontakt ist zwischen Lehrer und Schüler, auf dem Blatt Papier, auf dem das Kind mit den Farben arbeitet, durch meine Anleitung etwas anderes entstehen, als bei einem anderen Kinde.

Ich will Ihnen ungefähr schematisch auf die Tafel aufzeichnen, was bei einem solchen Kinde, bei dem gewissermaßen die Empfindungen, die Vorstellungen im Kopfe stocken, auf dem Blatt Papier, auf dem es malt, entstehen muß. Da muß ungefähr so etwas entstehen: da wird solch ein Farbenfleck sein (gelb), dann wird weitergehend solch ein Farbenfleck irgendwie sein (lila), denn auf die Harmonik der Farben kommt es an. Dann wird ein Übergang sein (orange), der Übergang wird noch weiter verteilt sein, und das Ganze wird vielleicht, um nach

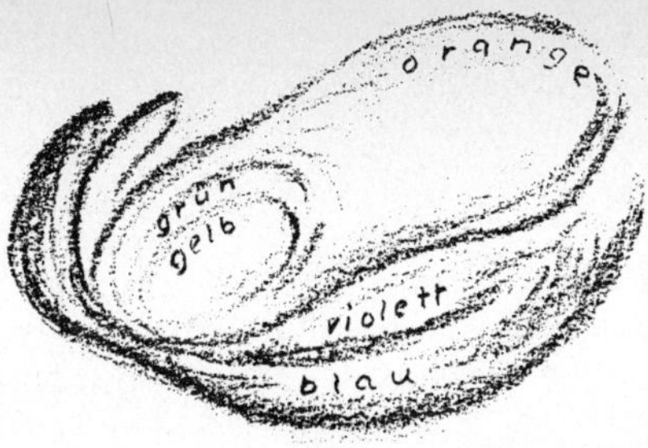

außen einen Abschluß zu bekommen, etwa so nach außen schließen (blau). So wird es auf dem Blatte aussehen bei dem Kinde, bei dem gewissermaßen die Vorstellungen in dem Kopfe stocken.

Nehmen Sie an, ich habe ein anderes Kind, bei dem ich sehe, daß die Vorstellungen gar nicht im Kopfe stocken, sondern daß sie gewissermaßen durch den Kopf wie durch ein Sieb durchsickern und alles in den Leib hineingeht, daß das Kind nicht fassen kann, weil sein Kopf ein Sieb ist. Er hat Löcher, er ist durchlässig. Es sickert alles hinunter. Das muß man eben empfinden, daß das beim Kind so ist, daß das Zirkulationssystem des anderen Organismus alles in sich hereinsaugen will.

Dann kommt man eben instinktiv, intuitiv dazu, dem Kinde die Anleitung zu geben zu etwas, das nun etwas ganz anderes ist. Bei einem solchen Kinde werden Sie etwa folgendes auf dem Papier sehen (es wird gezeichnet): Da werden Sie sehen,

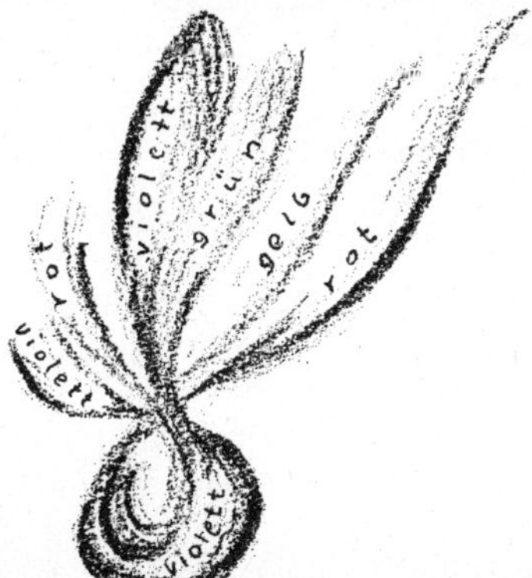

wie weniger die Farben ineinander sich gestalten, rund; Sie werden mehr sehen, daß die Farben in die Länge gehen, daß das Farbige in das Zeichnerische übergeht, daß Schlingen eintreten, die auf das Zeichnen hinweisen. Sie werden auch sehen, daß die Farben nicht sehr differenziert sind; hier (bei der ersten Zeichnung) sind sie stark differenziert; hier, bei der zweiten Zeichnung, sind sie weniger differenziert.

Wenn man das dann ausführt mit wirklichen Farben – nicht mit dem ekelhaften Material der Kreide, was das Ganze nicht wiedergeben kann –, dann wird man gerade von diesem Erleben des rein Farbigen auf der einen Seite und des formhaften Farbigen auf der anderen Seite wohltätig heilend zurückwirken auf diejenigen Eigenschaften des Kindes, von denen ich gesprochen habe.

Ebenso werden Sie, wenn Sie, sagen wir, einen Knaben oder ein Mädchen haben, das die Vorstellung stocken hat im Kopfe, das sie nicht hinunterbringt, mit diesem Knaben oder mit diesem Mädchen mit anderen Absichten in die Turnhalle gehen, als mit einem Kinde, das den Kopf wie ein Sieb hat, wo alles hinuntergeht in den übrigen Körper und in die Zirkulation des übrigen Körpers hinein. Sie gehen mit den beiden Kindergruppen in die Turnhalle. Die einen Kinder, bei denen alles wie ein Sieb ist, alles hinuntergeht, die lassen Sie so turnen, daß sie abwechselnd die Turnbewegungen machen und dann etwas rezitieren oder singen. Die andere Turngruppe, wo alles in dem Kopfe stockt, die lassen Sie möglichst so die Bewegungen machen, daß die Kinder schweigen müssen dabei. Und so können Sie ganz aus der Natur des Kindes heraus den Übergang bilden zwischen der körperlichen Erziehung und der seelischen Eigentümlichkeit. Sie müssen in anderer Weise turnen lassen ein Kind, das stockende Vorstellungen hat und in anderer Weise ein Kind, das Vorstellungen hat, die wie ein Sieb durch den Kopf durchgehen.

Das ist dasjenige, woran man sieht, wie ungeheuer bedeutungsvoll es ist, den Unterricht als Ganzes gestalten zu können. Es ist etwas Furchtbares, wenn auf der einen Seite in der Klasse der Lehrer den Unterricht erteilt, und dann die Kinder in die Turnschule geschickt werden. Der Turnlehrer weiß gar nichts von dem, was in der Klasse vor sich geht, und er hält nun nach einem Schema den Turnunterricht. Der Turnunterricht muß ganz und gar ein Ergebnis desjenigen sein, was man mit den Kindern in der Klasse erfahren hat. So daß eben in der Waldorfschule angestrebt wird, möglichst, so weit es geht, bis in die Nebenfächer in den unteren Klassen alles, wenigstens all dasjenige, was zur Menschenbildung führen soll, nur einer Lehrkraft zu übergeben.

Dadurch wird gerade eben in bezug auf das Artistische allerdings von dieser Lehrkraft das Höchste gefordert, und auch die willigste, liebevollste Hingabe gefordert. Aber man erreicht auf eine andere Weise kein Heilsames für die Menschheitsentwickelung.

SIEBENTER VORTRAG

Wenn von Organisation gesprochen wird, so meint man heute gewöhnlich, daß man irgend etwas organisieren soll, irgend etwas einrichten soll. Wenn ich heute sprechen möchte von der Organisation der Waldorfschule, so ist es und kann es nicht in diesem Sinne gemeint sein, denn organisieren kann man eigentlich nur dasjenige, was in einem gewissen Sinne mechanisch ist. Man kann die Einrichtung einer Fabrik, irgendeine andere Institution organisieren, wo die Teile zu einem Ganzen durch den Gedanken, den man hineinprägt, zusammengehalten werden sollen. Aber denken Sie sich nur, wie absurd es sein würde, wenn man verlangen würde, man solle den menschlichen Organismus organisieren. Er ist organisiert, er ist da, und man muß ihn als einen Organismus hinnehmen. Man muß ihn studieren. Man muß seine Einrichtungen als die eines Organismus, als einer Organisation kennenlernen.

In diesem Sinne ist eine Schule, wie sie die Waldorfschule ist, von vornherein ein Organismus und kann nicht dadurch organisiert werden, daß man – ich habe das schon angedeutet – ein Programm entwirft, wie nun die Schule eingerichtet sein soll: Paragraph 1, Paragraph 2 und so weiter. Ich habe schon gesagt, ich bin von vornherein völlig überzeugt, ohne Ironie, daß, wenn sich heute 5 oder 12 Menschen zusammensetzen – und heute sind ja die Menschen alle sehr klug, sehr gescheit –, sie werden ein ideales Schulprogramm ausarbeiten können, worinnen gar nichts zu verbessern ist: Paragraph 1, Paragraph 2 und so weiter. Paragraph 12 und so weiter; und die Frage entsteht dann bloß: Kann man das in der Praxis durchführen? – Und da wird sich sehr bald herausstellen, daß sehr schöne Programme gemacht werden können, aber in der Praxis hat man einen vollendeten Organismus vor sich, wenn man eine Schule einrichtet.

Diese Schule besteht dann aus einer Lehrerschaft, die man ja nicht aus Wachs knetet. Paragraph 1 oder Paragraph 5 würde vielleicht heißen: der Lehrer soll so oder so sein. Die Lehrerschaft besteht ja nicht aus etwas, was man aus Wachs knetet, sondern man muß den einzelnen Lehrer suchen; man muß ihn hinnehmen mit den Fähigkeiten, die er hat. Man muß vor allen Dingen verstehen, welche Fähigkeiten er hat. Man muß verstehen, ob er zunächst ein guter Elementarlehrer ist, oder ob er ein guter Lehrer für die höheren Klassen ist. Es handelt sich also darum, geradeso wie man beim menschlichen Organismus, um ihn zu verstehen, die Nase oder das Ohr verstehen muß, so muß man den einzelnen Lehrer verstehen, wenn man überhaupt etwas machen will. Auf abstrakte Programmgrundsätze kommt es nicht an, sondern auf die Realitäten, die man vor sich hat. Könnte man die Lehrer aus Wachs kneten, so könnte man Programme machen. Aber das kann man nicht. So hat man zunächst als die eine Realität das Lehrerkollegium vor sich. Das muß man genau kennen. Das ist vor allen Dingen der erste Grundsatz in der Organisation der Waldorfschule, daß das Lehrerkollegium mir selbst, da ich die Waldorfschule geistig zu leiten habe, in allen seinen einzelnen Individualitäten genau bekannt ist.

Das zweite sind die Kinder, und in dieser Richtung war es mit einigen praktischen Schwierigkeiten verknüpft, aus der Waldorfschule etwas zu machen. Denn diese Waldorfschule wurde zunächst aus all den Emotionen heraus, die im Jahre 1918, 1919 da waren, nachdem der Krieg beendet war, von Emil Molt in Stuttgart begründet. Sie wurde begründet, weil man glaubte, damit zunächst eine soziale Tat zu tun. Man sah, mit den Erwachsenen ist in sozialer Beziehung nicht außerordentlich viel anzufangen; die verstanden sich ein paar Wochen lang in Mitteleuropa nach der Beendigung des Krieges. Nachher verfielen sie sogleich wiederum in diejenigen Urteile, die aus den verschiedenen Klassen sich herausgebildet haben. Daher kam man auf den Gedanken, zunächst für die nächste Generation zu sorgen. Und man brauchte, weil gerade eben Emil Molt, ein Industrieller in Stuttgart, die Schule begründete, zunächst nicht hausieren zu gehen, um Kinder zu bekommen, sondern man bekam die Kinder seiner Fabrik. Es waren also im wesentlichen zunächst Proletarierkinder, etwa 150 Kinder aus der Moltschen Fabrik, die wir bekamen. Diese etwa 150 Kinder wurden dann ergänzt durch weitaus die meisten Kinder aus der Anthroposophischen Gesellschaft in Stuttgart und Umgebung; so daß wir also etwa mit gegen 200 Kindern im Beginne zu arbeiten hatten.

Nun war damit aber zugleich ein Moment gegeben, das die Schule im idealen Sinne zu einer Einheitsschule machte. Denn wir hatten einen Grundstock von Proletarierkindern, und die Anthroposophenkinder waren zunächst nicht Proletarierkinder, sondern aus allen möglichen Ständen, von den untersten bis zu den obersten. Es war also von vornherein alles Standesmäßige, Klassenmäßige ausgeschaltet auch durch die soziale Grundlage in der Waldorfschule. Und das wurde ja auch durchaus angestrebt und wird weiter angestrebt, daß in Betracht kommt allein, ganz allein das allgemein Menschliche. Nur pädagogisch-didaktische Grundsätze gibt es für die Waldorfschule, gar keine Rücksicht darauf, ob ein Kind ein Proletarierkind ist, oder ob es selbst das Kind des ehemaligen Kaisers gewesen wäre, wenn es die Aufnahme in die Waldorfschule gesucht hätte. Bloß pädagogisch-didaktische Grundsätze galten und werden gelten. So war die Waldorfschule von Anfang an als eine Einheitsschule gedacht.

Aber damit waren natürlich auch Schwierigkeiten gegeben, denn das Proletarierkind bekommt man mit anderen Lebensgewohnheiten im 6., 7. Jahre in die Schule herein als das Kind aus anderen Ständen. Aber in dieser Beziehung zeigten sich sehr bald die Gegensätze als sogar außerordentlich wohltuend, wenn auch von Kleinigkeiten natürlich dabei abgesehen werden muß, die mit einer gewissen Mühe dann zu überbrücken sind. Diese Kleinigkeiten können Sie sich ja auch leicht denken; sie beziehen sich zumeist auf äußere Lebensgewohnheiten, und es ist manchmal nicht leicht, alles dasjenige aus den Kindern herauszubringen, was sie in die Schule mit hereinbringen. Aber auch das ist mit einigem gutem Willen durchaus ja zu erreichen, obwohl manche Kinder aus sogenannten höheren Ständen, die nicht gewöhnt sind, das eine oder das andere an sich zu tragen, dann das Unangenehme nach Hause bringen und das von den Eltern in unangenehmer Weise zu Hause bemerkt wird.

Nun, so hatte man also die Kinderschaft auf der anderen Seite. Das waren zunächst, ich möchte sagen, die kleineren Schwierigkeiten. Die größere Schwierigkeit entstand daraus, daß für die Waldorfschule das Ideal vorlag, rein im Sinne der Menschenerkenntnis zu erziehen, jede Woche das an das Kind heranzubringen, was das Kind selber forderte.

Nun richteten wir aber die Waldorfschule sogleich ein als eine achtklassige Elementarschule, so daß wir Kinder drinnen hatten vom 6. oder 7. bis zum 14., 15. Jahre. Diese Kinder bekamen wir zunächst aus den verschiedensten Schulen heraus. Sie hatten die allerverschiedensten Vorbildungen, durchaus nicht diejenige immer, die wir etwa für ein acht- oder elfjähriges Kind für die richtige ansehen mußten. So daß wir also in dem ersten Jahre durchaus nicht mit dem völlig rechnen konnten, was wir als das Ideal der Erziehung ansehen. Da konnte wiederum nicht nach Paragraph 1, Paragraph 2 gegangen werden, sondern da mußte nach den Individualitäten der Kinder, die man in jede einzelne Klasse hereinbekam, vorgegangen werden. Und trotzdem, dieses wäre noch die geringere Schwierigkeit gewesen.

Die größere Schwierigkeit ist diese, daß keine noch so ideale Erziehungsmethode den Menschen herausreißen darf aus dem Leben. Der Mensch ist ja nicht irgend etwas Abstraktes, was man durch die Erziehung hinstellen kann und dann ist es fertig, sondern der Mensch ist das Kind gewisser Eltern. Er ist herausgewachsen aus der sozialen Ordnung. Er muß, nachdem er erzogen worden ist, wieder hinein in diese soziale Ordnung. Sehen Sie, wenn Sie ein Kind so erziehen wollten, wie es absolut der Idee entspricht, so werden Sie es mit 14, 15 Jahren so haben, daß das allerdings sehr ideal sein kann, aber das Kind findet sich nicht zurecht im heutigen Leben, es weiß nichts anzufangen. So daß also nicht bloß ein Ideal zu verwirklichen war und auch jetzt noch nicht ist in der Waldorfschule, sondern es handelt sich darum, das Kind so zu erziehen, daß es immer den Anschluß findet an das heutige Leben, an die heutige soziale Ordnung. Da nützt es nichts, zu sagen, diese soziale Ordnung ist schlecht. Wir müssen doch, ob sie nun gut oder schlecht ist, darinnen einfach leben. Und darum handelt es sich, daß wir darinnen leben müssen, daß wir also die Kinder nicht einfach aus ihr herausziehen dürfen. So hatte ich also die außerordentlich schwere Aufgabe vor mir, auf der einen Seite eine Idee der Erziehung zu erfüllen, auf der anderen Seite mit dem vollen Leben der Gegenwart zu rechnen.

Selbstverständlich mußten die Schulbehörden dasjenige, was in den anderen Schulen geleistet wird, als eine Art Ideal ansehen. Sie sagen zwar immer: das Ideal kann man nicht erreichen, man kann nur das Möglichste tun, die Lebenspraxis fordert das oder jenes. Aber gerade in der Praxis, wenn man mit ihnen zu tun hat, dann sehen sie doch alles dasjenige, was schon eingerichtet ist von seiten der Staatsbehörden oder der entsprechenden Behörden, als etwas außerordentlich Gutes an, und dasjenige, was so eingerichtet wird wie die Waldorfschule, für eine Art Schrulle, für etwas, was man macht, wenn man nicht ganz besonnen ist unter dem Hute!

Nun, nicht wahr, man läßt manchmal solch eine Schrulle gewähren, weil man sich sagt: Na, das wird sich schon zeigen, was es ist. – Aber immerhin, man muß auch damit rechnen, und so versuchte ich durch folgenden Kompromiß zurechtzukommen. Ich schlug vor in einem Memorandum, mir für dasjenige, was meine Schrulle ist, jeweilig drei Jahre Zeit zu lassen, um dann die Kinder so weit zu haben, daß sie den Anschluß an die gewöhnlichen Schulen finden können. So also arbeitete ich ein Memorandum aus dahingehend, daß die Kinder, wenn sie aufgenommen werden, bis zur Vollendung der 3. Elementarklasse, also dem 9. Jahre, das Ziel erreicht haben, daß sie in einer anderen Schule in die 4. Klasse eintreten können. Nur für die Zwischenzeit, sagte ich, wolle ich absolute Freiheit haben, jede Woche dasjenige den Kindern geben zu können, was aus Menschenerkenntnis folgt. Dann wiederum verlangte ich Freiheit vom 9. bis zum 12. Jahre. Nach der Vollendung des 12. Jahres sollten die Kinder wiederum ein solches Ziel erreicht haben, daß sie in die gewöhnliche äußere Schule eintreten können, und wiederum, wenn sie die Schule verlassen haben. Ebenso wird es sein, wenn nun die Kinder, ja, wie gesagt, die jungen Damen und die jungen Herren die Schule verlassen, um an die Universität oder eine andere Hochschule zu kommen, für die Zeit der Geschlechtsreife bis zum Beginn der Hochschulzeit soll völlige Freiheit sein; dann aber sollen sie so weit sein, daß sie in eine beliebige Hochschule, Universität, übertreten können, denn die Dornacher Freie Hochschule wird noch lange nicht als etwas anerkannt sein, in das übergetreten werden kann, wenn die Leute ins Leben hinaus wollen, selbstverständlich.

So also wurde schon mit diesem Parallelismus mit dem gewöhnlichen Schulwesen versucht, dasjenige, was eigentlich gewollt werden muß, mit demjenigen, was eben da ist, in Einklang zu bringen, in eine gewisse Harmonie zu bringen. Denn in keinem Punkte wird in der Waldorfschule irgend etwas angestrebt, was unpraktisch ist, sondern überall in jedem Punkte wird durch diese Schrulle zu verwirklichen versucht dasjenige, was wirklich lebenspraktisch ist.

Daher kann es sich auch nicht darum handeln, aus irgendeinem gescheiten Einfall im Kopfe die Schule nun zu konstruieren – denn eine Konstruktion, nicht eine Organisation würde entstehen –, sondern es kann sich nur darum handeln, dasjenige, was man schon als einen Organismus hat, wirklich von Woche zu Woche zu studieren. Und da ergeben sich in der Tat für denjenigen, der nun Menschenbeobachtung, das heißt auch Kinderbeobachtung hat, die konkretesten Erziehungsmaßregeln von Monat zu Monat. So wie schließlich auch der Arzt, wenn er einen Menschen vor sich hat, nicht bei der ersten Untersuchung gleich sagen kann, was alles geschehen soll, sondern erst nach und nach den Menschen studieren muß, weil der Mensch ein Organismus ist, so handelt es sich also auch darum, daß man einen solchen Organismus, wie es die Schule ist, aber noch mehr fortwährend studiert. Denn es kann zum Beispiel sein, daß man durch die besondere Art von Lehrerschaft und Kinderschaft, die man, sagen wir, im Jahre 1920 vor sich hat, ganz anders vorgehen muß als bei der Lehrerschaft und Schülerschaft, die man im Jahre 1924 vor sich hat, weil unter Umständen die Lehrerschaft eine andere sein kann durch Zuwachs, und die Kinderschaft wird schon ganz gewiß eine andere sein. Demgegenüber könnten Paragraph 1 bis Paragraph 12 so schön wie möglich sein, aber sie taugten nichts; es taugt nur das, was man wirklich durch die Beobachtung eines jeden Tages aus der Klasse herausträgt.

Und deshalb ist das Herz der Waldorfschule, wenn ich von ihrer Organisation spreche, die Lehrerkonferenz, es sind die Lehrerkonferenzen, die von Zeit zu Zeit immer abgehalten werden. Wenn ich selbst in Stuttgart sein kann, geschieht sie unter meiner Leitung, sonst aber finden diese Lehrerkonferenzen auch in verhältnismäßig sehr kurzen Zwischenräumen statt. Da wird wirklich bis ins Einzelnste hinein alles vor der gesamten Lehrerschaft verhandelt über die gesamte Schule, was der einzelne Lehrer in seiner Klasse an Erfahrungen machen kann. So daß fortwährend diese Lehrerkonferenzen die Tendenz haben, die Schule so als einen ganzen Organismus zu gestalten, wie der menschliche Leib ein Organismus ist dadurch, daß er ein Herz hat. Da handelt es sich allerdings bei diesen Lehrerkonferenzen viel weniger um abstrakte Grundsätze, sondern überall bei den Lehrern um den guten Willen zum Zusammenleben, um das Hintanhalten jeder Art von Rivalität. Und vor allen Dingen handelt es sich darum, daß man etwas, was dem anderen nützt, nur vorbringen kann, wenn man die entsprechende Liebe zu jedem einzelnen Kinde hat. Aber ich meine dabei nicht jene Liebe, von der man oft spricht, sondern jene Liebe, die man gerade als artistischer Lehrer hat.

Diese Liebe, die hat noch eine andere Nuance als die gewöhnliche Liebe. Es ist ja wiederum eine andere Nuance, aber dennoch, wer mit kranken Menschen als Menschen innig Mitleid haben kann, hat zunächst die allgemeine Menschenliebe. Aber um einen Kranken zu behandeln, muß man auch – bitte, mißverstehen Sie das nicht, aber es ist so – die Liebe zur Krankheit haben können. Man muß auch sprechen können von einer schönen Krankheit. Die ist natürlich sehr schlimm für den Patienten, aber sie ist für denjenigen, der sie behandeln muß, eine schöne Krankheit. Eine prachtvolle Krankheit kann sie unter Umständen sein. Sie mag sehr schlimm sein für den Patienten, sie ist aber für den, der sich hineinversetzen muß, der sie mit Liebe behandeln können muß, eine prachtvolle Krankheit. Und so ist auch ein völlig nichtsnutziger Knabe, ein Strick, wie man im Deutschen sagt, der ist unter Umständen durch die Art, wie er sein Stricktum auslebt, wie er schlimm ist, wie er nichtsnutzig ist, zuweilen so außerordentlich interessant, daß man ihn außerordentlich lieben kann. Zum Beispiel, wir haben einen sehr interessanten Fall in der Waldorfschule, einen Jungen, der sehr abnorm ist. Er saß von Anfang an in der Waldorfschule, er kam gleich in die erste Klasse. Er hatte die Eigentümlichkeit, daß, wenn sich der Lehrer umdrehte, so lief er auf den Lehrer zu und gab ihm einen Schlag. Der Lehrer behandelte mit einer außerordentlichen Liebe und mit einem außerordentlichen Interesse diesen Nichtsnutz. Er streichelte ihn, führte ihn an seinen Platz zurück, tat gar nicht, als ob er es bemerkt hätte, daß der ihm hinten einen Schlag gegeben hatte. Dieser Knabe kann nur dadurch behandelt werden, daß man seine ganze Genesis ins Auge faßt. Man muß kennen, aus welchem elterlichen Milieu er herausgewachsen ist und muß seine Pathologie kennen. Aber dann kommt man auch mit ihm trotz seiner Nichtsnutzigkeit vorwärts, wenn man gerade diese Art von Nichtsnutzigkeit lieben kann. Es hat etwas Liebenswürdiges, wenn jemand ganz besonders stark nichtsnutzig ist.

Das ist also für den Erzieher ganz anders, als es ist für denjenigen, der mehr von außen die Dinge betrachtet. Und so handelt es sich wirklich darum, daß man diese besondere Liebe entwickle, von der ich jetzt gesprochen habe. Dann weiß man auch in der Lehrerkonferenz etwas Entsprechendes zu sagen. Denn nichts ist nützlicher für die Maßnahmen, die man bei gesunden Kindern zu ergreifen hat, als dasjenige, was man bei abnormen Kindern beobachten kann.

Sehen Sie, gesunde Kinder sind verhältnismäßig schwer zu studieren, weil bei ihnen alle Eigenschaften verwaschen sind. Man kommt nicht so leicht darauf, wie die einzelne Eigenschaft da drinnen sitzt, und wie sie sich mit der anderen zusammenschließt. Bei einem kranken Kinde, wo *ein* Eigenschaftskomplex vorliegt, da kommt man sehr bald darauf, den besonderen Eigenschaftskomplex auch pathologisch zu behandeln. Das kann man dann anwenden bei gesunden Kindern.

Durch solch eine Organisation haben wir es immerhin dazu gebracht, daß die besondere Art der Waldorfschule in kurzer Zeit gewürdigt worden ist dadurch, daß die Zahl der Kinder, die wir im Beginne hatten – gegen 200 sagte ich –, rasch wuchs, und nun haben wir bereits die Zahl von gegen 700 Kindern erreicht, die nun aber aus allen Klassen sind (bis zur 12.), so daß die Waldorfschule jetzt wirklich im besten Sinne des Wortes als eine Einheitsschule organisiert dasteht. Wir mußten für die meisten Klassen, namentlich für die unteren, Parallelklassen errichten, so daß wir eine 1. Klasse A, eine 1. Klasse B und so weiter haben, weil wir eben nach und nach zuviel Kinder für die eine Klasse bekommen haben. Dadurch werden ja natürlich immer größere Aufgaben an die Waldorfschule gestellt. Denn wenn man versucht, die ganze Organisation aus dem Leben heraus zu denken, so gibt jedes Kind, das man bekommt, eine neue Lektion und eine neue Art, in welche man sich hineinfinden muß, um wiederum mit dem Organismus, der ein neues Glied bekommen hat, durch das entsprechende Menschenstudium zurechtzukommen.

Wir haben die Waldorfschule so eingerichtet, daß zunächst der Hauptunterricht am Morgen erteilt wird. Im Sommer etwas früher, im Winter etwa um 8 oder 8¼ Uhr beginnt der Hauptunterricht. Dieser Hauptunterricht hat die Eigentümlichkeit, daß für ihn das, was man gewöhnlich den Stundenplan nennt, abgeschafft ist. Stundenplan im gewöhnlichen Sinne haben wir nicht, sondern es wird eine Materie zunächst für diesen zweistündigen Vormittagsunterricht, der für die kleineren Kinder noch einmal durch eine Pause unterbrochen wird, es wird eine Materie für diesen zweistündigen Vormittagsunterricht genommen, und die wird in vier oder sechs Wochen vollendet. Dann wird eine andere Materie vorgenommen. Das stellt sich dann so heraus, daß die Kinder nicht haben von 8 bis 9 Religion, von 9 bis 10 Naturgeschichte, von 10 bis 11 Rechnen – also immer in etwas anderes hineingeworfen werden, sondern sie haben zum Beispiel im Oktober vier Wochen Rechnen, dann drei Wochen Naturgeschichte und so weiter.

Dasjenige, was da etwa getadelt werden könnte, weil die Kinder vielleicht etwas vergessen würden, weil das aus dem Gedächtnis wiederum entschwindet, was als eine zusammenhängende Materie durchgenommen worden ist, das muß ersetzt werden durch die Ökonomie des Unterrichts und die Tüchtigkeit der Lehrerschaft. Nur in den letzten Wochen eines Schuljahres werden die Materien wiederholt, so daß eine Art Zusammenfassung für das Schuljahr da ist. Dadurch wächst das Kind ganz mit irgendeiner Materie zusammen.

Eine Ausnahme damit muß gemacht werden für den Fremdsprachenunterricht, der eigentlich bei uns ein Sprechunterricht ist. Denn in der Waldorfschule wird es so gemacht, daß schon mit dem Kinde, wenn es die Elementarschule betritt, der Unterricht in den fremden Sprachen, soweit wir es jetzt können, Englisch und Französisch, begonnen wird, und das Kind lernt gleich vom Anfange an sprechen in der betreffenden Sprache. Das Kind lernt möglichst mit Umgehung auch nur des Gedankenübersetzens die Sprache. Es wird also das Wort in der fremden Sprache angeknüpft an den Gegenstand, nicht an das Wort in der deutschen Sprache. So daß das Kind den Tisch neu kennenlernt in irgendeiner fremden Sprache, nicht an dem deutschen Worte «Tisch» lernt es übersetzungsweise das Fremdwort. Es lernt also tatsächlich, und das zeigt sich insbesondere bei jüngeren Kindern, sich auch hineinleben in eine Sprache, die nicht seine Muttersprache ist. Dabei befolgen wir, daß abstrakt Grammatisches, intellektuell Grammatisches an die ganz jungen Kinder überhaupt nicht herangetragen wird. Das Grammatische kann erst von den Kindern verstanden werden zwischen dem 9. und 10. Jahre, an jenem wichtigen Punkt, von dem ich schon gesprochen habe.

Dieser Sprachunterricht wird im wesentlichen erteilt zwischen 10 und 12 Uhr vormittags. Diese Zeit ist also diejenige, wo wir, wenn ich so sagen darf, dasjenige unterrichten, was außer den Hauptunterricht, der immer in den ersten Morgenstunden erteilt wird, fällt. In diese Zeit hinein fällt dann auch alles dasjenige, was etwa Religionsunterricht ist. Über diesen Religionsunterricht, auch über den Moralunterricht und die Disziplin, werde ich noch später sprechen. Aber jetzt möchte ich vor allen Dingen betonen, daß für die Nachmittagsstunden alles Gesangliche, Musikalische und das Eurythmische gesetzt wird. Da soll das Kind womöglich dasjenige, was in Unterricht und Erziehung ist, mit seinem ganzen Menschen durchmachen.

Und darauf, daß alles, was erzogen und unterrichtet wird, an den ganzen Menschen herankommt, kann nun insbesondere Rücksicht genommen werden, wenn der Unterricht in der Art, wie ich es geschildert habe, aus dem Herzen der Lehrerkonferenzen heraus ein Ganzes ist. Das merkt man insbesondere dann, wenn man den Unterricht aus dem mehr Seelischen herüberlaufen läßt in das mehr völlig Physisch-Praktische des Lebens. Und auf dieses Hinüberlaufen in das Physisch-Praktische des Lebens, darauf ist der Waldorfschul-Unterricht in erster Linie angelegt.

Und so wird hingearbeitet, daß immer mehr und mehr die Kinder ihre Hände gebrauchen lernen, wobei herausgearbeitet werden muß aus dem, was Händegebrauch im Spiel erst war bei dem ganz kleinen Kinde durch ein gewisses artistisch, künstlerisches Element hindurch, das aber aus dem Kinde selbst hervorgeholt werden soll.

Das erreichen wir dadurch, daß wir die Kinder allerlei praktische Arbeiten machen lassen. Wir sind es jetzt nur in der Lage vom 6. Schuljahr ab; manche von diesen Dingen gehören in ein früheres Alter, aber – ich habe es schon erwähnt – wir mußten eben Kompromisse schließen, das Ideal wird man erst später erreichen können, dann wird das, was jetzt ein elf- oder zwölfjähriges Kind macht, auch ein neunjähriges Kind machen können auch in bezug auf praktische Arbeiten. Aber diese praktischen Arbeiten tragen den Charakter des freien Arbeitens und des Hineintragens ins Künstlerische. Das Kind soll aus dem Willen heraus arbeiten, nicht aus irgend etwas, was ihm vorgeschrieben ist.

So führen wir in einer Art von Handfertigkeitsunterricht das Kind hinein, allerlei Gegenstände zu schnitzen, allerlei Gegenstände zu verfertigen, die es aus seiner Idee heraus verarbeitet. Man macht die Erfahrung, wie in einem auf das Lebendige gebauten Unterricht tatsächlich die Kinder die Dinge aus sich herausholen. Ich will ein Beispiel sagen. Wir lassen die Kinder Dinge schnitzen, die halb künstlerisch, halb nützlich sind. Man kann zum Beispiel in diese Schale irgend etwas hineintun. Wir lassen die Kinder das schnitzen in den Formen, so daß die Kinder ein Form-, ein Gestaltungsgefühl aus sich heraus bekommen, so daß die Kinder etwas schaffen, was aus ihrem Willen heraus und aus ihrem Wohlgefallen heraus die Form bekommt. Aber dabei stellt sich etwas sehr Merkwürdiges heraus.

Nehmen Sie einmal an, wir haben zu irgendeiner Zeit menschliche Anatomie in der Klasse getrieben so, wie es für diese Klasse in der Schule ganz besonders notwendig ist. Wir haben den Kindern erklärt die Form des Knochensystems, wir haben den Kindern erklärt auch die Form des äußeren Körpers, die Lebensweise des menschlichen Organismus. Die Kinder haben das, indem der Unterricht so artistisch gestaltet wird, wie ich es dargestellt habe in den letzten Tagen, lebendig aufgenommen. Es ist bis in ihren Willen gegangen, nicht bloß bis in ihre Gedanken, in ihre Köpfe. Und dann sieht man, wenn sie nun darangehen, so etwas zu machen, daß das in ihren Händen weiterlebt. Die Formen werden andere, je nachdem wir im Unterricht das eine oder das andere treiben. Es lebt sich in den Formen aus. Man sieht es dem, was die Kinder plastisch schaffen, an, was in den Stunden morgens von 8 bis 10 Uhr getrieben wird, weil das, was als Unterricht erteilt werden soll, eben in den ganzen Menschen hineingeht.

Das erreicht man nur, wenn man eben Rücksicht darauf nimmt, wie in der Natur gearbeitet wird. Gestatten Sie mir, etwas recht Ketzerisches zu sagen: man liebt es ja, den Kindern Puppen in die Hand zu geben, ganz besonders «schöne» Puppen. Man merkt nicht, daß die Kinder das eigentlich nicht wollen. Sie weisen es zurück, aber man drängt es ihnen auf. Schöne Puppen, schön angestrichene! Viel besser ist es, den Kindern ein Taschentuch zu geben, oder wenn ein Taschentuch zu schade ist, irgend etwas anderes; man macht die Sache zusammen, macht hier einen Kopf, malt eine Nase, zwei Augen und so weiter und damit spielen gesunde Kinder viel lieber als mit «schönen» Puppen, weil da für ihre Phantasie noch etwas übrig bleibt; währenddem, wenn die Puppe möglichst schön gestaltet ist, mit roten Wangen sogar, für die Phantasie nichts übrig bleibt. Das Kind verödet innerlich neben der schönen Puppe.

Das weist aber hin auf die Art und Weise, wie man aus dem Kinde hervorholen soll dasjenige, was es nun selber gestaltet. Und da, sehen Sie, wenn unsere Kinder im 6. Schuljahr herankommen in der Schule, die Dinge nun selber aus ihrem Formgefühl heraus zu entwickeln, dann zeigen sie sich so, wie es in diesen kleinen Musterbeispielen der Fall ist, die wir mitgebracht haben (Holzpuppen). Die Dinge sind so, wie sie ganz aus der Individualität irgendeines Kindes herauswachsen.

Es handelt sich aber insbesondere darum, daß man Kinder früh darauf aufmerksam macht, wie sie aus der inneren Beweglichkeit heraus, nicht aus innerer Starrheit heraus eigentlich sich das Leben denken wollen. Daher, wenn man die Kinder allmählich aus dem Spielwesen heraus dasjenige, was ja für sie seriös ist, seinen Ernst hat, gestalten läßt, so muß man versuchen, Beweglichkeit in die Sache hineinzubringen. Sehen Sie, solche Sachen, was, wie ich glaube, ein ganz außerordentlicher Kerl ist (geschnitzter Bär), machen die Kinder ganz von der Picke auf, und sie machen auch diese Zugdinge selber daran, ohne daß man sie dazu anleitet, so daß sich dann bei einem solchen Kerl auch die Zunge bewegt, wenn er so getrieben wird. Oder die Kinder tragen ihre Phantasie hinein in die Sache: sie machen eine Katze nicht so, daß sie artig ist, sondern machen das, was sie bemerken, ohne daß sie die tieferen Zusammenhänge kennen, den Katzenbuckel, ganz ordentlich hinein.

Besonderen Wert lege ich immer darauf, daß Kinder auch bei Spielzeugen sich schon hineinfinden in das, was sich bewegt, was also nicht bloß ruht, sondern bei dem man handeln lernt. So fabrizieren dann die Kinder Dinge, die ihnen außerordentliche Freude gewähren, wenn sie sie nach und nach fertigbringen. Sie machen nicht bloß realistische Dinge, sondern ganz aus ihrer eigenen Idee heraus machen sie solche Gnomengeschichten und dergleichen.

Sie finden durchaus auch die Möglichkeit, in komplizierterer Weise solche Dinge zusammenzusetzen; es wird ihnen nicht gesagt, daß man das machen kann, sondern das Kind wird nur darauf geführt, so daß es von selbst solch einen lustigen Kerl (beweglicher Rabe) machen kann, und dann wiederum sieht er griesgrämig aus, traurig.

Und wenn das Kind dann so etwas fertigbringt (Eule mit beweglichen Flügeln), dann ist es ganz besonders befriedigt! Das machen also die Kinder zwischen dem 11. bis 15. Jahre, jetzt noch die älteren, aber wir werden es dann allmählich zurückzuführen haben in noch frühere Klassen, wo die Formen dann einfacher werden.

Nun, außer diesem Handfertigkeitsunterricht haben wir einen eigentlichen Handarbeitsunterricht. Und da ist das zu bemerken, daß in der Waldorfschule immer für alles Knaben und Mädchen durcheinandersitzen. Wir haben durchaus bis in die höchste Klasse hinauf Knaben und Mädchen durcheinandersitzen. So daß in der Tat, mit geringen Varianten natürlich, und je weiter wir hinaufkommen werden in die höheren Klassen, so muß natürlich differenziert werden, aber es ist so, daß im ganzen tatsächlich der Knabe dieselben Arbeiten lernt, die das Mädchen lernt, und es stellt sich heraus in einer merkwürdigen Weise, wie gern die kleinen Knaben stricken oder häkeln, und wie die Mädchen auch Arbeiten machen, die man sonst nur die Knaben machen läßt. Dadurch wird auch sozial etwas erreicht: das gegenseitige Verständnis der Geschlechter, was ja in erster Linie heute angestrebt werden muß, wo wir in dieser

Beziehung sozial noch gar nicht vorgeschritten sind, wo wir unter den größten Vorurteilen leben. Und es ist ja tatsächlich so, daß es eine Wohltat ist, wenn so etwas erreicht wird wie das, was ich Ihnen zum Beispiel durch das Folgende zeigen will.

Wir haben auch eine solche kleine Schule in Dornach gehabt. Sie ist uns jetzt wegen der schweizerischen Freiheit ja verboten worden, und wir können da nur anfangen, für vorgeschrittene junge Damen und Herren Unterricht zu erteilen, weil die Freiheit es notwendig macht, daß freie Schulen neben den Staatsschulen eben nicht errichtet werden. Nun, nicht wahr, das ist etwas, was ja nicht mit der eigentlichen Pädagogik zusammenhängt. Aber wir haben eine Zeitlang versuchen können, auch in Dornach in einer kleinen Schule zu arbeiten. Es wird ja in der nächsten Zeit wahrscheinlich möglich sein, dennoch eine solche freie Schule in Basel zu bekommen. – Aber in der Waldorfschule, wie gesagt, arbeiten im Handarbeitsunterricht Knaben und Mädchen durcheinander. Da wird alles mögliche dann im Handarbeitsunterricht zustande gebracht. Knaben und Mädchen arbeiten da ganz friedlich zusammen. Sie werden zum Beispiel hier bei diesen beiden Arbeiten nicht leicht unterscheiden können sogar, wenn Sie nicht auf Feinheiten eingehen, worinnen die Unterschiede der Knaben- und Mädchenarbeit liegen (zwei Deckchen).

Das einzige, was sich in merkwürdiger Art herausgestellt hat, das ist – wir gehen dann in der höchsten Klasse, die wir bis jetzt gebildet hatten, in der die sechzehn-, siebzehnjährigen Knaben und Mädchen durcheinander sind, über auch zu Spinnen und Weben, so daß tatsächlich die Menschen ins praktische Leben eingeführt werden, das Leben auch kennenlernen –, nun ist das Merkwürdige: spinnen wollen die Knaben nicht, dabei wollen sie nämlich den Mädchen helfen. Die Mädchen sollen spinnen, und die Knaben wollen dann Zuträger sein, sie wollen da eine Art Ritterschaft ausüben. Das ist das einzige, was sich bis jetzt herausgestellt hat, daß beim Spinnen die Knaben die Mädchen bedienen wollen. Aber im übrigen haben wir gesehen, daß die Knaben alle möglichen Handarbeiten machen.

Es wird nun auch versucht, aus demjenigen, was als Malunterricht angestrebt wird, den Handarbeitsunterricht zu gestalten. Nicht etwa, daß man etwa aufzeichnen und dann sticken läßt, sondern tatsächlich, daß man die Kinder zuerst ganz aus ihrem

Menschenwesen heraus die Farbe behandeln läßt. Da ist es natürlich ungeheuer wichtig, daß man zunächst das richtige Erleben des Farbigen im Kinde erzeugt. Wenn Sie die kleinen Farben nehmen, die man gewöhnlich bekommt in den Handlungen, und die Kinder mit dem Pinsel von den kleinen Farben von der Palette herab malen lassen, lernen sie gar nichts. Das ist notwendig, daß man mit der Farbe leben lernt, nicht von der Palette herab malen läßt, sondern aus dem Tiegel im Wasser aufgelöste Farben nimmt. Da bekommt das Kind das Gefühl, wie Farbe neben Farbe leben kann, das Gefühl für innere Harmonik und für inneres Farbenerleben. Und wenn das auch manchmal Schwierigkeiten bietet – die Klasse sieht manchmal nicht gut aus, nachdem Malunterricht erteilt worden ist, weil nicht alle sehr geschickt sind, manchmal nicht sehr gelehrig sind in dieser Beziehung –, wenn das auch Schwierigkeiten macht, es gibt doch ungeheure Fortschritte, wenn man so die Kinder zunächst ins Farbenelement einführt, so daß sie aus dem Farbenerleben heraus, ohne daß sie naturalistisch etwas nachahmen wollen, zunächst malen lernen. Dann gibt sich schon selbst, ich möchte sagen, die Farbenfläche und Farbenform über die Papierfläche drüber. Und so wird so gemalt in der Waldorfschule, und auch in Dornach wird so gemalt, daß die Kinder zunächst das Farbenerleben malen. Es kommt überall auf die Nebeneinanderstellung, Übereinanderstellung der Farben an. So lebt sich das Kind in die Farbe ein, und dann kommt es schon nach und nach von selbst dazu, aus der Farbe die Form zu holen. Sie sehen, wie hier – bei allerdings vorgeschrittenen Kindern – schon, ohne daß man auf das Zeichnen ausgeht, hervorgeholt ist aus der Farbe ein Geformtes, ein Gestaltetes. Aber nach demselben Prinzip wird auch bei den kleinen Kindern unterrichtet. Wir haben hier zum Beispiel solche Blätter, welche das Farberleben anstreben. Da wird nicht *etwas* gemalt, sondern da wird aus der Farbe heraus gelebt. Das Etwas-Malen kann erst viel später kommen. Wenn man zu früh anfängt, *etwas* zu malen, dann verliert sich der Sinn für das Lebendige, dann kommt der Sinn für das Tote herauf.

Wenn man dann in dieser Weise vorgeht, so ist der Übergang zu irgend etwas Gegenständlichem in der Welt ein viel lebendigerer, als wenn man nicht diese Grundlage schafft. Sehen Sie, Kinder, die erst aus der Farbe heraus haben leben lernen, die malen dann die Insel Sizilien im Zusammenhang mit dem Geographieunterricht zum Beispiel, und es kommt dann eine Landkarte zustande. Und so gliedert sich zusammen künstlerisches Arbeiten und sogar geographischer Unterricht.

Wenn man auf diese Weise ein Gefühl für Farbenharmonik hervorruft, dann bringt man es zustande, daß die Kinder Gegenstände, die irgendwie dem Leben dienen, dann machen. Dieser Einband ist nicht zuerst aufgezeichnet, sondern das Kind lernt in Farbe zu erleben, und nachher so etwas, was etwa ein Bucheinband ist, zu gestalten. Dabei handelt es sich darum, das wirkliche Lebensgefühl bei dem Kinde zu erwecken. Es gibt die Möglichkeit, gerade durch Form und Farbe stark hineinzuführen in das Leben.

Man kann zuweilen finden, daß das Schreckliche geschieht, daß irgend jemand an ein Kleid ein Halsband machen läßt, dann einen Gürtel, unten einen Kleidersaum, und daran hat er dasselbe Muster. Man kann das zuweilen sehen. Es ist natürlich das Schrecklichste, was im Leben passieren kann, aus künstlerischen Instinkten heraus. Das Kind muß frühzeitig lernen, daß ein Band, das für den Hals angebracht ist, die Tendenz hat, nach unten sich irgendwie zu öffnen, nach unten zu wirken; daß der Gürtel beiderseitig wirken muß, und daß der Saum des Kleides

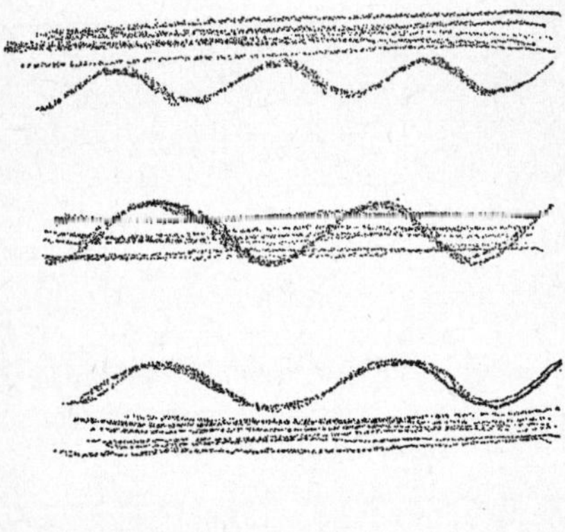

unten, daß der nach oben irgendwie streben muß und unten aufstehen muß; daß also nicht das Schreckliche geschieht, daß ein Kind lernt, einfach ein Band künstlerisch ausbilden, sondern es muß wissen, wie das Band aussehen muß, je nachdem es an diesem oder jenem Teil des Menschen sitzt. So zum Beispiel muß man wissen, wenn ein Bucheinband gemacht wird, daß wenn man das Buch anschaut, man es so aufmacht. Es muß zwischen oben und unten ein Unterschied sein. Dieses Raumgefühl, dieses Formgefühl, in das muß das Kind notwendigerweise hineinwachsen. Das geht dann bis in die Glieder. Das ist ein Unterricht, der zuweilen viel stärker in das Physische hineinwirkt als ein abstraktes Turnen. Und so sehen Sie, wächst aus der Farbenbehandlung eben dasjenige heraus, was dann allerlei nützliche Gegenstände werden, die dann behandelt werden in der Weise, daß wirklich das Kind empfindet Farbe neben Farbe und Form auf Form, und das Ganze gehört zu etwas, und daher mache ich es so.

Das ist dasjenige, das in jede Einzelheit hineingehört, in das Lebendige des Arbeitens. Der Unterricht soll eben eine Vorschule für das Leben sein. Sie werden da unter den Arbeiten allerlei interessante Dinge finden, sogar hier etwas, was ein verhältnismäßig sehr kleines Mädchen gemacht hat (Eierwärmer).

Ich kann Ihnen im Vortrag nicht alles zeigen, ich möchte nur noch darauf aufmerksam machen, daß wir hier allerlei Schönheiten aus der Waldorfschule mitgebracht haben. Hier finden Sie auch zwei Liederbücher von Herrn Baumann, dem Leiter des Musikalischen in der Waldorfschule, aus denen Sie entnehmen werden, welche Art von Liedern und Musikstoffen wir überhaupt in der Waldorfschule behandeln. Dann haben wir von einem der Mädchen – weil wir natürlich wegen der Grenzschwierigkeiten nicht viele Dinge mitbringen konnten – noch allerlei Dinge, die Sie hier vervielfältigt sehen. Das ist aber alles plastisch in der Art ausgeführt, wie es hier ist. Sie sehen, die Kinder haben ganz nette Einfälle; sie fassen doch eben das Leben auf; die Sachen sind aus Holz geschnitzt.

Sie können hieran (Landkarte) noch sehen, wie in das volle Leben dann hineingeführt werden kann, wenn man gerade schon lebensvoll von dem ersten Prinzip ausgeht. Das können Sie hier an dieser Landkarte sehen: man hat zuerst das Farbenerleben, und dann erlebt man ganz seelisch, indem man zuerst das Farbenerleben hat, erlebt man seelisch. Sie sehen hier Griechenland, seelisch erlebt. Es wächst das Kind, indem es zuerst in die Farbenerlebnisse hinein sich findet für dasjenige, was es aus dem Geographieunterricht bekommt, wächst es hinein, sich zu sagen: die Insel Kreta, die muß ich in einer bestimmten Farbe malen, und die kleinasiatische Küste so, den Peloponnes so. Das Kind lernt durch die Farbe künstlerisch sprechen, und es wird eine Landkarte tatsächlich dadurch ein innerliches seelisches Produkt.

Denken Sie nur, wie die Kinder nacherleben die Erde, wenn sie so aus dem Inneren heraus, nachdem sie zunächst so, wie der hier Kreta angestrichen hat oder den Peloponnes oder das nördliche Griechenland, wenn sie bei jeder solchen Farbe die entsprechende Empfindung haben, dann wird ja in ihrer Seele auch lebendig dasjenige, was Griechenland ist, und es schafft das Kind gewissermaßen Griechenland aufs neue gewissermaßen aus sich selbst heraus. Der Mensch nimmt auf diese Weise die Welt wirklich lebendig in sich auf. Und ganz anders leben die Dinge in den Kindern, wenn man sie auf diese Weise die Realität, die ganz gewöhnliche trockene Realität des Tages nacherleben läßt, nachdem sie zuerst die Elemente, durch die sie sich aussprechen, ich möchte sagen, die Farbensilben und Worte, künstlerisch erleben lernen an den einfachen Malereien.

ACHTER VORTRAG

Es wird vielleicht aus den Darstellungen, die ich mir bisher zu geben erlaubt habe, klar geworden sein, worauf alles Erziehen und Unterrichten in der Waldorfschule hinstreben soll. Es soll darnach streben, aus Menschenkindern physisch gesunde und starke Menschen zu machen, seelisch freie Menschen zu machen und geistig klare Menschen zu machen. Physische Gesundheit und Stärke, seelische Freiheit und geistige Klarheit machen dasjenige aus, was die Menschheit in der zukünftigen Entwickelung auch in sozialer Beziehung gerade am meisten brauchen wird. Um aber in dieser Weise zu erziehen und zu unterrichten, ist es nötig, daß für den Erzieher durchaus das erreicht ist, was ich nun auch in diesen Darstellungen versucht habe klarzulegen.

Eine völlige Durchsichtigkeit des kindlichen Organismus muß der Lehrer haben, namentlich auch eine solche Durchsichtigkeit des menschlichen Organismus, welche den Lehrer befähigt, die physische Gesundheit zu beurteilen. Denn dann, wenn man in die Lage kommt, wirklich die physische Gesundheit zu beurteilen und sie in Einklang bringen kann mit dem Seelischen, dann nur ist man in der Lage, sich auch zu sagen: mit dem einen Kind ist dasjenige, mit dem anderen Kind ein anderes zu tun.

Man hat heute vielfach die Meinung, daß in die Schule hineinkommen müsse der Arzt. Man möchte geradezu das System des Schularztes immer weiter ausbilden. Aber geradeso wie es nicht gut ist, wenn man die verschiedenen Zweige, die verschiedenen Gegenstände des Unterrichtswesens an verschiedene Lehrer, die keinen Zusammenhang haben, abgibt, ebensowenig ist es förderlich für die Erziehung, wenn man die physische Gesundheit an jemanden übergibt, der nicht im ganzen Lehrkörper, im ganzen Lehrerkollegium drinnensteht. Es ist allerdings damit eine Schwierigkeit verknüpft. Die Schwierigkeit möchte ich Ihnen beispielsweise zum Ausdruck bringen.

Während einer Führung in der Waldorfschule besuchte einmal jemand, der sonst Schulinspektor ist, unsere Waldorfschule, und ich sprach von demjenigen, was zu beobachten ist auch in bezug auf die physische Gesundheit, die physische Organisation der Kinder, sprach ihm von dem einen Kinde, bei dem irgendwie ein Fehler am Herzen ist, von einem anderen Kinde, bei dem dort ein Fehler liegt und so weiter, und da sagte der Mann ganz erstaunt: Ja, da müßten ja die Lehrer medizinische Kenntnis haben, wenn das in der Schule überhaupt eine Geltung haben soll!

Ja, wenn es eben nötig ist zu einer heilsamen Erziehung, daß die Lehrer bis zu einem gewissen Grade gute medizinische Kenntnisse haben, so müssen sie sie eben haben, dann müssen sie sie eben erreichen. Man kann nicht das Leben nach den Schrullen der Menschen formen, sondern man muß die Einrichtungen unter den Menschen nach den Anforderungen des Lebens bilden. Geradeso wie man sonst etwas lernen muß, um etwas zu können, so muß man auch als Erzieher etwas lernen, um etwas zu können.

So ist es notwendig für den Erzieher, daß er sich eine genaue Einsicht verschafft, namentlich für das ganz kleine Kind, in den Zusammenhang desjenigen, was das Kind auslebt im Spielen. Im Spiel lebt ein ganzer Komplex von Seelenbetätigung, Freude, zuweilen auch Schmerz, Sympathie, Antipathie; namentlich auch liegt im Spiel Neugierde, Wißbegierde. Das Kind will die Spielgegenstände genau untersuchen, sehen, was drinnen ist. Und was da seelisch in einer ganz freien Betätigung, noch nicht hineingezwungen in die Form der menschlichen Arbeit, was da seelisch aus dem Kinde herauskommt, daran muß man beobachten können, wie es aus dem Gefühl kommt, wie es befriedigt oder nicht. Denn wenn man das Spiel des Kindes so leitet, daß das Kind eine gewisse Befriedigung hat am Spiel, so fördert man namentlich diejenige Tätigkeit in gesundheitlicher Beziehung, die sich an das Verdauungssystem des Menschen anschließt. Und wie man das Spiel leitet, so ist im spätesten Lebensalter noch der Mensch in bezug auf seine Blutzirkulation, in bezug auf seine Verdauungstätigkeit mehr oder weniger Hemmungen oder Nichthemmungen ausgesetzt. Da ist ein feiner intimer Zusammenhang zwischen dem, wie das Kind spielt und dem, was aus dem physischen Organismus des Menschen wird.

Man darf nicht sagen: der physische Organismus, das ist was Geringes; ich bin ein Idealist; da hat man nichts zu tun mit diesem niederen physischen Organismus. Dieser physische Organismus ist von den göttlich-geistigen Mächten der Welt in die Welt hereingestellt, ist göttliche Schöpfung, und man muß sich bewußt sein dessen, daß man an seiner göttlichen Schöpfung gerade als Erzieher mitzuarbeiten hat. Ich möchte weniger in allgemeinen abstrakten Sätzen sprechen, als in einem konkreten Beispiel.

Nehmen Sie einmal an, dasjenige tritt in einer, ich möchte sagen, etwas pathologischen Weise auf bei Kindern, was man eine melancholische Anlage nennen könnte, oder das tritt in einer pathologischen Weise auf, was man eine sanguinische Anlage nennen kann. Der Lehrer muß nun wissen können, wo die Grenze ist zwischen dem noch bloß Physischen und dem Pathologischen. Merkt er – das ist viel häufiger der Fall, als man denkt in solchen Dingen –, daß bei einem melancholischen Kinde die Sache ins Pathologische übergeht, wird er eine Verbindung mit den Eltern suchen, und er wird versuchen, sich erzählen zu lassen, wie das Kind im Hause ernährt wird. Er wird dann einen Zusammenhang zwischen dieser Ernährung und der pathologischen Melancholie finden. Denn wahrscheinlich – es könnten auch andere Ursachen sein, aber ich führe ja nur ein Beispiel an, um konkret zu sprechen –, wahrscheinlich wird er entdecken, daß einem solchen Kinde im Hause zu wenig zuckerreiche Nahrung gegeben wird. Dadurch, daß zu wenig Zucker in der Nahrung gegeben wird, wird die Lebertätigkeit nicht in der richtigen Weise reguliert. Denn bei diesem melancholischen Kinde liegt die Eigentümlichkeit vor, daß ein gewisser Stoff, der sonst in den Pflanzen gebildet wird – wir nennen es im Deutschen Stärke –, zwar in der Leber gebildet wird, aber doch nicht in Ordnung ist. Bei jedem Menschen wird in der Leber Stärke gebildet, aber solche Stärke, die nicht Pflanzenstärke ist wie die andere, sondern animalische Stärke, die gleich in der Leber umgewandelt wird in Zucker. Diese Tätigkeit ist ein sehr wichtiger Bestandteil der Lebertätigkeit, die Verwandlung der animalischen Stärke in Zucker. Und das ist beim melancholischen Kinde nicht in der Ordnung, und man muß nun der Mutter raten, dem Kinde mehr Zucker in die Nahrung hineinzugeben, dann wirkt man regulierend auf die – wie man das nennt – Glycogentätigkeit der Leber, und man wird sehen, daß durch diese rein hygienische Maßregel außerordentlich viel erreicht werden kann. Es muß eben die Erziehung auf den ganzen Menschen ausgedehnt werden.

Oder beim sanguinischen Kinde wird man gerade das Gegenteil finden. Das wird sehr häufig zu einem Zuckerschlecker gemacht. Man gibt ihm viel Bonbons. Man gibt ihm zu viel Zucker in die Nahrung. Wenn es zu einem Zuckerschlecker gemacht wird, kommt gerade die entgegengesetzte Tätigkeit zustande. Die Leber ist überhaupt ein unendlich wichtiges Organ, aber ein Organ, das viel ähnlicher ist den Sinnesorganen, als man denkt. Die Leber ist nämlich da, um den ganzen Menschen innerlich wahrzunehmen, innerlich aufzufassen. Die Leber hat eine Sensitivität für den ganzen Menschen. Daher ist sie auch anders organisiert als andere Organe. In andere Organe geht ein gewisses Quantum von Arterienblut hinein und Venenblut heraus. Die Leber hat eine Extraanordnung. Es geht eine besondere Vene in die Leber hinein, die die Leber mit besonderem Venenblut versorgt. Das bewirkt, daß die Leber gerade im Menschen drinnen eine Art Außenwelt ist. Daher ist der Mensch durch die Leber befähigt, sich wahrzunehmen, aber das wahrzunehmen, was auf seinen Organismus wirkt. Die Leber ist ein außerordentlich feines Barometer für die Art und Weise, wie der Mensch der Außenwelt gegenübersteht. Wenn man der Mutter den Rat gibt, ein wenig den Zucker zu entziehen dem pathologisch sanguinischen Kinde, das flatterhaft ist, das nervös herumflattert von Eindruck zu Eindruck, kann man außerordentlich Günstiges bewirken.

Und so kann man durch dasjenige, was da nicht im Unterricht und in der Erziehung geschieht, sondern zwischendurch, wenn man ein ordentlicher Erzieher ist, das Kind in der richtigen Weise leiten, so daß es wirklich gesund und stark und kräftig in seiner physischen Beschaffenheit wird. Und man wird bemerken, wie das gerade von außerordentlich großer Bedeutung ist für die Gesamtentwickelung des Menschen.

Wir haben bei den Knaben und Mädchen der Waldorfschule gerade die allerintensivste Erfahrung gemacht in dem Alter, in dem sie 15, 16 Jahre alt waren. Wir haben zuerst die Waldorfschule mit 8 Elementarklassen gehabt, aber dann immer eine Klasse rückwärts daraufgestülpt, also eine 9., 10. Klasse, dann kommt eine 11. Klasse. Diese Klassen, diese höchsten, die also nicht mehr Elementarklassen sind, sondern Fortschrittsklassen, die haben nun die Knaben und Mädchen eben in diesem fünfzehn-, sechzehnjährigen Alter. Da gibt es ganz besondere

Schwierigkeiten. Diese Schwierigkeiten sind zuweilen auch physisch-moralisch. Von denen werde ich nachher sprechen. Aber auch in physischer Beziehung merkt man, wie die menschliche Natur fortwährend nach dem Pathologischen hinneigt und vor dem Pathologischen geschützt werden muß.

Bei den Mädchen sieht man ganz leise unter Umständen die Gesamtentwickelung nach der Chlorose, nach der Anämie gehen. Das Mädchen wird blutarm, wie man sagt, im Organismus, bleichsüchtig, anämisch. Das rührt wirklich davon her, daß in diesem 14., 15., 16. Jahre das Geistige herausgesondert wird aus der gesamten menschlichen Organisation; und dieses Geistige, das früher im ganzen Menschen drinnen wirkte, das regulierte das Blut. Jetzt ist das Blut sich selber überlassen. Da muß es ordentlich vorbereitet sein, damit es aus seiner eigenen Kraft heraus das Weitere besorgt. Bei den Mädchen tritt das ein, daß sie blutarm, bleichsüchtig werden, und man muß wissen, daß diese Bleichsucht dann kommt, wenn man nicht genügend Interesse erweckt hat mit den Anregungen, die man den Mädchen vorher gegeben hat. Wenn man die Aufmerksamkeit, das Interesse wach erhält, dann ist auch der ganze physische Organismus in der Tätigkeit, die durch das Menschenwesen selbst gefordert wird, und dann wird die Bleichsucht nicht in derselben Weise eintreten.

Bei den Knaben ist das Gegenteil der Fall. Bei den Knaben kommt eine Art Neuritis zustande, eine Art von zu viel Venenblut im Gehirn haben. Dadurch funktioniert gerade in diesen Jahren das Gehirn so, als ob es blutüberfüllt wäre. Bei den Mädchen hat man es mit Blutarmut im Leibe, im Körper zu tun, bei den Knaben mit einer Art Blutüberfüllung, leiser Blutüberfüllung, namentlich mit einer Art unrichtigem Arterien- und Venenblut, namentlich im Kopfe zu tun. Das rührt davon her, daß man die Knaben mit Eindrücken überreizt hat, Eindrücke so an die Knaben herangebracht hat, daß sie von Eindruck zu Eindruck eilen mußten und nicht zur Ruhe kommen konnten. Und man wird sehen, wie die Unarten bei den Vierzehn-, Fünfzehn-, Sechzehnjährigen eben durchaus so auftreten und im Zusammenhange stehen mit der ganzen physischen Entwickelung.

Wenn man so, das Physische nicht verachtend, hinschaut auf das Wesen des Menschen, dann kann man in der Lenkung des Gesundheitswesens gerade außerordentlich viel als Lehrer, als

Erzieher erreichen. Der Grundsatz muß der sein: Spiritualität ist in jedem Augenblicke dann falsch, wenn sie vom Materiellen in ein abstraktes Wolkenkuckucksheim führen soll. Wenn man zum Verachten des Physischen kommt, wenn man dazu kommt, zu sagen: Ach was, der Körper, das ist die niedere Natur, das muß unterdrückt, muß unberücksichtigt werden –, dann kommt man ganz gewiß nicht dazu, den Menschen heilsam zu erziehen. Denn sehen Sie, wenn Sie die physische Natur unberücksichtigt lassen beim Menschen, dann können Sie ja vielleicht sein Geistiges zu einer hohen Abstraktion bringen, aber es ist dann wie ein Luftballon, der davonfliegt. Von dem Geistigen, das nicht gehalten wird vom Physischen im Leben, hat die soziale Entwickelung auf der Erde zunächst nichts. Man muß auch für den Himmel vorbereitet sein, wenn man in den Himmel stark hineinfliegen will. Diese Vorbereitung muß auf der Erde geschehen.

Es ist allerdings für die heutige materialistische Zeit wenig beobachtbar, daß die Menschen, indem sie in den Himmel kommen wollen, das Examen abzulegen haben beim Tode, daß sie hier auf der Erde dasjenige, was als göttlich-geistiges Geschöpf auf die Erde gestellt ist, als Höchstes, der menschliche physische Organismus, daß sie das auch geistgemäß gepflegt haben. Von dem mehr Physisch-Moralischen will ich nun in der nächsten Serie sprechen und in der dritten dann über die Eurythmie.

So wie außerordentlich vieles gewissermaßen zwischen den Maßnahmen, die man in der Schule selber trifft in bezug auf die Erziehung, auf dem physischen Gebiete liegen muß, so auch im Seelischen, so auch im Physischen und im Geiste. Es handelt sich vor allem darum, daß man schon während der Schulzeit beginnt, den Menschen richtig in das Leben hineinzustellen. Ich möchte wiederum dasjenige, was innerhalb des Waldorfschul-Prinzipes angestrebt wird, an Beispielen konkret erläutern, nicht in abstrakten Sätzen.

Man hat es ja nötig, dasjenige, was man mit dem Kinde in einem Schuljahre erarbeitet, festzustellen, wenn das Schuljahr abgeschlossen ist. Man nennt das heute: Zeugnis darüber ausstellen, ob und inwiefern das Kind das Lehrziel erreicht hat. In manchen Ländern wird die Art und Weise, wie das Lehrziel von dem Kinde erreicht worden ist in einem Jahre oder manchmal sogar in Zwischenpausen, den Eltern und den für das Kind verantwortlichen Menschen so mitgeteilt, daß man Zahlen aufgestellt hat: 1, 2, 3, 4; jede Zahl bedeutet, daß das Kind in bezug auf gewisse Gegenstände eine gewisse Fähigkeit erlangt hat. Manchmal, wenn man nicht weiß, ob eine 3 oder eine 4 das richtige Maß ausdrückt, wie das Kind diese Fähigkeit erreicht hat, so schreibt man $3^{1}/_{2}$ und manche Lehrer haben es gar zu der großen Kalkulationskunst gebracht, $3^{1}/_{4}$ zu schreiben. Ich gestehe Ihnen, daß ich diese Kunst, in solchen Zahlen die menschlichen Fähigkeiten auszudrücken, mir nie aneignen konnte.

Das Zeugniswesen in der Waldorfschule wird in einer anderen Weise gehandhabt. Gerade wenn der Lehrkörper, das Lehrerkollegium eine solche Einheit ist, daß jedes Kind in der Schule von jedem Lehrer in einem gewissen Sinne gekannt ist, dann ist es auch möglich, aus dem Ganzen des Kindes heraus ein Urteil über das Kind abzugeben. Daher sieht ein Zeugnis, das wir am Ende eines Schuljahres dem Kinde ausstellen, so wie eine kleine Biographie aus, wie Aperçus aus, über die Erfahrungen, die man mit dem Kinde in und außer der Klasse während des Jahres gemacht hat.

Das Kind hat dann, und die Eltern, die verantwortlichen Vormünder haben vor sich ein Spiegelbild desjenigen, wie das Kind in diesem Lebensalter ist. Und wir haben sogar in der Waldorfschule die Erfahrung gemacht, daß man herben Tadel in dieses Spiegelzeugnis hineinschreiben kann, die Kinder nehmen das mit Zufriedenheit auf. Und dann schreiben wir in das Zeugnis noch etwas anderes hinein. Wir verbinden Vergangenheit mit Zukunft. Wir kennen das Kind, wissen, ob es in der Willenstätigkeit, im Gefühlsleben, in der Denkaktivität fehlt, wissen, ob die oder jene Emotionen prädominieren. Darnach formen wir für jede einzelne Kindesindividualität in der Waldorfschule einen Kernspruch. Den schreiben wir in das Zeugnis hinein. Der soll eine Richtschnur für das ganze nächste Schuljahr sein. Das Kind nimmt diesen Kernspruch so auf, daß es immer daran denken muß. Und dieser Kernspruch hat dann die Eigenschaft, auf den Willen oder auf die Affekte oder Gemütseigenschaften in entsprechender Weise ausgleichend, kontrollierend einzuwirken.

So hat das Zeugnis nicht nur einen intellektuellen Ausdruck dafür, was das Kind geleistet hat, sondern es hat eine Kraft in sich, es wirkt, bis das Kind wiederum ein neues Zeugnis bekommt. Aber gerade daraus können Sie entnehmen, wie genau man eindringen muß in die kindliche Individualität, um bis zu einem gewissen Grade das Kind mit einem solchen tatkräftigen Zeugnisse zu entlassen.

Sie sehen daraus zugleich, daß es uns in der Waldorfschule nicht darauf ankommt, eine Schule zu begründen, die ganz besondere äußere Einrichtungen braucht. Wir legen allen Wert auf dasjenige in der Pädagogik und Didaktik, was aus den Lebensverhältnissen heraus heute jedem Schulwesen eingeimpft werden kann. Wir sind nicht Revolutionäre, die einfach sagen: Stadtschulen taugen nichts, man muß alle Schulen hinausverlegen auf das Land und dergleichen, sondern wir sagen: das Leben aus seinen Verhältnissen heraus gibt dies oder jenes; wir nehmen die Verhältnisse, wie sie sind, und bringen in jede Art von Schulwesen dasjenige hinein, was aus diesen Verhältnissen heraus in richtiger pädagogisch-didaktischer Weise zum Menschenheile wirken kann.

Dadurch kommen wir auch in die Lage, möglichst wenig Gebrauch von dem machen zu müssen, was man sonst im Leben nennt «sitzen bleiben», daß das Kind in der Klasse, in der es ein Jahr war, noch ein Jahr verweilen muß, damit es darinnen noch gescheiter wird. Man hat uns sogar in der Waldorfschule getadelt, weil wir in den höheren Klassen solche Kinder haben, von denen die äußeren Schulbehörden meinten, sie hätten sitzen bleiben müssen. Bei uns ist es außerordentlich schwierig, schon aus gewissen menschlichen Gründen, dieses Sitzenbleiben durchzuführen, weil unsere Lehrer so sehr an den Kindern hängen, daß manche Tränen vergießen würden, wenn sie ein Kind zurücklassen müßten. Es ist so, daß tatsächlich ein inniger Kontakt zwischen den Kindern und dem Lehrer hervorgerufen wird, und dadurch wird tatsächlich auch dieses ominöse Sitzenbleiben vermieden. Man kann ohnedies nichts Vernünftiges mit diesem Sitzenbleiben anfangen. Denn nehmen wir an, wir lassen einen Jungen oder ein Mädchen mit 9 Jahren sitzen in einer vorhergehenden Klasse; das Mädchen oder der Knabe ist aber so veranlagt, daß ihm, wie man sagt, der Knopf im 11. Jahre aufgeht, dann bringen wir das Kind in die Klasse des 11. Jahres um ein Jahr zu spät. Das ist ein viel größerer Schaden, als wenn der Lehrer mit diesem Kinde einmal Mühe gehabt hat, indem es schwächer sich in die Gegenstände eingelebt hat und es in der nächsten Klasse doch mitnehmen muß.

Nur für die allerschwächsten Schüler haben wir eine Hilfsklasse eingerichtet. Wir haben nur *eine* Hilfsklasse, in der wir die schwachen Schüler aller übrigen Klassen haben müssen, weil wir zu einer großen Anzahl von Hilfsklassen kein Geld haben. Wir haben eine Hilfsklasse, allerdings mit einer ausgezeichneten Lehrkraft, Dr. Schubert. Von dem konnte man sagen, als es sich darum handelte, eine Hilfsklasse einzurichten: es ist mit axiomatischer Sicherheit zu sagen, Sie müssen diese Hilfsklasse leiten. Das liegt in seinen Anlagen. Er kann aus dem Pathologischen der Kinder etwas herausbekommen. Er behandelt jedes Kind ganz individuell bis zu dem Grade, daß er es am liebsten hat, wenn er die Kinder nun nicht in einzelne Bänke zu sitzen bekommt, sondern um einen runden Tisch herum zu sitzen bekommt. Die schwachen Kinder, die entweder im Kopfe schwach sind, oder irgendwie zurückgeblieben sind, die werden dann so behandelt, daß sie nach einiger Zeit wiederum mit ihrem Jahrgang mitgehen können. Das kann natürlich nur langsam erreicht werden. Aber auch mit diesem Versetzen in die Hilfsklasse sind wir außerordentlich sparsam, und wenn ich versuchen will, einer Notwendigkeit zufolge irgendein Kind aus einer Klasse in die Hilfsklasse zu versetzen, so muß ich gewöhnlich erst den Kampf mit dem Lehrer der Klasse ausfechten, weil er das Kind nicht hergeben will. Manchmal ist das gerade in außerordentlich wunderbarer Weise hervortretend, wie zusammenwachsen können die Lehrerindividualitäten mit den Schülerindividualitäten. Damit erreicht man wirklich dieses, daß Unterricht und Erziehung etwas Innerliches werden bei den Kindern.

Sie sehen, es beruht alles bei uns auf der Ausbildung der Methodik, weil wir realistisch und nicht nebulose Mystiker sind. Wenn wir auch mit dem anderen Leben eben Kompromisse schließen müssen, so bringen wir es doch durch die Methodik dazu, dasjenige, was in den Kindern individuell veranlagt ist, wirklich aus ihnen herauszuholen; wenigstens für die paar Jahre, die wir wirken konnten, hat sich ja manches Gute gezeigt.

Uns ist allerdings, weil wir die Kompromisse schließen müssen, zum Beispiel für viele Kinder der Religionsunterricht nicht ermöglicht. Wir können das Kind durch das Moralische führen. Das Moralische bringen wir dem Kinde dadurch nahe, daß wir es vor allen Dingen aus der Dankbarkeit heraus erwachsen lassen. Die Dankbarkeit ist das konkrete Erleben dem Menschen gegenüber im Moralischen. Was im Menschengemüte nicht von der Dankbarkeit ausgehen kann, bringt es in der Moralität auch höchstens zu abstrakten Grundsätzen. Aber aus der Dankbarkeit entwickelt sich alles heraus. Und wir entwickeln dann die Liebefähigkeit der Menschen und die Pflichtfähigkeit aus der Dankbarkeit heraus. Dadurch führt man das Moralische zum religiösen Leben. Aber es machten die äußeren Verhältnisse notwendig, daß wir nicht als Himmelstürmer auftraten, daß wir also den katholischen Unterricht in die Hände der katholischen Religionsgemeinde gaben. Die schickt uns in die Schule ihren Vertrauensmann. Und wir lassen die katholischen Kinder von dem katholischen Pfarrer, die evangelischen Kinder von dem evangelischen Pfarrer unterrichten. Es ist die Waldorfschule keine Weltanschauungsschule, sondern eine Methodenschule.

Es hat sich nur herausgestellt, daß eine Anzahl von Kindern Dissidentenkinder waren, die gar keinen Religionsunterricht auf diese Weise bekommen würden. Aber durch den ganzen Geist, der in die Waldorfschule hereinzog, entstand gerade bei denjenigen Eltern, die sonst ihre Kinder in keinen Religionsunterricht geschickt hätten, das Bedürfnis, daß das Moralische ins Religiöse übergeführt wurde. So waren wir genötigt, einen besonderen Religionsunterricht zu geben vom anthroposophischen Gesichtspunkte aus. Das ist nicht, um Anthroposophie in die Schule hineinzutragen. Selbst im anthroposophischen Religionsunterricht lehren wir den kleinen Kindern nicht Anthroposophie, sondern wir versuchen in der Natur diejenigen Symbole und Gleichnisse zu finden, die nach dem Religiösen hinleiten. Wir versuchen das Evangelium in der Weise, wie man es verstehen muß aus einer spirituellen Erfassung der Religion, dem Kinde beizubringen und so weiter. Wer meint, daß es uns mit der Waldorfschule um eine Anthroposophenschule zu tun ist, der versteht weder die Waldorfschul-Pädagogik, noch versteht er die Anthroposophie.

Aber Anthroposophie, wie wird sie denn sehr häufig verstanden? Wenn die Menschen von Anthroposophie reden, dann denken sie sich darunter irgend etwas Sektiererisches, weil sie höchstens noch im Lexikon nachschauen, was wörtlich Anthroposophie bedeutet. Es ist ungefähr so, wie heute von der Welt Anthroposophie aufgenommen wird, wie ich es durch einen Vergleich ausdrücken kann. Nehmen Sie an, jemand hört: Max Müller aus Oxford – was kann das für ein Mensch gewesen sein? Ein Müller, ja, der kaufte Korn, und dann brachte er das Korn in die Mühle, und dann mahlte er aus dem Korn Mehl und das lieferte er dann an den Bäcker. Sehen Sie, ich glaube nicht, daß die Menschen, die nach dem Namen Müller so viel von Max Müller in Oxford erzählen würden, daß die sehr viel Treffendes über ihn erzählen würden! So ungefähr ist es, wenn heute die Leute über Anthroposophie reden, geradeso wie wenn sie so über Max Müller reden würden, denn sie schälen sich aus dem Wortverhältnis dasjenige heraus, was Anthroposophie nach ihrer Meinung ist. Sie sehen in ihr so eine Sekte vom Hinterland; während eben jedes Ding einen Namen haben muß.

Anthroposophie ist dasjenige, was wirklich aus allen Wissenschaften und aus dem Leben herauswächst und gar keinen Namen brauchte; aber nun, weil schon einmal die Menschen Namen haben müssen in dieser irdischen Welt, weil das Ding schon einen Namen haben muß, heißt es Anthroposophie. Aber ebensowenig wie das Wesen des Gelehrten aus seinem Namen Max Müller folgt, ebensowenig folgt etwas aus dem Namen «Anthroposophie» für die Sache. So ist es, indem wir hineintragen in die Schule anthroposophischen Religionsunterricht, daß wir uns ebenso hinstellen neben die anderen Religionsunterrichte als etwas, was sich hineinfügt, wie das bei den anderen Religionsunterrichten der Fall ist.

Nun, wirklich, ich meine es nicht böse, aber andere haben es uns zum Bösen ausgelegt. Der anthroposophische Religionsunterricht, der vergrößert sich; immer mehr Kinder kommen dazu. Und es sind sogar schon Kinder von den anderen fortgelaufen, sind zu dem anthroposophischen Religionsunterricht herübergekommen. Es ist doch dann ganz verständlich, daß die Leute sagen: Was sind die Anthroposophen für schlechte Menschen! Sogar die Kinder verführen sie, daß sie aus dem evangelischen oder katholischen Religionsunterricht fortlaufen und dort Religionsunterricht haben wollen. – Wir tun alles, um die Kinder womöglich davon abzuhalten, denn es ist außerordentlich schwierig, gerade auf unserem Gebiete Religionslehrer zu finden. Aber trotzdem wir niemals versucht haben, diese

Sache auf etwas anderes hin als auf die Anforderungen der Eltern und der unbewußten Anforderungen der Kinder selbst einzurichten, breitet sich, ich möchte sagen, zu meinem Jammer das Bedürfnis nach diesem anthroposophischen Religionsunterricht immer mehr und mehr aus. Und da handelt es sich wirklich darum, daß durch diesen anthroposophischen Religionsunterricht die Waldorfschule einen durch und durch christlichen Charakter bekommen hat.

Sie werden das fühlen aus dem ganzen Auswirken des Milieus in der Waldorfschule, daß über allem Unterricht ein christlicher Charakter liegt, daß also tatsächlich religiöses Leben in der Waldorfschule waltet, trotzdem wir vom Anfange an es nicht darauf angelegt haben, aus der Waldorfschule irgend etwas zu machen, was mit Konfessionellem etwas zu tun hat. Ich muß es wiederholt und wiederholt sagen: das Waldorfschul-Prinzip ist nicht ein Prinzip, das eine Weltanschauungsschule machen will, sondern eine Methodenschule. Was erreicht werden soll durch eine Methode, die auf Menschenerkenntnis beruht, ist dasjenige, daß man aus Kindern physisch gesunde und kräftige, seelisch freie und geistig klare Menschen macht.

Gestatten Sie, daß ich noch ein paar Worte spreche über die Bedeutung des eurythmischen Unterrichts und der Erziehung, welche für das Kind gerade aus dem Eurythmieunterricht hervorgehen kann. Ich möchte das erläutern an den Figuren, die im Atelier in Dornach gemacht worden sind, und die in einer gewissen künstlerischen Weise darstellen sollen dasjenige, was eigentlich der Inhalt des Eurythmischen ist. Zunächst sind diese Figuren allerdings mehr bestimmt, eine Grundlage zu geben für die künstlerische Anschauung der Eurythmie. Ich werde aber auch in der Lage sein, in bezug auf das Pädagogisch-Didaktische gerade aus diesen Figuren heraus einzelnes vor Ihnen klarzumachen. Es handelt sich darum, daß ja die Eurythmie wirklich eine sichtbare Sprache ist, keine mimische Äußerung, keine pantomimische Äußerung und auch keine gewöhnliche Tanzkunst. Geradeso wie der Mensch partielle Organe in Regsamkeit, in Tätigkeit bringt, wenn er singt oder wenn er spricht, so kann man auch den ganzen Menschen in diejenigen Bewegungen bringen, die eigentlich der Kehlkopf und seine Nachbarorgane ausüben wollen. Aber sie kommen nicht dazu, sie unterdrücken sie gleich, und da werden die anderen Bewegungen, die dann so verlaufen, daß sich dasjenige, was eigentlich im Kehlkopf, sagen wir, diese Bewegung werden will, so daß sich die Kehlkopfflügel nach außen öffnen: A, das wird im Moment des Entstehens, im Status nascendi untergraben, wird in eine solche Bewegung verwandelt, in die der Gedankeninhalt der Sprache hineinversetzt werden kann, und in eine Bewegung, die dann in die Luft übergehen kann und gehört werden kann. Die zugrundeliegende Bewegung, die eigentlich innermenschliche Bewegung, sagen wir des A, Sie haben sie hier (die Figur wird gezeigt). Das will der ganze Mensch machen, wenn er in A ausbricht. Und so kann man jede Äußerung des Gesanges und der Sprache in der Bewegung, die eigentlich der ganze Mensch ausführen will, aber im Status nascendi aufhält, sichtbar machen. So kann man zu jeder solchen Bewegungsform kommen.

Geradeso wie es Formungen gibt des Kehlkopfes und der anderen Sprachorgane für A, I, L, M, so gibt es die entsprechenden Bewegungen, Bewegungsformen. Diese Bewegungsformen, sie sind daher diejenige Offenbarung des Willens, für die sonst die Offenbarungen des Gedankens und des Willens, im Sprechen und Singen bestehen. Das Gedankliche, das rein abstrakte Gedankliche, das in der Sprache ist, wird hier herausgenommen, und alles, was sich aussprechen will, in die Bewegung selbst hineinversetzt; so daß die Eurythmie im weitesten Sinne eine Bewegungskunst ist. Genau ebenso wie Sie das A hören können, können Sie das A anschauen, wie Sie das I hören können, können Sie das I anschauen.

Nun ist in diesen Figuren das angestrebt, daß in der plastischen Gestaltung des Holzes die Bewegung vor allen Dingen festgehalten ist. Die Figuren sind nach einem Dreifarbenprinzip gebildet. Es ist die Grundfarbe da, die eigentlich überall die Bewegungsform zum Ausdruck bringen soll. Aber wie in unsere Lautsprache das Gefühl hineinströmt, so kann das Gefühl auch hinunterströmen in die Bewegung. Denn wir sprechen ja nicht nur einen Laut, sondern wir geben dem Laute eine Gefühlsfärbung. Das können wir auch in der Eurythmie. Und da wirkt ein stark unterbewußtes Moment in die Eurythmie hinein. Wenn der Akteur, der Darsteller imstande ist, dieses Gefühl künstlerisch in seine Bewegungen hineinzulegen, dann wird man dieses Gefühl auch mitfühlen, wenn man die eurythmischen Bewegungen sieht. Hier ist noch das in Betracht gezogen, daß der Schleier, der getragen wird, diesen Gefühlen folgen soll. So daß also dasjenige, was hier (bei den Figuren) als zweite Farbe vorzugsweise auf den Schleier verwendet ist, darstellt die Gefühlsnuance für die Bewegung. Sie haben also eine erste Grundfarbe, die drückt die Bewegung selber aus, eine zweite daraufgesetzte Farbe, die vorzugsweise im Schleier zum Ausdrucke kommt, die drückt die Gefühlsnuance aus. Aber der eurythmische Akteur muß die innere Kraft haben, dieses Gefühl in die Bewegung hineinzulegen, so wie es einen Unterschied macht, ob ich zu jemandem sage: Komm zu mir! – befehlend – oder: Komm zu mir! – freundlich auffordernd. Das ist die Gefühlsnuance. So stellt dasjenige, was hier in der zweiten Farbe zum Ausdrucke kommt, und was dann in den Schleier hinein fortgesetzt wird, die Gefühlsnuance der eurythmischen Sprache dar.

Und das dritte bringt Charakter, das starke Willenselement hinein. Das kommt nur dadurch in die Eurythmie hinein, daß der eurythmische Akteur in der Lage ist, mitzuempfinden seine Bewegungen und daß er sie in sich selbst ausdrückt. Der Kopf eines eurythmisierenden Akteurs sieht ganz anders aus, ob er die Muskeln im linken Haupte etwas spannt und im rechten etwas schlaff läßt, wie es zum Beispiel hier angedeutet ist durch die dritte Farbe. Sie können das beobachten, immer die dritte Farbe zeigt das Willensmäßige an. Hier zum Beispiel wird an der linken Seite etwas gespannt, und hier über den Mund hinüber; hier (bei einer anderen Figur) wird die Stirne etwas gespannt, die Muskeln der Stirne etwas gespannt. Das gibt dann – ausstrahlend von dieser leisen Spannung, denn das strahlt in den ganzen Organismus aus, was da leise gespannt wird –, das gibt dem Ganzen einen innerlichen Charakter. Und aus dieser Bewegung, die durch die Grundfarbe ausgedrückt ist, aus der Gefühlsnuance, die durch die zweite Farbe ausgedrückt wird, und aus diesem Willenselemente – das ganze Element ist Willenselement, aber da wird der Wille noch besonders daraufgesetzt –, aus dem setzt sich die eigentliche eurythmische Kunst zusammen.

Will man daher irgend etwas eurythmisch festhalten, so muß man aus dem Menschen heraussondern dasjenige, was bloß eurythmisch ist. Würden hier Figuren stehen mit schön gemalten Nasen und Augen und schönem Mund, das könnten ja schöne Malereien sein; aber bei der Eurythmie handelt es sich nicht darum, hier ist nur das gemalt und gebildet, was das Eurythmische am eurythmisierenden Menschen ist.

Der eurythmisierende Mensch ist so, daß es bei ihm auf das spezielle Gesicht nicht ankommt. Es kommt nicht darauf an. Es ist natürlich so, daß von selbst bei einem gesunden Eurythmisierenden nicht zu einer freudigen Bewegung ein griesgrämiges Gesicht gemacht wird, aber das ist ja sonst auch, wenn man spricht, der Fall. Aber eine Physiognomie des Gesichtes, die nicht eurythmisch ist, die wird nicht angestrebt. Zum Beispiel: es kann einer eine A-Bewegung dadurch machen, daß er die Augenachse nach außen hält. Das ist eurythmisch, das geht. Aber es geht nicht, daß irgendeiner, so wie es in der mimischen Kunst ist, besondere Kinkerlitzchen – so sagt man im Deutschen – mit den Augen macht, und das sieht aus wie eine Grimasse, was man oftmals verlangt als einen besonderen mimischen Ausdruck des Gesichtes. Es muß am Eurythmisierenden alles eurythmisch sein.

Daher wurde hier einmal in einer Art Expressionskunst dasjenige aus dem Menschen herausgeholt, was nur Eurythmie ist, alles andere weggelassen, und man bekommt eigentlich auf diese Weise nur einen künstlerischen Ausdruck. Denn es ist ja in aller Kunst so, daß man nur mit gewissen Kunstmitteln dasjenige zum Ausdrucke bringt, was eben eine Kunst darstellen kann. Sie können eine Statue nicht sprechen lassen; Sie müssen also in der Formung des Mundes, des ganzen Gesichtes dasjenige ausdrücken, was Sie als seelischen Ausdruck haben wollen. So nützt es auch nichts, hier naturalistische Menschen zu malen, sondern das zu malen, was unmittelbar als Eurythmisches herauskommt.

Nun ist es natürlich, daß wenn ich hier vom Schleier spreche, man nicht nach jedem Laut den Schleier wechseln kann; aber man findet allmählich heraus, daß wenn man einmal in diese Gefühlsnuance, in diese Stimmung sich hineinversetzt für ein Gedicht, dann hat ein ganzes Gedicht eine A-Stimmung oder eine B-Stimmung. Dann kann man für das ganze Gedicht in irgendeiner Schleierfarbe die Sache zurechtmachen.

Ebenso ist es mit der Farbgestaltung. Hier habe ich für jeden einzelnen Laut Schleier, Form, Farbenzusammenstellung und so weiter dargestellt. Man muß bei einem Gedicht gewissermaßen die Grundnote haben. Diese Grundnote gibt dann die Schleierfarbe, überhaupt die ganze Zusammenstellung, die man durch das Gedicht festhalten muß, sonst müßten sich die Damen die Schleier fortwährend wechseln, fortwährend Schleier abwerfen, andere Schleier anziehen, und die Sache würde noch komplizierter werden als sie schon ist, und die Leute würden sagen, sie verstehen sie noch weniger. Aber es ist durchaus so: hat man einmal die Lautstimmung, kann man sie auch durch ein ganzes Gedicht festhaltend und nur durch die Bewegungen variierend den Übergang von einem Laut zum anderen, einer Silbe zur anderen, von einer Stimmung zu der anderen und so weiter machen.

Nun, ich habe, da ich heute pädagogisch-didaktische Zwecke habe, hier die Eurythmiefiguren so aufgestellt, daß Sie sie in der Reihenfolge sehen, wie das Kind die Laute lernt. Das Kind lernt von klein auf die Laute so, daß der erste Laut im wesentlichen derjenige ist, der als A tönt. In dieser Reihenfolge fortgeschritten, ungefähr natürlich, es gibt alle möglichen Abweichungen bei Kindern, aber in dieser Reihenfolge ungefähr: A, E, O, U, I, werden die Vokale durchschnittlich normal angeeignet von dem Kinde. Wenn man in dieser Weise wiederum diese sichtbare Sprache der Eurythmie von dem Kinde ausüben läßt, dann ist es wie eine Auferstehung desjenigen, was das Kind erlebt hat beim Lautelernen als ganz kleines Kind, wie eine Resurektion, wie eine Auferstehung auf einer anderen Stufe. Das Kind erlebt noch einmal das, was es früher erlebt hat, in dieser eurythmischen Sprache. Und es ist das eine Befestigung desjenigen, was in dem Worte liegt, durch die Mittel des ganzen Menschen.

Dann, bei den Konsonanten ist es so, daß die Kinder lernen M, B, P, D, T, L, N; da würde noch ein NG sein müssen, wie zum Beispiel in gingen, das ist noch nicht gebildet; dann F, H, G, S, R. R, dieser geheimnisvolle Buchstabe, der eigentlich drei Formen in der menschlichen Sprache hat, wird in Vollkommenheit erst zuletzt von den Kindern ausgeführt. Es gibt ein Lippen-R, ein Zungen-R, und ein R, das ganz rückwärts gesprochen wird.

So also kann man dasjenige, was das Kind in der Sprache in einem Partialorganismus, im Sprachorganismus und im Gesangsorganismus lernt, das kann man auf den ganzen Menschen übertragen, zur sichtbaren Sprache ausbilden.

Wir werden dann, wenn einiges Interesse vorhanden sein sollte für solch eine expressionistische Kunst, auch weiteres ausbilden können, wie zum Beispiel Freude, Traurigkeit, wie Antipathie, Sympathie und anderes, was ja alles in Eurythmie darzustellen ist. Nicht nur die Grammatik, sondern auch die Rhetorik kommt in der Eurythmie zurecht. Wir werden das alles ausbilden können. Dann wird man sehen, wie tatsächlich auch dieses geistig-seelische Turnen, das nicht nur in den physischen Menschen physiologisch hineinwirkt, sondern geistig-seelisch und leiblich-körperlich den Menschen bildet, in der Tat auf der einen Seite seinen pädagogisch-didaktischen Wert, auf der anderen Seite seinen künstlerischen Wert haben kann.

Nun, gestatten Sie, daß ich nur in Parenthese eben hinzufüge, daß diese Figuren von dem Eurythmielernenden nach dem Eurythmieunterricht zum memorieren dienen können. Denn man soll nur ja nicht glauben, daß Eurythmie etwas so Leichtes ist, daß man es in ein paar Stunden sich beibringen kann. Eurythmie muß wirklich gründlich erlernt werden; aber zum Wiederholen können solche Eurythmiefiguren auch für diejenigen dienen, die eurythmische Kunst suchen, zu dem Weiter-sich-Hineinvertiefen. Man wird schon sehen, daß in den Formen selber, die hier verhältnismäßig einfach geschnitzt und bemalt sind, sehr viel liegt.

Das ist dasjenige, was ich heute sagen wollte über die eurythmische Kunst, namentlich insofern sie sich einfügen kann in das pädagogisch-didaktische Prinzip, wie wir es in der Waldorfschule zu pflegen suchen.

NEUNTER VORTRAG

Gestern erlaubte ich mir schon anzudeuten, zu welchem Punkte in der Erziehung der Jugend man kommt, wenn die Knaben und Mädchen das 14. oder 15. Jahr, die Geschlechtsreife erreicht haben. Da ergeben sich für den Erzieher, der seine Verantwortlichkeit fühlt, große Schwierigkeiten. Und insbesondere in einer Schule oder Erziehungsanstalt, in welcher aus dem Wesen des Menschen erzogen wird, treten diese Erscheinungen ganz besonders zutage. Aber es kann sich dabei nicht darum handeln, durch irgendwelche unnatürliche Erziehungsmaßnahmen diese Schwierigkeiten zurückzudrängen. Denn, drängt man sie für dieses Lebensalter zurück, dann ergeben sie sich im späteren Leben im maskierten Zustande in aller möglichen Weise. Es ist viel besser, wenn man mit klaren Augen den Schwierigkeiten, die entstehen, entgegenschaut, und wenn man sich dazu anschickt, sie auch in der richtigen Weise als etwas, was im Menschenleben da sein muß, zu behandeln. Gerade in einer Schule wie der Waldorfschule, in der sich Knaben und Mädchen nebeneinander und im unmittelbaren freien Verkehre miteinander befinden, gerade in einer solchen Schule treten eben diese Schwierigkeiten ganz besonders auf.

Wir konnten schon darauf hinweisen, welche Differenz eintritt zwischen Knaben und Mädchen so gegen das 10. Lebensjahr hin. Da beginnen die Mädchen stärker zu wachsen, namentlich auch stärker in die Höhe zu wachsen. Die Knaben bleiben im Wachstum etwas zurück bis zum Geschlechtsreifealter. Da überholen wiederum die Knaben die Mädchen.

Für denjenigen, der aus einer wirklichen Menschenerkenntnis heraus, die Geist, Seele und Leib umfaßt im innigen Miteinanderwirken, beobachtet, für den bedeutet das sehr viel; denn es ist in dem Wachsen, namentlich in der Überwindung der Schwerkraft der Erde durch das Wachsen etwas Fundamentales aus der Menschennatur gegeben. Und wiederum auf der anderen Seite ist etwas Fundamentales damit gegeben, ob irgend etwas in den Lebenserscheinungen des Menschen in der einen oder in der anderen Lebensepoche eintritt. Es ist deshalb so, daß gewisse kosmische, außermenschliche Wirkungen, die von der Außenwelt in dem Menschen ausgeübt werden, auf den weiblichen Organismus in einer intensiveren Weise zwischen dem 10. und 14. Jahre wirken als auf den männlichen Organismus. Gewissermaßen lebt sich der weibliche Organismus zwischen dem 10. und 14. Jahre in eine übersinnliche Welt auch körperlich hinein.

Ich bitte das als etwas ganz besonders Wichtiges zu betrachten. Es lebt sich der weibliche Organismus zwischen dem 10. und 12., 13., 14. Lebensjahr als Organismus in etwas Geistiges hinein. Er wird durchgeistigt in dieser Zeit. So daß ihm für diese Zeit bei Mädchen etwas ganz besonderes mit der Blutentwickelung gegeben ist. Die Blutzirkulation steht, man möchte sagen, in diesen Lebensjahren der ganzen Welt gegenüber. Sie muß sich gewissermaßen an der ganzen Welt, an dem Universum regulieren. Und Beobachtungen einfach auch mit äußeren Instrumenten, die etwa feststellen würden, wie sich das Verhältnis zwischen Pulsschlägen und Atemzügen verändert zwischen dem 10. und 14. Jahre, die würden etwas ganz anderes ergeben für die Mädchennatur als für die Knabennatur.

Der Knabe beginnt mit dem 13., 14. Jahre ein anderes Wesen zu zeigen, als er früher gezeigt hat, und da beginnt er auch das Mädchen an Größe zu überwachsen. Er wächst hinaus. Er holt das wiederum nach, was er früher versäumt hat, aber er holt das nach in einem Zustande, in dem der Mensch ganz anders der Welt gegenübersteht, als er in früheren Lebensjahren gegenübergestanden hat. Daher wird beim Knaben jetzt mehr engagiert das Nervensystem als das Blutsystem. Und so ist es beim Knaben leicht der Fall, daß sein Nervensystem gerade in diesen Jahren überreizt wird, wenn man nicht in der richtigen Weise die Eindrücke des Schulwesens an den Knaben heranbringt. Denn in diesen Jahren hat einen ungeheuren Einfluß auf den Knaben dasjenige, was in der Sprache oder in den Sprachen, die er gelernt hat, liegt. Die menschlichen Vorstellungen, die in der Sprache oder in den Sprachen niedergelegt sind, die dringen gewissermaßen, während der Körper schwächer wächst, sie dringen in den Knaben ein. Und so beginnt mit diesem Lebensalter in dem Knaben die Welt zu rumoren, innerlich zu toben, aber die Welt, die auf der Erde die Umgebung bildet.

Man möchte sagen: dem Mädchen wird etwas von dem ganzen Kosmos, von dem Universum eingepflanzt, etwas früher; dem Knaben wird die Umgebung auf der Erde auf dem Umwege durch die Sprache eingepflanzt. Sie können äußerlich an Symptomen das dadurch wahrnehmen, daß der Knabe seine Stimme verändert. Es geht auf diesem Umwege der Stimmbildung mit der ganzen Organisation des Knaben ungeheuer viel vor sich. Beim weiblichen Organismus tritt diese Stimmveränderung nur in leiser Weise hervor. Dagegen innerlich im Organismus hat sich etwas vorbereitet, was eben mit dem schnellen Aufschießen zusammenhängt, was mehr, ich möchte sagen, überirdische Welt in das Mädchen hineingießt. Gerade die Fortschritte der materialistischen Erkenntnis der Welt kommen vor einer spirituellen Anschauung zur Geltung.

Sehen Sie, wenn die Rede davon ist, daß spirituelle Gesichtspunkte oder spirituelle Werte irgendwo vertreten werden, so sagt man leicht: nun ja, das sind solche sonderbare Käuze, die schweben weit von der Erde weg, die wollen das Materielle verachten. Und dann kommt wohl der Naturforscher und hebt die großen Fortschritte der rein materiellen Erkenntnisse hervor, die die letzten Jahrhunderte gemacht haben. Und dann glaubt man, daß diejenigen, die von so etwas Weltfremdem – ich meine jetzt nicht, die Anthroposophie ist weltfremd, aber der Welt ist die Anthroposophie fremd –, wenn dann so etwas Weltfremdes auftritt, wie die Anthroposophie, dann glaubt man, die kümmert sich nicht um die Materie, um die praktische Welt. Sie ist es gerade, welche die großen Fortschritte der naturwissenschaftlichen Erkenntnisse aufnimmt, mit ungeheurer Liebe aufnimmt und sie dann durchtränkt mit dem, was man aus der geistigen Welt heraus erkennen kann. So daß man tatsächlich eine richtige Einschätzung des Materialismus gerade bei den Bekennern einer spirituellen Philosophie finden wird, eine richtige Einschätzung des Materialismus. Der Spiritualist darf Materialist sein. Aber der bloße Materialist verliert mit dem Geiste auch die Erkenntnis der Materie, denn er hat nichts mehr vor sich als den äußeren Schein von der Materie. Gerade der Materialist verliert jede Einsicht in das materielle Geschehen. Das ist dasjenige, was ich als etwas besonders Bedeutungsvolles hervorheben möchte.

Und, sehen Sie, derjenige, der nun in der Weise den Kindern gegenübersteht wie der Waldorflehrer, der beurteilt nun den Menschen, der geschlechtsreif geworden ist, der also hinübergekommen ist in seiner Lebensentwickelung über das, was in der

Lebensepoche geschehen ist, die ich eben jetzt angedeutet habe, der beurteilt diesen Menschen in einer ganz anderen Weise, als wenn man nichts von alledem weiß, namentlich wenn man es nicht vom spirituellen Gesichtspunkte aus weiß.

In dem Knaben, so um das 14., 15. Jahr herum, tritt einem entgegen ein Mensch, in dem die äußere Umgebung rumort. Ich möchte sagen: die Worte mit ihrem bedeutungsvollen Inhalte, die sind in sein Nervensystem unbewußt eingezogen, die rumoren in seinen Nerven. Er weiß mit sich selber nichts anzufangen, der Knabe. Er hat ja etwas in sich aufgenommen, das ihm gerade im 14., 15. Lebensjahr anfängt, fremd zu erscheinen. Er kommt in ein Staunen hinein, in ein Kritisieren, Skeptizieren gegenüber sich selbst; er kommt in eine Haltlosigkeit gegenüber sich selbst. Und wer die Menschennatur versteht, der weiß, daß dieses merkwürdige zweibeinige Wesen, das auf der Erde herumwandelt und das man Anthropos nennt, daß dieses für keinen Philosophen jemals ein so großes Rätsel war, als es oftmals ist für den fünfzehnjährigen Knaben; denn es umfaßt da das Rätselvolle alle Kräfte der menschlichen Seele. Denn dasjenige, was am meisten entfernt liegt vom gewöhnlichen Bewußtsein, der Wille, der ist es, der förmlich anstürmt gegen das Knaben-Nervensystem im 14., 15. Lebensjahre.

Anders ist es beim Mädchen. Und gerade wenn man das recht anstreben will, was mit Recht in der Gegenwart angestrebt wird, und was in der Zukunft kommen muß, die völlige Gleichheit, die Gleichberechtigung der beiden Geschlechter für die Welt, dann muß man einen klaren, unbefangenen Blick haben für die Differenzierung. Nur dadurch kann die Gleichheit realisiert werden, daß man einen klaren unbefangenen Blick für die Differenzierung hat. Und in demselben Sinne, wie der Knabe sich selber ein Rätsel wird, etwas, das er bestaunt, wird dem Mädchen gerade in diesen Jahren die Außenwelt ein Rätsel. Das Mädchen hat aufgenommen etwas Überirdisches in sich. Es gestaltet sich die ganze Menschenwesenheit unbewußt in dem Mädchen. Dann hat man ein Menschenwesen vor sich mit dem 14., 15. Lebensjahre, das nun vor der Welt erstaunt, das in der Welt die Rätsel findet, das in der Welt vor allen Dingen die Realisierung von Werten finden möchte.

Und so beginnt für das Mädchen gerade mit dieser Lebensepoche an der Außenwelt manches unverständlich zu werden.

Beim Knaben wird dann in der Innenwelt viel unverständlich. Beim Mädchen wird in der Außenwelt viel unverständlich.

Man muß ein Gefühl dafür haben, eine Empfindung, daß man mit dem 14., 15. Jahre ganz neue Menschenkinder vor sich hat, nicht dieselben, die man früher hatte. Und verhältnismäßig sehr rasch vollzieht sich für das eine und für das andere Individuum die Umwandelung, so daß es sein kann, daß der Lehrer, der da schläft und keinen Sinn hat für die Umwandelung, die die Menschen, die ihm anvertraut sind, neben ihm durchmachen, diese Umwandelung eben verschläft, daß er nicht sieht, wie er oftmals plötzlich vor einem neuen Menschenwesen steht.

Sehen Sie, das ist dasjenige, was vor allen Dingen bei den Lehrern und Erziehern der Waldorfschule selber heranerzogen werden muß, und wohinein gerade sich diese Lehrer aus Gründen, die ich dann darzulegen haben werde, verhältnismäßig schnell hineingelebt haben: Unbefangenheit gegenüber dem Wandel in der Menschennatur. Der Waldorflehrer – wenn ich mich jetzt etwas paradox ausdrücke – ist unter Umständen stets bereit, das Morgen ganz anders zu finden, als das Gestern war. Das ist dasjenige, was im Grunde genommen sein Erziehungsgeheimnis ist. Man möchte sagen, der Mensch sonst denkt am Abend: Morgen wird doch wieder die Sonne aufgehen, es wird so sein, wie es heute war und so weiter. – Nun, es ist etwas paradox selbstverständlich ausgesprochen, aber dennoch möchte ich, um gewissermaßen symptomatisch die Sache auszudrücken, sagen: Der Waldorflehrer muß darauf vorbereitet sein, daß auch einmal ein Tag kommen könnte, an dem die Sonne nicht aufgeht. – Denn nur, wenn man in dieser Weise, ohne durch die Vergangenheit zu Vorurteilen getrieben zu werden, die Menschennatur betrachtet, dann kann man diese Menschennatur in ihrem Werden wirklich verstehen. Denn draußen im Kosmos, da können wir uns in einer gewissen Weise beruhigen, daß doch die Dinge ein bißchen konservativ bleiben. Aber wenn es in der Menschennatur von den früheren Kinderjahren über das 14., 15., 16. Jahr kommt, da, meine Damen und Herren, geht manchmal die Sonne nicht auf, die früher aufgegangen ist, da ist eine so große Veränderung in bezug auf diesen rätselhaften Mikrokosmos eingetreten, der der «Mensch» ist, daß wir in der Tat ebenso unbefangen dem Menschen gegenüber sein müssen, wie wir einer Natur gegenüber sein würden, die es einmal von einem gewissen Tage an finster sein läßt in der Welt, so daß wir unser Auge nicht mehr gebrauchen könnten. Diese Unbefangenheit, dieses Sich-Hineinstellen in die Welt, um mit jedem Tage neue Weisheit zu empfangen, und sich stets wollen mit voller Leerheit des Gemütes dem Neuen gegenüberstellen, das ist dasjenige, was ja auch den Menschen gesund und frisch und kraftvoll erhält. Und dieses unbefangene Wesen gegenüber dem Wandel im Leben und dieses Frischsein, das einem wird durch die Empfindung des Wandels, das ist es, was das innerste Wesen und die innerste Gesinnung des Waldorflehrers ausmachen soll.

Welche Bedeutung der Eintritt in dieses oben charakterisierte Lebensalter für die Knaben und Mädchen in ihrer Beziehung zur Lehrerschaft hat, das wurde so recht anschaulich an einer Tatsache, die gerade eben im Laufe des letzten Schuljahres in der Waldorfschule sich zugetragen hat. Eines Tages, als ich wiederum einmal in der Waldorfschule war, um, wie ich ja immer nur kann, sporadisch die Leitung des Unterrichts und der Erziehung zu besorgen, da kam zwischen den Stunden an mich heran in einem, ich möchte sagen, gedämpft-aggressiven Zustande ein Mädchen der letzten Schulklasse, das sehr aufgeregt war, und das aber aus einer ungeheuer starken inneren Überzeugungskraft heraus sagte: Dürfen wir noch heute – es ist sehr wichtig –, dürfen wir noch heute, die ganze Klasse (es war also die höchste Klasse) mit Ihnen sprechen? Aber wir wollen es nur, wenn Sie selbst es wollen. – Also solch eine Führerin hatte sich an die Spitze der Klasse gestellt und wollte mit mir im Beisein der ganzen Klasse sprechen. Was war der Grund? Der Grund war eben der, daß die Knaben und Mädchen dazu gekommen waren, ihrerseits nun zu empfinden: sie werden mit der Lehrerschaft nicht mehr ganz fertig; es wird ihnen schwer, mit der Lehrerschaft fertig zu werden, die richtige Stellung zu gewinnen.

Das ging nicht hervor aus irgendeiner Ranküne gegen die Lehrerschaft, denn so ist es schon in der Waldorfschule, daß eine Ranküne nicht da ist, sondern daß die Kinder tatsächlich auch schon in der kurzen Zeit, seit die Waldorfschule besteht, eine innige Liebe zu den Lehrern gefaßt haben. Aber diese Schüler der höchsten Klasse, diese fünfzehn-, sechzehnjährigen Knaben und Mädchen, die standen vor einer Höllenangst, sie könnten durch irgend etwas in dem ganz neuen Verhältnis, das da eingetreten ist zwischen Schülern und Lehrern, sie könnten diese Liebe verlieren, sie könnte schwächer werden. Sie hatten eine ganz außerordentliche Angst. Und ich tat in einem solchen Falle nicht das, was vielleicht einmal in alten Zeiten getan worden wäre, daß man, wenn die Kinder herausrückten mit so etwas, sie in ihre Schranken gewiesen hätte, sondern ich nahm die Klasse zu mir und sprach mit der Klasse. Und zwar sprach ich so, daß ich die Kinder fühlen ließ – ja, man muß ja in diesem Alter eben schon von jungen Ladies und Gentlemans sprechen, nicht wahr, wie ich öfter sagte –, daß ich die Kinder fühlen ließ, ich will über das, was vorliegt, in Gemeinschaft mit ihnen jetzt ein Urteil bilden. Wir wollen ganz unbefangen miteinander reden und wollen das Urteil erst bilden und wollen sehen, was da herauskommt.

Und sehen Sie, da kam eben das heraus, was ich jetzt eben charakterisiert habe; es war die Angst da, daß die Lehrer nicht mehr in der Weise geliebt werden könnten wie vorher. Denn ein ungeheures Staunen, eine ungeheure Neugierde zu gewissen Weltendingen war da in den Kindern. Und da die Waldorfschul-Pädagogik etwas ist, was sich von Tag zu Tag entwickelt, so müssen erst die Erscheinungen sorgfältig studiert werden, und aus dem Leben selbst heraus entwickelt man die Maßnahmen, um die es sich handelt.

Nun, die Kinder sagten allerlei, was im Grunde genommen nicht sehr belangvoll war, was aber in ihrem Empfinden, in ihrem Fühlen eine ungeheuer große Rolle spielte. Ich sprach ihnen dann von allerlei Dingen, nicht wahr, wie das Leben eben das oder jenes Ding bringt, worauf die Kinder außerordentlich gerne eingingen, und ich hatte nichts nötig, als eine kleine Verschiebung in der Lehrerschaft für das nächste Schuljahr eintreten zu lassen. Als wir dann das nächste Schuljahr eröffneten, gab ich den Sprachunterricht an einen anderen Lehrer; ich wechselte etwas mit den Lehrern. Außerdem wurden wir uns im Lehrerkollegium darüber klar, wie eben durchaus auch sonst in der Schule nach dieser Methode gearbeitet werden muß, im Zusammenwirken das Urteil zustande kommen zu lassen. Um aber dafür, ich möchte sagen, das rechte Herz zu haben, daß sich jetzt in diesem Lebensalter die jungen Damen und Herren so neben den Lehrer hinstellen werden, der ihnen früher Autorität war, um dazu das rechte Verhältnis zu haben, muß man eben, wie es bei den Waldorflehrern der Fall ist, ein offenes Urteil für die Welt überhaupt haben, als Weltmensch in der Welt drinnen stehen; im Deutschen sagt man, eine Weltanschauung haben, nicht bloß eintrainiert haben Unterrichtsmethoden, sondern selber sich Fragen zu beantworten nach den Zielen der Menschheit, nach dem Inhalt der einzelnen Menschheitsepochen, nach dem Sinn des Lebens in der Gegenwart und so weiter. Und man muß diese Fragen nicht im Kopfe wälzen, sondern im Gemüte tragen, dann wird man sie auch im Gemüte mit der Jugend wirklich erleben. Denn wir haben uns doch nun einmal – das merken nur die meisten Menschen nicht – seit drei bis vier bis fünf Jahrhunderten in der abendländischen Zivilisation schon in den Intellektualismus hineingelebt. Der Intellektualismus wird aber für die Menschen eigentlich erst etwas, was ihrer Natur entspricht im späteren Lebensalter. Das Kind ist eigentlich seiner Natur nach dem Intellektualismus ganz abgeneigt. Aber alles, was wir denken heute, ist intellektualistisch gefärbt. Eigentlich nicht intellektualistisch sind die Leute nur noch in Asien drüben und in Rußland bis nach Moskau herein. Aber alles, was von Moskau aus nach Westen liegt, bis nach Amerika hinein, denkt intellektualistisch. Man ist sich dessen nicht bewußt, aber man denkt dadurch gerade, wenn man den sogenannten gebildeten Ständen angehört, so eine Gedankensprache, die die Kinder nicht mehr verstehen. Daher ist tatsächlich heute ein Abgrund zwischen Erwachsenen und Kindern. Er muß eben bei einer solchen Lehrerschaft, wie es die Waldorf-Lehrerschaft ist, wiederum ausgefüllt werden.

Man füllt ihn nur aus, wenn man tief innerlich hineinsieht in die menschliche Natur. Deshalb müssen Sie mir schon gestatten, daß ich jetzt etwas Physiologisches sage, was gewöhnlich nicht berücksichtigt wird, was man aber erst richtig würdigt, wenn man es als Tatsache vor sich sieht aus spiritueller Wissenschaft, aus spiritueller Erkenntnis heraus. Sehen Sie, die Menschen glauben, daß so etwas besonderes getan ist, wenn irgendeine Sache zum Begriffe gebracht ist, wenn eine Idee da ist, eine Vorstellung von irgendeiner Sache. Das glauben aber nur diejenigen Menschen, die den Menschen nach dem Kopfe beurteilen. Manchmal sind Wahrheiten furchtbar paradox – wenn man auf das Unbewußte eingeht, wenn man auf die Herznatur des Menschen, auf die Gemütsnatur des Menschen eingeht, dann sind eigentlich alle Begriffe, alle Ideen etwas, was mit einem leisen Antipathiegefühl verknüpft ist bei jedem Menschen, auch beim Philosophen, leises Antipathiegefühl. Immer ist etwas Ekel in der Formulierung von Ideen, ob man sich es zum Bewußtsein bringt oder nicht, es ist immer etwas Ekel. Daher ist es so ungeheuer wichtig, daß man weiß, man soll diesen verborgenen unterbewußten Ekel in den Kindern nur ja nicht überstimmen dadurch, daß man sie mit Begriffen überfüttert. Es kommt davon her, ja, sehen Sie, wenn ein Mensch so recht einmal gedacht hat, Schwieriges gedacht hat – ich kann Ihnen das leider nur in den Ergebnissen schildern, ich müßte viele Vorträge halten, wenn ich es Ihnen aus der Physiologie heraus schildern würde, kann aber nur Ergebnisse hinstellen –, wenn ein Mensch so recht viel gedacht hat, dann ist im Inneren sein Gehirn ein recht merkwürdiges Gebilde geworden. Dann ist es überall durchsetzt mit Ablagerungen, namentlich mit Phosphorverbindungen, die so herumliegen im Gehirn. Das hat sich abgesondert während des Denkens. Gerade wenn man aus sich selber nachdenkt und selber die Ideen bildet, dann ist das Gehirn – verzeihen Sie das harte Wort – voller Unrat, voller Absonderungsprodukte, namentlich Phosphorsäureverbindungen; die schmieren sich dann so durch das Gehirn. Diese Schmierprodukte, diese Absonderungsprodukte, die müssen nun erst durch Schlaf, dasjenige, was der Mensch an Ruhe hat, wiederum weggeführt werden aus dem Organismus.

Das Denken hat nämlich als seinen Parallelprozeß im Gehirn nicht einen Wachstumsprozeß, nicht einen Verdauungsprozeß, sondern einen Absonderungsprozeß. Und wenn ich mit jemanden einen Urteilgedanken erst bilde, wenn er so reif geworden ist, daß er das 14., 15., 16. Lebensjahr hat, dann bilde ich mit ihm zusammen diesen Absonderungsprozeß. Es kommt bis zu der Absonderung. Dann fühlt er seinen Menschen drinnen in diesem Absondern.

Wenn ich ihm aber einfach Begriffe diktiere, dogmatisch hingegeben fertige Begriffe bringe, dann stelle ich an ihn eine sonderbare Zumutung. Diese fertigen Begriffe greifen nämlich nicht ein in die menschliche Natur, stoßen sich, drängen sich, können nicht hinein in das Gehirn, aber sie stoßen an das Gehirn, und so veranlassen sie das Gehirn, in seiner Nerventätigkeit die alten

Absonderungsprodukte, die schon herumliegen, noch einmal zu benützen.

Das ist dasjenige, was alles fertige Intellektualistische als Eindruck von sich hervorruft, daß der Mensch alles dasjenige, was er schon abgesondert hat, was da noch herumliegt, daß er das zwangsweise noch einmal benützen soll; das empfindet der Mensch mit einem leisen Ekelgefühl, das nicht ins Bewußtsein heraufttritt, das aber um so mehr die ganze Verfassung des Menschen beeinflußt. Sehen Sie, ehe man nicht diese Dinge weiß, würdigt man sie gar nicht richtig, denn die Menschen denken nicht daran, daß das Denken ein Absondern ist, und daß das Denken in bloßen Ideen dem Menschen zumutet, dasjenige, was er schon abgesondert hat, noch einmal notdürftig zu benützen, all seine phosphorsauren Salze noch einmal zu durchkneten.

Sehen Sie, das ist das ungeheuer Wichtige bei der Moralerziehung: wenn wir dem Kinde fertige Gebote beibringen, die schon Begriffe sind, dann muten wir ihm zu, die Moral in Ideenform aufzunehmen, und da kommt die Antipathie; gegen Moralgebote, die abstrakt formuliert sind, stemmt sich der innerliche Organismus des Menschen, macht Opposition. Wenn ich das Kind veranlasse, selbst erst aus dem Leben heraus, aus dem Gemüte, aus dem Beispiel, aus alledem heraus die moralische Empfindung zu formulieren, und dann es bis zum Absondern kommen lasse, so daß das Kind selber die Gebote bildet, sich selber autonom, in Freiheit die sittlichen Gebote formuliert, dann bringe ich es in eine Tätigkeit hinein, die sein ganzer Mensch fordert. Daher verekle ich den Kindern die Moral mit moralischen Geboten, und das spielt eine ungeheuer bedeutungsvolle Rolle in unserem gegenwärtigen sozialen Leben. Man ahnt gar nicht, wie viel an den schönsten, an den herrlichsten, an den majestätischsten Moralimpulsen der Menschheit verekelt worden ist, weil es ihr intellektualistisch gegeben worden ist in Form von Geboten, in Form von intellektualistischen Ideen. Das, sehen Sie, sind die Dinge, in die gerade durch eine spirituelle Wissenschaft der Waldorflehrer hineinwächst. Er lernt gerade dadurch dieses materielle Wirken kennen. Noch einmal muß ich sagen: der Materialismus bekommt erst seine Stellung im Leben durch den spirituellen Gesichtspunkt. Da sieht man erst hinein, was da eigentlich drinnen vorgeht in diesem Menschen. Dadurch wird man erst ein richtiger Erzieher im physisch praktischen Sinne, daß man den spirituellen Standpunkt einnehmen kann.

Das ist aber nur möglich, wenn der Lehrer, der Erzieher, durchaus eine Weltanschauung hat, wenn er der Welt so gegenübersteht, daß für ihn selbst die Frage Mensch und Welt eine tiefe Bedeutung hat.

Da muß ich noch einmal etwas Abstraktes sagen, das aber sehr konkret eigentlich in Wirklichkeit ist. Es ist nur scheinbar abstrakt. Sehen Sie, der Mensch steht den Weltenrätseln gegenüber, und er sucht nach einer Lösung der Weltenrätsel. Aber heute denkt man darüber: die Lösung des Weltenrätsels muß in einem Buche stehen können, muß da drinnen stehen können mit irgendwelchen Ideen, die man ausdrückt. Denken Sie nur einmal, daß es Leute gibt – ich habe schon solche kennengelernt –, die eine ganz außerordentliche Angst haben vor einer solchen Lösung der Weltenrätsel. Denn sie sagen: Um Gottes willen, wenn es einem nun wirklich einmal gelingen würde, das Weltenrätsel zu lösen und in ein Buch zu schreiben, was sollen denn alle anderen, die nachkommen, machen? – Es würde ja ungeheuer langweilig sein. Alles, was man an Lösung des Weltenrätsels erstrebt hat, das ist ja da, das braucht man ja nur zu lernen. Ungeheuer langweilig stellen sich die Menschen das vor. Ich kann nicht ganz unrecht geben diesen Menschen; es wäre ungefähr so langweilig in der Welt, wenn nun einmal einer ein richtiges Buch geschrieben hätte, worinnen das Weltenrätsel gelöst ist, und dann liest man das Buch, und dann – ja, was soll man eigentlich noch in der Welt, nicht wahr!

Nun, sehen Sie, es muß also irgend etwas geben, wonach die Lösung, die sogenannte Lösung einen erst recht auffordert, weiterzugehen, weiterzuarbeiten. Das Weltenrätsel darf nicht so lauten, daß man nun fertig ist, sondern man muß, wenn man die Lösung des Weltenrätsels hat, gewissermaßen erst wiederum nun anfangen können. Das ist aber nur dann der Fall, wenn man richtig sich zu diesem Weltenrätsel verhält. Die Welt gibt uns viele Fragen auf. Wir können gar nicht übersehen zunächst, wie viele Fragen sie uns aufgibt. Ich meine mit Fragen nicht nur das, was sich theoretisch beantworten läßt, sondern auch, was wir tun sollen, die Betätigung des Willens, die Betätigung der Gefühle, alle Einzelheiten des Lebens, alles frägt mit, wenn ich spreche: Die Welt gibt uns viele Rätsel auf. – Was ist denn die eigentliche Antwort auf die vielen Fragen? Die eigentliche Antwort ist eben keine andere als: Der Mensch. – Die Welt gibt uns die Rätsel auf, und der Mensch steht dann da. Er ist eine Synthese, eine Zusammenfassung, und aus dem Menschen springt uns die Lösung des Weltenrätsels entgegen.

Aber den Menschen kennen wir erst recht nicht. Da müssen wir wiederum anfangen. Das ist eben eine Antwort, die uns nun wiederum an den Anfang stellt. Man muß den Menschen, der einem nun geworden ist als die Antwort, kennenlernen, den Ödipus. So müssen wir uns selbst wiederum als neues Rätsel empfinden. Jeder neue Mensch ist wieder ein Rätsel, an dem man arbeiten muß.

Dieses geheimnisvolle Verhältnis des Menschen zur Welt, das muß einem ganz ins Gemüt übergegangen sein, wenn man ein Waldorflehrer sein will, das heißt, vom Standpunkte einer wirklichen Weltanschauung aus wirken will. Gewiß, es ruft heute noch eine Art Horror hervor, wenn man sagt: Die Waldorflehrer gehen von der Anthroposophie aus. Die gibt ihnen selber eine Anschauung. – Ja, aber vielleicht ist diese Anthroposophie sehr unvollkommen. Das mag ja sein. Dann schaffe man nur die anderen Weltanschauungen, die man geben will! Aber eine Weltanschauung braucht derjenige, der nun wirklich als Künstler Menschen behandeln will. Das ist es, um was es sich dabei handelt.

Inwiefern tatsächlich in der anthroposophischen Gesinnung etwas liegt, was nun auch dem Unterricht dienen kann und der Erziehung, davon will ich dann im dritten Teil der heutigen Betrachtung sprechen.

Wenn ich nun auf die neun Vorträge zurückblicke, so habe ich gewiß an ihnen manches zu tadeln, manches als unvollkommen zu erklären, aber dasjenige, was ich, man möchte sagen, am meisten daran zu tadeln habe, das ist, daß ich sie überhaupt in der Form, in der ich sie gehalten habe, gehalten habe. Es wäre mir gewissermaßen – so paradox Ihnen das scheinen wird – lieber, wenn ich solche Vorträge gar nicht zu halten hätte. Das ist, aus dem Zeitbewußtsein heraus gesprochen, so aus dem Zeitbewußtsein heraus gesprochen, daß ich selber fühlen muß, daß heute in diesem unserem Zeitalter über das Erziehungswesen und über das Unterrichtswesen unglaublich viel gesprochen wird, viel zu viel gesprochen wird, daß man sich gedrängt fühlt, viel zu viel zu reden darüber: wie soll man unterrichten, wie soll man erziehen? Und wenn man dann selber noch in diese Fragen hineinsprechen soll von einem allerdings anderen Gesichtspunkte aus, dann kommt es einem erst recht als zu viel vor.

Ja, warum ist das eigentlich, daß heute gar so viel über Erziehung und Unterricht gesprochen wird? Man kann ja kaum in das kleinste Städtchen kommen, ohne daß da überall angekündigt wird: Wie soll man erziehen, unterrichten? – daß da überall geredet wird, verhandelt wird, daß darüber Kongresse abgehalten werden und so weiter. Warum ist das? Wenn wir auf ältere Zeiten der Menschheitsentwickelung zurückblicken, da redete man durchaus nicht so viel über Unterricht und Erziehung. Da war das Unterrichten, Erziehen etwas, was die Leute aus ihrer Naivität, ihrem Instinkt heraus taten, und sie wußten, was sie tun sollten.

Wenn ich nun dargestellt habe, wie eine nun wirklich heilsame Erziehung, heilsamer Unterricht gestellt sein müsse auf Menschenerkenntnis, wie diese Menschenerkenntnis, wie ich gezeigt habe, gerade von dieser Lehrerschaft der Waldorfschule angeeignet werden soll, so muß man fragen: Haben denn die früheren Menschen, die Menschen früherer Zeitalter so unendlich viel mehr Menschenkenntnis besessen als wir? – Und so sonderbar es klingen mag, es muß bejaht werden. Allerdings die Menschen früher waren in naturwissenschaftlicher Beziehung nicht so aufgeklärt wie wir; aber in der Art, wie diese älteren Menschen etwas gewußt haben über die Welt, haben sie mehr gewußt als wir. Ich habe es schon einmal in diesen Vorträgen auseinandergesetzt, der Mensch ist uns nach und nach ein Schlußpunkt geworden. Wir betrachten alle übrigen Geschöpfe der Welt und sagen: Die haben sich hinentwickelt bis zum Menschen-Schlußpunkt; da hören wir auf und reden über den Menschen außerordentlich wenig. – Unsere Physiologie, sie sucht ja sogar im Tierversuch sich auch über den Menschen aufzuklären. Wir haben die Möglichkeit verloren, den Menschen als eine wirkliche, in sich begründete Wesenheit in die Welt hineinzustellen. Menschenwissen haben wir zum größten Teil verloren.

Sehen Sie, das ist dasjenige, was Anthroposophie wiederum der Menschheit zurückbringen möchte, daß man ein Wissen hat über die Welt, aber daß der Mensch nicht davon ausgeschlossen ist, oder höchstens als Schlußpunkt dann hingestellt ist, daß aus alldem, was man über die Welt wissen kann, nun auch wirklich die Kraft kommt, auch in den Menschen wirklich hineinzuschauen nach Seele, Körper und Geist, daß man auch wirklich wissen kann, was der Geist im Menschen macht, daß man wissen kann: der Geist in intellektueller Form sondert im Menschen allerlei Stoffe ab, wie ich es eben geschildert habe. Dazu kommt ja unsere heutige Weltbetrachtung nicht. Sie bleibt vor dem Menschen stehen bis zum Tier hin, macht eine Biologie, gliedert diese dann um zu Physiologie; aber der Mensch wird nicht erfaßt. Daher wirkt der Mensch gewiß heute aus den Instinkten heraus noch viel; aber aus dem Wissen, aus der Erkenntnis heraus wird der Mensch nicht mehr geliebt.

Der Lehrer braucht eine Wissenschaft, aus der heraus er Menschen noch lieben kann, weil er zuerst sein eigenes Wissen, seine eigene Erkenntnis lieben soll. Es steckt ein tiefer Sinn dahinter, daß ursprünglich einmal man nicht gesprochen hat von bloßer Erkenntnis als demjenigen, das sich der Mensch erringen soll, sondern von Philo-Sophie, von der Liebe zur Weisheit. Das ist dasjenige, was Anthroposophie den Menschen wiederum zurückgeben will, wiederum die Erkenntnis an den Menschen heranzuführen.

Nun, wenn man den Menschen erkennt, wenn alles Wissen, alle Erkenntnis hintendiert zum Menschen, dann beantwortet man sich pädagogisch-didaktische Fragen überall in der ganzen Weltanschauung. Überall stecken die Erkenntnisse, auch über das Kind, darinnen. Das ist dasjenige, was wir brauchen. Weil unsere übrige Wissenschaft uns so gar nichts über die Erziehung und über den Unterricht sagen kann, begründen wir extra etwas und haben so viel zu reden über Unterricht und Erziehung. Solche Vorträge, wie die, die ich gehalten habe, werden erst dann ihr Ziel erreicht haben, wenn sie nicht mehr gehalten zu werden brauchen, wenn man nicht mehr dieses spezielle Thema zu behandeln haben wird, sondern wenn man wiederum eine Weltanschauung haben wird, eine Erkenntnis, in der schon die Erziehung so enthalten ist, daß wenn der Lehrer, wenn der Erzieher diese Weltanschauung hat, daß er dann wiederum, und zwar aus seiner vollen Naivität heraus, die instinktive Kunst des Erziehens kann. Daß wir so viel über Erziehung und Unterricht reden, ist ein Beweis dafür, daß so wenig wirklicher Erziehungsimpuls in unserer übrigen Erkenntnis drinnensteckt. Hier brauchen wir eine Umkehr gegenüber dem, wozu wir allmählich in der neueren Zeit gekommen sind.

Und sehen Sie, das ist dasjenige, was im eigentlichen Sinne macht, daß die Waldorf-Lehrerschaft nicht eine abgesonderte Pädagogik und Didaktik hat, sondern eine Weltanschauung, und die leitet sie fortwährend an, indem sie den Menschen zuletzt erkennen lehrt, instinktive Erziehungsimpulse zu bekommen, naiv wiederum zu werden in bezug auf das Erziehen. Und das ist dasjenige, was eben darauf hinweist, wie, wenn man vom Waldorflehrer spricht, man von seinem ganzen Menschen sprechen soll.

Dadurch wird aber auch dasjenige aus dem Waldorfschul-Unterricht und der Waldorfschul-Erziehung ausgeschaltet, was heute so vielfach die Menschen beherrscht: Fanatismus. Das schlimmste im Leben und besonders in der Erziehung und im Unterricht ist der Fanatismus, wenn man sich in irgendeine Richtung hinein verrennt und nun nichts anderes mehr kennt und nun durchdringen will mit seiner einen Richtung, die man in bestimmte Schlagwörter hineingebracht hat.

Ja, wer die Welt unbefangen betrachtet, der weiß: mit Richtungen und mit Standpunkten ist es eben so, daß es eben Standpunkte sind. Wenn ich einen Baum hier habe und ihn photographiere, gebe ich Ihnen *ein* Bild. Das Bild ist bestimmt gestaltet von hier; das Bild schaut anders aus von hier, das Bild schaut wieder anders aus von dort; während Sie sagen können: Das ist ja nicht derselbe Baum –, wenn Sie ihn nur nach dem einen Bilde beurteilen. So gibt es in der Welt Standpunkte, Weltanschauungen. Sie sind immer nur von der einen Seite aus gefaßt. Nur derjenige wird nicht fanatisch, sondern lebt sich ein in Allseitigkeit, in eine notwendige Universalität, der weiß, daß man die Dinge von den verschiedensten Seiten betrachten muß.

Meine Damen und Herren, wenn man sieht, was die Menschen in der Welt sagen, ist es ja meistens gar nicht falsch, sondern nur einseitig. Man muß nur die andere Seite auch sehen. Man wird, wenn man mit einer solchen Gesinnung die Sachen betrachtet, das Gute überall suchen. Daher ist es so sonderbar, wenn man von Waldorf-Pädagogik redet, so kommt der A und sagt: Ja, das haben wir schon, aber der B, der macht das alles schlecht. – Dann kommt der B und sagt: Das haben wir schon, aber der A macht das schlecht. – Der Waldorflehrer sagt: Der A hat sein Gutes und der B hat sein Gutes, und wir versuchen, dasjenige, was universell in der Welt lebt, zu nehmen. – Daher hört man so oft: Die Waldorfschul-Pädagogik spricht so wie wir selber. – Aber das ist nicht so, sondern man spricht so, wie auch der andere wiederum spricht, weil wir wissen, daß man durch ein fanatisches Verfolgen einer bestimmten Richtung das allerschlimmste Unheil in der Welt bewirkt. Und gerade das, was der Waldorflehrer haben muß, ist, daß von ihm jeder Fanatismus weg ist, daß er nur die Realität des werdenden Menschen, des Kindes, vor sich hat.

Gewiß, es kann mancher sagen: Da gibt es eine anthroposophische Bewegung, darinnen haben wir schon Fanatiker kennengelernt. – Wenn Sie genauer zusehen, so werden Sie finden: Anthroposophie will nichts anderes, als die Erkenntnis allseitig machen und spiritualisieren. Daß sie Anthroposophie heißt, ist ihr, wie ich ausgeführt habe, höchst gleichgültig. Sie will tatsächlich nichts anderes, als dasjenige, was allmählich einseitig geworden ist, wiederum universalistisch machen. Wenn man trotzdem Fanatismus, sogar Dogmatismus, Eingeschworensein auf bestimmte Formeln in der anthroposophischen Bewegung findet, so ist das von außen hineingetragen, nicht von innen heraus gestaltet; denn es wird sehr vieles in die Bewegung hineingetragen, was gar nicht der Natur und dem Wesen der Bewegung entspricht. Daher, wenn gesagt wird, daß das auch so eine Sekte ist hinter dem Waldorfschul-Prinzip, wo sich die Leute so allerlei Schrullen machen, so muß man eben auf sie eingehen, auf das Tatsächliche, in dem sie lebt, und man wird dann sehen, daß sie ganz besonders im Unterrichts- und Erziehungswesen leben kann, und daß sie tatsächlich nun nichts anderes will, als nun nicht schrullenhaft und falsch idealistisch, nicht abstrakt, sondern in Praxis das Menschheitsideal in dem lebenden Menschen verwirklichen.

Mit diesem Hinweis darauf, daß in der Waldorfschule hauptsächlich die Gesinnungsatmosphäre es ausmacht, das Lebendige, das aus den Lehrern sprechen soll, das ist es, womit ich zunächst diese Erziehungsvorträge ja werde abschließen müssen.

Ich darf auf der anderen Seite, wenn ich gesagt habe, ich habe zu tadeln, daß sie gehalten worden sind, doch auch sagen, daß mir diese Erziehungsvorträge außerordentlich lieb gewesen sind, und daß ich der verehrten Zuhörerschaft sehr, sehr danke für die Aufmerksamkeit, die sie auf diese Vorträge verwendet hat, und für das Interesse, das sie ihnen entgegengebracht hat.

Der Band der Gesamtausgabe (Bibliographie-Nr. 305), welcher diesem Taschenbuch zugrundeliegt, enthält außer dem hier veröffentlichten pädagogischen Vortragszyklus drei sich daran anschließende Vorträge über soziale Fragen vom 26., 28. und 29. August 1922 sowie zwei einleitende Ansprachen zu Eurythmieaufführungen am 18. und 19. August 1922.

Der Kongreß in Oxford über «Spiritual Values in Education and Social Life» vom 15. bis 29. August 1922, zu dem Rudolf Steiner eingeladen war zu sprechen, stand unter dem Patronat des englischen Unterrichtsministers Dr. H. A. Fisher, des Leiters des Manchester College der Universität Oxford, Principal L. P. Jacks und weiterer Persönlichkeiten, die im öffentlichen Leben Englands wirkten und teils auch am Kongreß sprachen. Es war vor allem die bekannte Pädagogin Mrs. M. Mackenzie, Professor für Erziehungswissenschaft am University College, Cardiff, der die Initiative und Einladung Dr. Steiners zu diesem Kurs zu danken ist. Außer zahlreichen Teilnehmern aus England, darunter gegen 200 Studenten, nahmen auch Persönlichkeiten teil, die mit der anthroposophischen Bewegung verbunden und mit Rudolf Steiner nach England gereist waren. Es waren Menschen aus zwanzig Nationen anwesend.

Rudolf Steiner sprach deutsch. Seine Ausführungen, meist in drei Sektionen gegliedert, wurden unmittelbar von Mr. George Adams-Kaufmann übersetzt. Die Unterbrechungen sind durch Zwischenräume im Text gekennzeichnet.

zu Seite

10 *Emil Molt:* Kommerzienrat Dr. h. c. Emil Molt, 1876–1936, Industrieller (Waldorf-Astoria Zigarettenfabrik, Stuttgart), Gründer der Freien Waldorfschule Stuttgart (1919).

Waldorfschule: Einheitliche Volks- und höhere Schule, 1919 begründet im Zusammenhang mit der Bewegung für die Dreigliederung des sozialen Organismus. Die Leitung der Schule hatte Rudolf Steiner bis zu seinem Tode (1925).

11 *Thomas Henry Huxley,* 1825-95, englischer Naturforscher, Mediziner, Biologe und Philosoph.

16 *Es gibt eine naturwissenschaftliche Entdeckung:* Der französische Arzt und Philosoph Paul Broca, 1824–80, fand 1861, «daß das Werkzeug des Sprechens in der dritten [linken] Stirn-

windung liegt und daß dieses Werkzeug in der Ordnung sein muß, wenn der Mensch die Sprachlaute verstehen will, und ebenso ein anderer Teil, wenn er sie aussprechen soll ...» (Rudolf Steiner, München 27. Aug. 1911).

32 *«Wie erlangt man Erkenntnisse der höheren Welten?»*, Gesamtausgabe Dornach 1975, Bibl.-Nr. 10; Taschenbuchausgabe Dornach 1977.

42 *«Die Geheimwissenschaft im Umriß»*, Gesamtausgabe Dornach 1977, Bibl.-Nr. 13; Taschenbuchausgabe Dornach 1976.

43 *Jean Paul,* 1763–1825, in «Levana oder Erziehlehre», 6. Bruchstück, 4. Kap., § 123.

44f. *obwohl ich mich vorher viel mit Erziehung und Unterricht beruflich abgegeben hatte:* Siehe Rudolf Steiner, «Mein Lebensgang», Gesamtausgabe Dornach 1962, Bibl.-Nr. 28.

45 *«Von Seelenrätseln»*, Gesamtausgabe Dornach 1976, Bibl.-Nr. 21.

46 *«Die Erziehung des Kindes vom Gesichtspunkte der Geisteswissenschaft»:* Abgedruckt in «Luzifer-Gnosis 1903–1908», Gesamtausgabe Dornach 1960, Bibl.-Nr. 34; Sonderdruck Dornach 1976.

53ff. Der vierte Vortrag und die zwei ersten Seiten des fünften sind von Rudolf Steiner selbst für die Drucklegung bearbeitet worden. Sie werden hier nach seinen eigenhändigen Korrekturen wiedergegeben. Im vierten Vortrag hat er verschiedene Stellen bezeichnet, zu denen er Anmerkungen schreiben wollte. Diese fehlen. Es war die Absicht, den Kurs bald nach dem Kongreß gedruckt herauszubringen. Äußeren Umständen ist es zuzuschreiben, daß Rudolf Steiner in Oxford nur der erwähnte Vortrag zur Bearbeitung übergeben werden konnte. Später kam er durch die ständige Arbeitsflut nicht mehr dazu, daran weiter zu arbeiten.

61 *Clifford Allbutt:* Sir Thomas Clifford Allbutt, geb. 1836, schrieb u. a.: Diseases of the Arteries and Angina Pectoris, 1915; Science in the School, 1917; Notes on Composition of Scientific Papers; 3rd. ed. 1923. Auf welche Publikation sich Rudolf Steiner hier bezieht, ließ sich bisher nicht feststellen.

73 *Der so freundlichen Einladung, heute hier zu sprechen . . . :* Von den Veranstaltern der «Oxford Holiday Conferences» wurde Rudolf Steiner auch aufgefordert, in einem Sondervortrag über die «Methode, forschend in übersinnliche Welten hineinzukommen» zu sprechen.

83 *«Die Geheimwissenschaft im Umriß»:* Siehe Hinweis zu S. 42.

97 *in der Einleitung zur Eurythmievorstellung:* Siehe Rudolf Steiner, «Eurythmie – die Offenbarung der sprechenden Seele», Gesamtausgabe Dornach 1972, Bibl.-Nr. 277; Ansprache vom 18. August 1922.

98 *ein persönliches Beispiel:* Siehe Rudolf Steiner, «Mein Lebensgang» (siehe Hinweis zu S. 44 f.) und «Briefe I», Dornach 1955.

125 *Emil Molt:* Siehe Hinweis zu S. 10.

137 *eine solche kleine Schule in Dornach:* Das Solothurnische Gesetz erlaubte damals keine privaten Volksschulen. Sie wurde dann in eine Internatsschule für Vierzehn- bis Achtzehnjährige umgewandelt und trug den Namen «Friedwartschule».

freie Schule in Basel: Sie konnte im Jahre 1926 eröffnet werden.

140 *zwei Liederbücher von Herrn Baumann:* Paul Baumann, «Lieder der Waldorfschule», Erstes und Zweites Heft.

150 *Dr. Karl Schubert,* 1889–1949; im Februar 1920 von Rudolf Steiner an die Freie Waldorfschule Stuttgart berufen zur Leitung der Hilfsklasse.

153 *an den Figuren:* Die Eurythmiefiguren werden nach den Angaben von Rudolf Steiner hergestellt und können käuflich erworben werden. Dazu bemerkte Rudolf Steiner in Oxford: «Nun gestatten Sie, daß ich nur in Parenthese eben hinzufüge, daß diese Figuren auch dazu dienen können, wenn Eurythmieunterricht erteilt wird, nachher zu memorieren, bei den Eurythmie-Lernenden dazu dienen können, zu memorieren. Man soll nur ja nicht glauben, daß Eurythmie etwas so leichtes ist, daß man es in ein paar Stunden sich beibringen kann, sondern Eurythmie muß wirklich gründlich erlernt werden. Aber zum Wiederholen können solche Eurythmiefiguren auch für diejenigen dienen, die eurythmische Kunst suchen, zu dem weiter sich Hineinvertiefen. Man wird schon sehen, daß in den Formen selber, die

hier verhältnismäßig einfach geschnitzt und bemalt sind, daß in den Formen selber sehr viel liegt.

Zu diesem Zweck, auch eventuell zu pädogogisch-didaktischen Zwecken – das sage ich eben nur in Parenthese – können solche Figuren auch gekauft werden. Und werden sie gekauft, dann können sie eventuell in Dornach gemacht werden. ... Die Figuren, die hier ausgestellt sind, werden in ihrer Gesamtheit etwa kosten 10 Pfund 10 Shilling. Das ist zunächst der Preis für dasjenige, was hier ist. Denn es wird wahrscheinlich noch lange keine Art Maschinenfabrikation eintreten können, sondern Handarbeit sein müssen. Und so können sie zunächst nicht billiger gemacht werden. Wir haben ausgerechnet, wenn wir etwa 3000 Bestellungen haben, dann können wir die Sache mehr maschinell machen und zu größerer Billigkeit kommen. Aber dazu müssen wir eben, wie gesagt, die vielen Bestellungen haben.

Das ist dasjenige, was ich heute sagen wollte über die eurythmische Kunst, namentlich insofern sie sich einfügen kann in das pädagogisch-didaktische Prinzip, wie wir es in der Waldorfschule zu pflegen suchen.»

LITERATURHINWEIS

(GA = Rudolf Steiner Gesamtausgabe)

Zur Weiterführung und Vertiefung der Darstellungen des vorliegenden Bandes sei auf folgende Ausgaben von Rudolf Steiner verwiesen:

Schriften

Theosophie. Einführung in übersinnliche Welterkenntnis und Menschenbestimmung. GA 1978, Bibl.-Nr. 9 (auch als Taschenbuch tb 615)

Wie erlangt man Erkenntnisse der höheren Welten? GA 1975, Bibl.-Nr. 10 (auch als Taschenbuch tb 600)

Von Seelenrätseln. GA 1976, Bibl.-Nr. 21

Die Kernpunkte der sozialen Frage in den Lebensnotwendigkeiten der Gegenwart und Zukunft. GA 1976, Bibl.-Nr. 23 (auch als Taschenbuch tb 606)

Die Erziehung des Kindes vom Gesichtspunkte der Geisteswissenschaft. Sonderdruck 1976; innerhalb der GA in «Luzifer-Gnosis 1903–1908», GA 1960, Bibl.-Nr. 34

Vorträge

Geisteswissenschaftliche Menschenkunde. Neunzehn Vorträge, Berlin 19. Oktober 1908 bis 17. Juni 1909. GA 1973, Bibl.-Nr. 107

Anthroposophie – Psychosophie – Pneumatosophie. Zwölf Vorträge, Berlin 23.–27. Oktober 1909, 1.–4. November 1910, 12.–16. Dezember 1911. GA 1965, Bibl.-Nr. 115

Geisteswissenschaftliche Behandlung sozialer und pädagogischer Fragen. Siebzehn Vorträge, Stuttgart 21. April bis 28. September 1919. GA 1964, Bibl.-Nr. 192

Geistige Wirkenskräfte im Zusammenleben von alter und junger Generation. Pädagogischer Jugendkurs. Dreizehn Vorträge, Stuttgart 3.–15. Oktober 1922. GA 1964, Bibl.-Nr. 217

Allgemeine Menschenkunde als Grundlage der Pädagogik. Vierzehn Vorträge, Stuttgart 21. August bis 5. September 1919. GA 1973, Bibl.-Nr. 293 (auch als Taschenbuch tb 617)

Erziehungskunst. Methodisch-Didaktisches. Vierzehn Vorträge und ein Schlußwort. Stuttgart 21. August bis 5. September 1919. GA 1974, Bibl.-Nr. 294 (auch als Taschenbuch tb 618)

Erziehungskunst. Seminarbesprechungen und Lehrplanvorträge. Fünfzehn Seminarbesprechungen und drei Lehrplanvorträge, Stuttgart 21. August bis 5. September 1919. GA 1977, Bibl.-Nr. 295

Die Erziehungsfrage als soziale Frage. Sechs Vorträge, Dornach 9.–17. August 1919. GA 1971, Bibl.-Nr. 296

Die Erneuerung der pädagogisch-didaktischen Kunst durch Geisteswissenschaft. Vierzehn Vorträge, Basel 20. April bis 11. Mai 1920. GA 1977, Bibl.-Nr. 301

Menschenerkenntnis und Unterrichtsgestaltung. Acht Vorträge, Stuttgart 12.–19. Juni 1921. GA 1978, Bibl.-Nr. 302

Erziehung und Unterricht aus Menschenerkenntnis: Meditativ erarbeitete Menschenkunde. Vier Vorträge, Stuttgart 15.–22. September 1920 – Erziehungsfragen im Reifealter. Zur künstlerischen Gestaltung des Unterrichts. Zwei Vorträge, Stuttgart 21/22. Juni 1922 – Anregungen zur innerlichen Durchdringung des Lehr- und Erzieherberufes. Drei Vorträge, Stuttgart 15./16. Oktober 1923. GA 1977, Bibl.-Nr. 302a

Die gesunde Entwickelung des Leiblich-Physischen als Grundlage der freien Entfaltung des Seelisch-Geistigen. Sechzehn Vorträge und drei Fragenbeantwortungen, Dornach 23. Dezember 1921 bis 7. Januar 1922. GA 1978, Bibl.-Nr. 303

Die pädagogische Praxis vom Gesichtspunkte geisteswissenschaftlicher Menschenerkenntnis. Die Erziehung des Kindes und jüngeren Menschen. Acht Vorträge, Fragenbeantwortungen und eine Ansprache, Dornach 15.–22. April 1923. Dornach 1975, vorgesehen als Bibl.-Nr. 306

Gegenwärtiges Geistesleben und Erziehung. Vierzehn Vorträge, drei Diskussionen und zwei Ansprachen, Ilkley 5.–17. August 1923. GA 1973, Bibl.-Nr. 307

Die Methodik des Lehrens und die Lebensbedingungen des Erziehens. Fünf Vorträge, Stuttgart 8.–11. April 1924. GA 1974, Bibl.-Nr. 308

Anthroposophische Pädagogik und ihre Voraussetzungen. Fünf Vorträge, eine Ansprache und drei Fragenbeantwortungen, Bern 13.–17. April 1924. GA 1972, Bibl.-Nr. 309

Der pädagogische Wert der Menschenerkenntnis und der Kulturwert der Pädagogik. Neun Vorträge und ein Schlußwort, Arnheim 17.–24. Juli 1924. GA 1965, Bibl.-Nr. 310

Die Kunst des Erziehens aus dem Erfassen der Menschenwesenheit. Sieben Vorträge und eine Fragenbeantwortung, Torquay 12.–20. August 1924. GA 1978, Bibl.-Nr. 311

Heilpädagogischer Kurs. Zwölf Vorträge, Dornach 25. Juni bis 7. Juli 1924. GA 1975, Bibl.-Nr. 317

RUDOLF STEINER – LEBEN UND WERK

Das Lebenswerk, welches Rudolf Steiner der Nachwelt hinterlassen hat, dürfte nach Gehalt und Umfang innerhalb der Kulturwelt wohl ohne Beispiel dastehen. Seine Schriften – die Werke und Aufsätze – bilden die Grundlage für das, was er im Laufe seines Lebens in Vorträgen und Kursen seinen Zuhörern als «anthroposophisch orientierte Geisteswissenschaft» von immer neuen Aspekten aus darstellte und ausführte. Der größte Teil dieser rund sechstausend Vorträge ist in Nachschriften erhalten geblieben. Daneben entfaltete er auch auf künstlerischem Gebiet eine große Tätigkeit, welche ihren Höhepunkt in der Errichtung des ersten Goetheanumbaues in Dornach fand. So liegen eine große Anzahl malerischer, plastischer und architektonischer Arbeiten, Entwürfe und Skizzen von seiner Hand vor. Die durch ihn gegebenen Anregungen für die Erneuerung zahlreicher Lebensgebiete beginnen in der gegenwärtigen Zeit vermehrte Beachtung zu finden.

Seit dem Jahre 1956 wird durch die «Rudolf Steiner-Nachlaßverwaltung» an der Herausgabe der *«Rudolf Steiner Gesamtausgabe»* gearbeitet, die einen Umfang von etwa 330 Bänden erhalten wird. In den beiden ersten Abteilungen erscheinen die *Schriften* und das *Vortragswerk,* während in einer dritten Abteilung das *künstlerische Werk* in geeigneter Form zur Wiedergabe gelangt.

Einen systematischen Überblick über das Gesamtwerk gibt die 1961 erschienene Bibliographie: *«Rudolf Steiner. Das literarische und künstlerische Werk. Eine bibliographische Übersicht»,* auf welche sich die im folgenden verwendete Bezeichnung «Bibl.-Nr.» bezieht. Über den jeweiligen Stand der erschienenen Bände orientiert der Katalog des «Rudolf Steiner Verlages».

Chronologischer Lebensabriß

(zugleich Übersicht über die geschriebenen Werke)

1861 Am 27. Februar wird Rudolf Steiner in Kraljevec (damals Österreich-Ungarn, heute Jugoslawien) als Sohn eines Beamten der österreichischen Südbahn geboren. Seine Eltern stammen aus Niederösterreich. Er verlebt seine Kindheit und Jugend an verschiedenen Orten Österreichs.

1872	Besuch der Realschule in Wiener-Neustadt bis zum Abitur 1879.
1879	Studium an der Wiener Technischen Hochschule: Mathematik und Naturwissenschaft, zugleich Literatur, Philosophie und Geschichte. Grundlegendes Goethe-Studium.
1882	Erste schriftstellerische Tätigkeit.
1882–1897	Herausgabe von Goethes Naturwissenschaftlichen Schriften in Kürschners «Deutsche National-Litteratur», fünf Bände (Bibl.-Nr. 1a–e). Eine selbständige Ausgabe der Einleitungen erschien 1925 unter dem Titel *Goethes Naturwissenschaftliche Schriften* (Bibl.-Nr. 1).
1884–1890	Privatlehrer bei einer Wiener Familie.
1886	Berufung zur Mitarbeit bei der Herausgabe der großen «Sophien-Ausgabe» von Goethes Werken. *Grundlinien einer Erkenntnistheorie der Goetheschen Weltanschauung mit besonderer Rücksicht auf Schiller* (Bibl.-Nr. 2).
1888	Herausgeber der «Deutschen Wochenschrift», Wien (Aufsätze daraus in Bibl.-Nr. 31). Vortrag im Wiener Goethe-Verein: *Goethe als Vater einer neuen Ästhetik* (in Bibl.-Nr. 30).
1890–1897	Weimar. Mitarbeit am Goethe- und Schiller-Archiv. Herausgeber von Goethes Naturwissenschaftlichen Schriften.
1891	Promotion zum Doktor der Philosophie an der Universität Rostock. 1892 erscheint die erweiterte Dissertation: *Wahrheit und Wissenschaft. Vorspiel einer «Philosophie der Freiheit»* (Bibl.-Nr. 3).
1894	*Die Philosophie der Freiheit. Grundzüge einer modernen Weltanschauung. Seelische Beobachtungsresultate nach naturwissenschaftlicher Methode* (Bibl.-Nr. 4).
1895	*Friedrich Nietzsche. Ein Kämpfer gegen seine Zeit* (Bibl.-Nr. 5).
1897	*Goethes Weltanschauung* (Bibl.-Nr. 6). Übersiedlung nach Berlin. Herausgabe des «Magazin für Literatur» und der «Dramaturgischen Blätter» zusammen mit O. E. Hartleben. (Aufsätze daraus in Bibl.-Nrn. 29–32.) Wirksamkeit in der «Freien literarischen Gesellschaft», der «Freien dramatischen Gesellschaft», im «Giordano Bruno-Bund», im Kreis der «Kommenden» u. a.

1899–1904 Lehrtätigkeit an der von W. Liebknecht gegründeten Berliner «Arbeiter-Bildungsschule».

1900/01 *Welt- und Lebensanschauungen im 19. Jahrhundert,* 1914 erweitert zu: *Die Rätsel der Philosophie* (Bibl.-Nr. 18). Beginn der anthroposophischen Vortragstätigkeit auf Einladung der Theosophischen Gesellschaft in Berlin. *Die Mystik im Aufgange des neuzeitlichen Geisteslebens* (Bibl.-Nr. 7).

1902–1912 Aufbau der Anthroposophie. Regelmäßige öffentliche Vortragstätigkeit in Berlin und ausgedehnte Vortragsreisen in ganz Europa. Marie von Sivers (ab 1914 Marie Steiner) wird seine ständige Mitarbeiterin.

1902 *Das Christentum als mystische Tatsache und die Mysterien des Altertums* (Bibl.-Nr. 8).

1903 Begründung und Herausgabe der Zeitschrift «Luzifer», später «*Lucifer-Gnosis*» (Aufsätze in Bibl.-Nr. 34).

1904 *Theosophie. Einführung in übersinnliche Welterkenntnis und Menschenbestimmung* (Bibl.-Nr. 9).

1904/05 *Wie erlangt man Erkenntnisse der höheren Welten?* (Bibl.-Nr. 10). *Aus der Akasha-Chronik* (Bibl.-Nr. 11). *Die Stufen der höheren Erkenntnis* (Bibl.-Nr. 12).

1910 *Die Geheimwissenschaft im Umriß* (Bibl.-Nr. 13).

1910–1913 In München werden die *Vier Mysteriendramen* (Bibl.-Nr. 14) uraufgeführt.

1911 *Die geistige Führung des Menschen und der Menschheit* (Bibl.-Nr. 15).

1912 *Anthroposophischer Seelenkalender. Wochensprüche* (in Bibl.-Nr. 40, und selbständige Ausgaben). *Ein Weg zur Selbsterkenntnis des Menschen* (Bibl.-Nr. 16).

1913 Trennung von der Theosophischen und Begründung der Anthroposophischen Gesellschaft.
Die Schwelle der geistigen Welt (Bibl.-Nr. 17).

1913–1923 Errichtung des in Holz als Doppelkuppelbau gestalteten ersten Goetheanum in Dornach/Schweiz.

1914–1923 Dornach und Berlin. In Vorträgen und Kursen in ganz Europa gibt Rudolf Steiner Anregungen für eine Erneuerung auf vielen Lebensgebieten: Kunst, Pädagogik, Naturwissenschaften, soziales Leben, Medizin, Theologie. Weiterbildung der 1912 inaugurierten neuen Bewegungskunst «Eurythmie».

1914 *Die Rätsel der Philosophie in ihrer Geschichte als Umriß dargestellt* (Bibl.-Nr. 18).

1916–1918 *Vom Menschenrätsel* (Bibl.-Nr. 20). *Von Seelenrätseln* (Bibl.-Nr. 21). *Goethes Geistesart in ihrer Offenbarung durch seinen «Faust» und durch das «Märchen von der Schlange und der Lilie»* (Bibl.-Nr. 22).

1919 Rudolf Steiner vertritt den Gedanken einer «Dreigliederung des sozialen Organismus» in Aufsätzen und Vorträgen, vor allem im süddeutschen Raum. *Die Kernpunkte der sozialen Frage in den Lebensnotwendigkeiten der Gegenwart und Zukunft* (Bibl.-Nr. 23). *Aufsätze über die Dreigliederung des sozialen Organismus* (Bibl.-Nr. 24). Im Herbst wird in Stuttgart die «Freie Waldorfschule» begründet, die Rudolf Steiner bis zu seinem Tode leitet.

1920 Beginnend mit dem Ersten anthroposophischen Hochschulkurs finden im noch nicht vollendeten Goetheanum fortan regelmäßig künstlerische und Vortragsveranstaltungen statt.

1921 Begründung der Wochenschrift «Das Goetheanum» mit regelmäßigen Aufsätzen und Beiträgen Rudolf Steiners (in Bibl.-Nr. 36).

1922 *Kosmologie, Religion und Philosophie* (Bibl.-Nr. 25). In der Silvesternacht 1922/23 wird der Goetheanumbau durch Brand vernichtet. Für einen neuen in Beton konzipierten Bau kann Rudolf Steiner in der Folge nur noch ein erstes Außenmodell schaffen.

1923 Unausgesetzte Vortragstätigkeit, verbunden mit Reisen. Zu Weihnachten 1923 Neubegründung der «Anthroposophischen Gesellschaft» als «Allgemeine Anthroposophische Gesellschaft» unter der Leitung Rudolf Steiners.

1923–1925 Rudolf Steiner schreibt in wöchentlichen Folgen seine unvollendet gebliebene Selbstbiographie *Mein Lebensgang* (Bibl.-Nr. 28) sowie *Anthroposophische Leitsätze* (Bibl.-Nr. 26), und arbeitet mit Dr. Ita Wegman an dem Buch *Grundlegendes für eine Erweiterung der Heilkunst nach geisteswissenschaftlichen Erkenntnissen* (Bibl.-Nr. 27).

1924 Steigerung der Vortragstätigkeit. Daneben zahlreiche Fachkurse. Letzte Vortragsreisen in Europa. Am 28. September letzte Ansprache zu den Mitgliedern. Beginn des Krankenlagers.

1925 Am 30. März stirbt Rudolf Steiner in Dornach.

RUDOLF STEINER GESAMTAUSGABE

Überblick über das literarische und künstlerische Werk

Erste Abteilung: Die Schriften

I. *Werke*

Goethes Naturwissenschaftliche Schriften, eingeleitet und kommentiert von R. Steiner, 5 Bände (Bibl.-Nr. 1a–e); separate Ausgabe der Einleitungen (Bibl.-Nr. 1)
Grundlinien einer Erkenntnistheorie der Goetheschen Weltanschauung (Bibl.-Nr. 2)
Wahrheit und Wissenschaft. Vorspiel einer «Philosophie der Freiheit» (Bibl.-Nr. 3)
Die Philosophie der Freiheit (Bibl.-Nr. 4)
Friedrich Nietzsche, ein Kämpfer gegen seine Zeit (Bibl.-Nr. 5)
Goethes Weltanschauung (Bibl.-Nr. 6)
Die Mystik im Aufgange des neuzeitlichen Geisteslebens und ihr Verhältnis zur modernen Weltanschauung (Bibl.-Nr. 7)
Das Christentum als mystische Tatsache und die Mysterien des Altertums (Bibl.-Nr. 8)
Theosophie. Einführung in übersinnliche Welterkenntnis und Menschenbestimmung (Bibl.-Nr. 9)
Wie erlangt man Erkenntnisse der höheren Welten? (Bibl.-Nr. 10)
Aus der Akasha-Chronik (Bibl.-Nr. 11)
Die Stufen der höheren Erkenntnis (Bibl.-Nr. 12)
Die Geheimwissenschaft im Umriß (Bibl.-Nr. 13)
Vier Mysteriendramen: Die Pforte der Einweihung – Die Prüfung der Seele – Der Hüter der Schwelle – Der Seelen Erwachen (Bibl.-Nr. 14)
Die geistige Führung des Menschen und der Menschheit (Bibl.-Nr. 15)
Anthroposophischer Seelenkalender (in Bibl.- Nr. 40)
Ein Weg zur Selbsterkenntnis des Menschen (Bibl.-Nr. 16)
Die Schwelle der geistigen Welt (Bibl.-Nr. 17)
Die Rätsel der Philosophie in ihrer Geschichte als Umriß dargestellt (Bibl.-Nr. 18)
Vom Menschenrätsel (Bibl.-Nr. 20)
Von Seelenrätseln (Bibl.-Nr. 21)
Goethes Geistesart in ihrer Offenbarung durch seinen «Faust» und durch das «Märchen von der Schlange und der Lilie» (Bibl.-Nr. 22)
Die Kernpunkte der sozialen Frage in den Lebensnotwendigkeiten der Gegenwart und Zukunft (Bibl.-Nr. 23)
Aufsätze über die Dreigliederung des sozialen Organismus und zur Zeitlage 1915–1921 (Bibl.-Nr. 24)

Kosmologie, Religion und Philosophie (Bibl.-Nr. 25)

Anthroposophische Leitsätze (Bibl.-Nr. 26)

Grundlegendes für eine Erweiterung der Heilkunst nach geisteswissenschaftlichen Erkenntnissen. Von Dr. Rudolf Steiner und Dr. Ita Wegman (Bibl.-Nr. 27)

Mein Lebensgang (Bibl.-Nr. 28)

II. *Gesammelte Aufsätze*

Gesammelte Aufsätze zur Dramaturgie 1889–1900 (Bibl.-Nr. 29)

Methodische Grundlagen der Anthroposophie. Gesammelte Aufsätze zur Philosophie, Naturwissenschaft, Ästhetik und Seelenkunde 1884–1901 (Bibl.-Nr. 30)

Gesammelte Aufsätze zur Kultur- und Zeitgeschichte 1887–1901 (Bibl.-Nr. 31)

Gesammelte Aufsätze zur Literatur 1886–1902 (Bibl.-Nr. 32)

Biographien und biographische Skizzen 1894–1905 (Bibl.-Nr. 33)

Luzifer-Gnosis. Grundlegende Aufsätze zur Anthroposophie und Berichte aus der Zeitschrift «Luzifer» und «Lucifer-Gnosis» 1903–1908 (Bibl.-Nr. 34)

Philosophie und Anthroposophie. Gesammelte Aufsätze 1904–1918 (Bibl.-Nr. 35)

Der Goetheanumgedanke inmitten der Kulturkrisis der Gegenwart. Gesammelte Aufsätze aus der Wochenschrift «Das Goetheanum» 1921–1925 (Bibl.-Nr. 36)

III. *Veröffentlichungen aus dem Nachlaß*

Briefe – Wahrspruchworte – Bühnenbearbeitungen – Entwürfe zu den Vier Mysteriendramen 1910–1913 – Anthroposophie. Ein Fragment aus dem Jahre 1910 – Gesammelte Skizzen und Fragmente – Aus Notizbüchern und -blättern (Bibl.-Nrn. 38–47)

Zweite Abteilung: Das Vortragswerk

I. *Öffentliche Vorträge*

Die Berliner öffentlichen Vortragsreihen («Architektenhaus-Vorträge») 1903/04–1917/18 (Bibl.-Nrn. 51–67)

Öffentliche Vorträge, Vortragsreihen und Hochschulkurse an anderen Orten Europas 1906–1924 (Bibl.-Nrn. 68–84)

II. *Vorträge vor Mitgliedern der Anthroposophischen Gesellschaft*

Vorträge und Vortragszyklen allgemein-anthroposophischen Inhalts – Evangelien-Betrachtungen – Christologie – Geisteswissenschaftliche Menschenkunde – Kosmische und menschliche Geschichte – Die geistigen Hintergründe der sozialen Frage – Der Mensch in seinem Zusammenhang mit dem Kosmos – Karma-Betrachtungen (Bibl.-Nrn. 91–244)

Vorträge und Schriften zur Geschichte der anthroposophischen Bewegung und der Anthroposophischen Gesellschaft (Bibl.-Nrn. 251–263)

III. *Vorträge und Kurse zu einzelnen Lebensgebieten*

Vorträge über Kunst: Allgemein-Künstlerisches – Eurythmie – Sprachgestaltung und Dramatische Kunst – Musik – Bildende Künste – Kunstgeschichte (Bibl.-Nrn. 271–292)

Vorträge über Erziehung (Bibl.-Nrn. 293–311)

Vorträge über Medizin (Bibl.-Nrn. 312–319)

Vorträge über Naturwissenschaft (Bibl.-Nrn. 320–327)

Vorträge über das soziale Leben und die Dreigliederung des sozialen Organismus (Bibl.-Nrn. 328–341)

Vorträge für die Arbeiter am Goetheanumbau (Bibl.-Nrn. 347–354)

Dritte Abteilung: Das künstlerische Werk

Reproduktionen und Veröffentlichungen aus dem künstlerischen Nachlaß

Originalgetreue Wiedergaben von malerischen und graphischen Entwürfen und Skizzen in Kunstmappen oder als Einzelblätter

---

Die Bände der Rudolf Steiner Gesamtausgabe sind innerhalb einzelner Gruppen einheitlich ausgestattet. Jeder Band ist einzeln erhältlich. Ausführliche Verzeichnisse können beim Verlag angefordert werden.